大陸對臺研究精粹

經濟篇

鄧利娟 主編

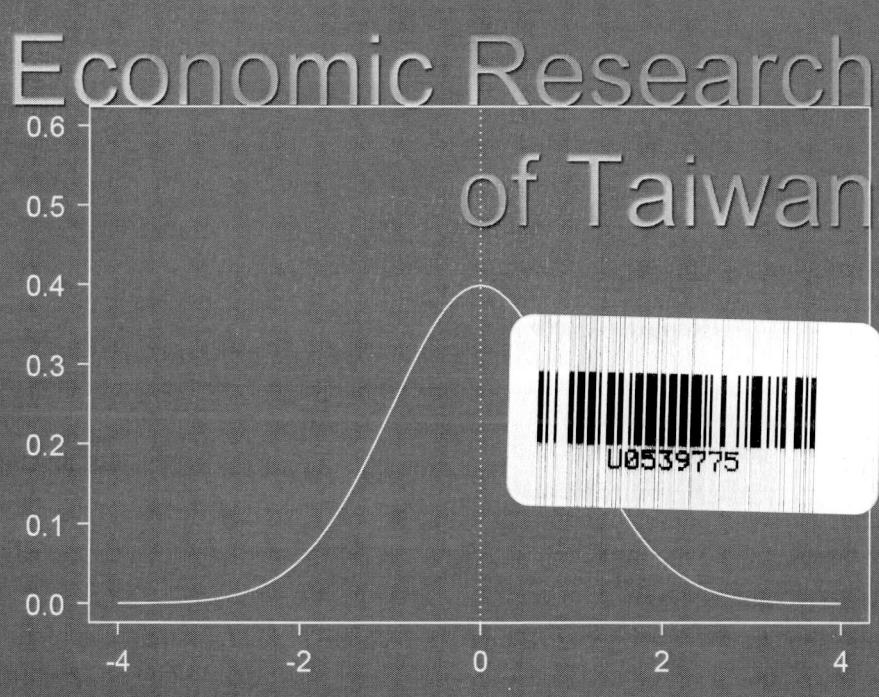

Economic Research of Taiwan

松燁文化

目 錄

總序

第一篇 臺灣總體經濟研究

  民進黨執政後的臺灣經濟趨勢分析

  陳水扁臺灣當局在經濟發展中的角色及其影響評析

  臺灣經濟成長速度的新轉變

  論臺灣經濟投入與產出的變化

  至2020年臺灣經濟發展趨勢與兩岸關係

第二篇 臺灣產業研究

  近期臺灣農業發展評價及其趨勢分析

  加入WTO後臺灣農業發展與兩岸農業互動前景

  臺灣《農業發展條例》的修正與農業轉型

  進口替代時期臺灣企業的成長環境與發展概況

  臺灣高科技產業與兩岸產業合作趨勢

  臺灣二板市場與香港創業板市場比較研究

第三篇 臺灣經濟政策與立法研究

  臺灣經濟「全球戰略布局」評析

  近年來臺灣經濟立法評析

  臺灣投資相關法規的演變及其趨勢分析

  中國臺灣的創業投資機制及對中國大陸的啟示

  1990年代臺灣職業技術教育改革淺議

第四篇 兩岸經濟關係研究
　　WTO框架下海峽兩岸經濟往來及合作方式探討
　　2000年以來兩岸投資關係的新發展及其效應
　　臺商投資與兩岸貿易互動效應的實證分析
　　臺商中國大陸直接投資的地域分異與成因研究
　　廈門與臺灣高科技產業發展合作戰略研究

第五篇 經濟全球化與臺灣經濟研究
　　東亞經濟一體化格局下臺灣經濟的邊緣化
　　臺灣對外投資、僑外投資的發展探析
　　試析臺灣對外經濟關係的轉變
　　經濟全球一體化與兩岸經濟協作
　　經濟全球化、WTO與兩岸四地經濟一體化

總序

　　1980年的7月9日，廈門大學臺灣研究院的前身廈門大學臺灣研究所成立，這是中國大陸方面提出「尊重臺灣的現狀和臺灣各界人士的意見，採取合情合理的方法，不使臺灣人民蒙受損失」的對臺政策新主張後，海峽兩岸第一家公開成立的臺灣問題綜合研究學術機構。從那時起，以專業的學術眼光和深厚的人文關懷觀察和研究臺灣問題，就成為一代又一代廈大臺灣研究學者的神聖使命。

　　在過去的25年當中，廈門大學臺灣研究團隊湧現出陳碧笙、朱天順、陳在正、陳孔立、範希周、黃重添、翁成受、韓清海、李強、林長華、林仁川等一大批知名學者，沒有這些曾經為廈大臺灣研究嘔心瀝血的學者專家不懈的努力，就不會有廈門大學臺灣研究院今天的格局。在此，我們要特別紀念陳碧笙教授、朱天順教授、範希周教授、黃重添教授等故去的學者，他們為廈大臺灣研究做出的重大貢獻，早已鐫刻在海內外臺灣研究界不朽的豐碑中。

　　廈門大學的臺灣研究最早可以溯及1960年代的「鄭成功研究」。臺灣研究所成立後，研究觸角迅速擴展到臺灣的歷史、經濟、政治、社會和文化研究各個領域，最近由陳孔立教授撰寫的《臺灣學導論》公開出版，標幟著廈門大學的臺灣研究開始朝嚴謹的學科體系建設方向發展。勿庸諱言，廈門大學的臺灣研究與海內外許多成熟的研究機構一樣，有自己的風格特色，因此也得到社會各界的普遍讚譽。但在眾多「溢美」之詞中，我們始終對各種以「某某派」相稱的戲謔之言敬謝不敏，因為廈大臺灣研究的特色遠非這些簡約的語彙所能準確描述。首先，廈大臺灣研究團隊有一個比較寬鬆自由的學術環境，團隊內部向來「百花齊放、百家爭鳴」，如果有誰要以「某某派」自稱，在研究院內部就會立刻招致非議；其次，廈大臺灣研究團隊一直注意吸收海內外臺灣研究學者不同的思想精

華,廈大臺灣研究學術生命的延續離不開海內外同行的「知識加持」。個人認為,廈門大學臺灣研究的最大特色,就在於有完整的學科體係為依託,注重基礎研究,特別注意研究的學術規範性。廈門大學的臺灣研究還得益於多學科綜合研究優勢,政治學、經濟學、歷史學和文學等不同學科之間的交叉滲透,打造了廈大臺灣研究最堅實的知識基礎。

回首來時路,廈門大學臺灣研究所發展成為臺灣研究院,廈大的臺灣研究從福建省重點學科晉級為大陸教育部人文社會科學百所重點研究基地,進而又躋身「985工程」哲學社會科學創新基地,這些可喜的發展凝聚著所有曾經在這裡工作過和正在工作著的全體同仁的汗水和智慧。展望未來,我們不僅需要繼續弘揚前輩先進「歷史地、全面地、實事求是地認識臺灣,促進海峽兩岸學術交流,為祖國統一大業服務」的精神,更要腳踏實地,常懷自省之心,在深化基礎研究的同時,加強前沿性研究。本輯五本論文集名為「精粹」,實為我院全體在崗研究人員的「學術自白書」,希望它有幸成為所有對廈門大學臺灣研究院「愛之深,責之切」的學術同行們針砭批判的對象——任何善意的批評和指正都將成為廈門大學臺灣研究院繼續成長的動力。

最後要感謝長期以來關心和支持廈門大學臺灣研究院的各位領導和朋友們!

劉國深

第一篇　臺灣總體經濟研究

民進黨執政後的臺灣經濟趨勢分析

林長華

　　臺灣經濟從1960年代開始，經歷了以出口為導向的勞力密集工業的高速發展時期，使經濟結構從以農業為主轉變為以出口加工業為主的變化。1970年代中期經歷了以發展重化工業為主的第二次替代工業發展時期，在工業製造業方面增加了重化工業的比重。1980年代中期以後，開始從勞力密集產業向技術資本密集產業轉變。1990年代勞力密集產業成為「夕陽工業」，而技術密集產業則迅速發展，成為帶動臺灣經濟發展的主要原動力。在這40年期間，臺灣經濟成長從高速成長過渡到中度成長。儘管存在著諸如，發展勞動力密集產業和技術密集產業過程中偏重於代工的淺碟式發展，政府與私人企業研發投資偏少；金融業自由化過程緩慢；對外貿易過於集中與美、日的貿易而產生依賴性過大；1980年代中期前後薪資成長率超過勞動生產力成長率使競爭力下降；1990年代後期財政開始惡化等等問題。但從總體來說，經濟還是健康正常地向前發展的，人均國民生產總值（GNP）從1960年的154美元成長到2000年的14,188美元。

　　2000年5月20日，民進黨上臺執政，至今將近4年。在這短短的時間裡，臺灣經濟從充滿活力滑落到空前衰退與蕭條的困境。2002年人均國民生產總值下降至12,900美元，比2000年下降9.08%，回到1995年的水平。

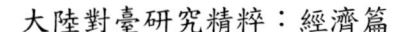

陳水扁上臺以來，臺灣經濟發生了逆轉和惡化。具體表現在以下幾個方面。

(一) 經濟成長率下滑

陳水扁2000年第一季末上臺，第三季的經濟成長率開始下滑，2001年負成長2.18%。這是臺灣經濟從1950年代以來從沒有過的現象。2002年雖然恢復到正成長，但這是在2001年負成長的基礎上實現的正成長。如果與2000年比較，則2002年只成長一個多百分點，也是50年來所沒有的。據臺灣「行政院」主計處統計，2003年成長3.24%，2004年預測成長4.74%，與東亞、東南亞比較都是低的。亞洲開發銀行預測東亞平均成長率，2003年為5.6%，2004年為6.5%；中國大陸2003年為7.8%，2004年為7.9%；韓國2003年為3.1%，2004年為5%；東盟2003年為3.9%，2004年為4.9%。

正由於臺灣經濟成長率的下滑，比不上亞洲發展中國家和地區的成長率，也比陳水扁上臺前的臺灣經濟成長率差，臺灣人均國民生產總值不升反而下降，從2000年的14,188美元下降至2002年的12,916美元，下降9%。2003年臺灣「行政院」主計處公布人均GNP為13,157美元，2004年預測為14,126美元，也分別比2000年下降7.3%和0.46%，還沒有恢復到2000年的水平。

(二) 對外貿易

臺灣經濟是一個海島型經濟，以出口為導向。對外貿易是臺灣經濟發展的主要推動力。因此，進出口貿易對臺灣經濟的影響很大，特別是出口貿易起著帶動臺灣工業製造業發展的作用。

2001年對外貿易呈現負成長20.21%；2002年在前一年大幅負成長基礎上只正成長5.66%；2003年雖然在前一年轉正成長後又有進步，但比起亞洲其他「小龍」還是遜色一籌。根據臺灣海關統計，2003年臺灣進口貿易成長13.1%，出口貿易成長10.4%，雖然比前一年有所起色，但還是比2000年差。據臺灣「行政院」主計處預測，2004年臺灣出口貿易值成長率為7.3%，進口貿易值成長率為8.9%，出超為180.7億美元。

(三) 投資環境惡化使內外資投資銳減

投資是資本累積的表現，是社會擴大再生產的必要條件，也是一個社會經濟體景氣與經濟社會環境好壞的一種表現。

從總的固定資本形成毛額看，陳水扁上臺前，基本上是逐年有所成長，有的年份成長率達兩位數；從投資來源看，民間投資在1990年代投資成長率除1999年為負成長1.63%外，各年都呈正成長。而陳水扁上臺後的2001年和2002年，都呈負成長。2001年負成長達29.46%，2002年雖比前一年正成長1.08%，但與2000年比較，仍負成長28.69%。這說明臺灣民間投資在大幅度衰退。即使是「政府」和「公營」事業投資，這兩年也大幅度衰退。臺灣「行政院」主計處預測，2003年間投資成長率為-3.00%，2004年為9.2%。在外來投資方面，2001年至2002年同樣大幅衰退。2001年比前一年下降46%，2002年更比前一年下降64.83%，2003年雖比前一年呈正成長，也只成長9.3%。

內外資本對臺投資銳減，不僅影響當年的經濟成長，而且會影響今後臺灣經濟的成長後勁。

（四）失業率居高不下

臺灣自從1960年代發展加工出口工業以後，經濟高速發展造就了充分就業，失業率一般是比較低的。即使在1980年代中期提出產業升級，發展技術密集產業以後，失業率仍然是低的。陳水扁上臺以後，伴隨著經濟的衰落，失業率成倍增加。2001年失業率為4.57%，2002年為5.17%，2003年為4.99%。

失業是薪資階層最擔心的問題。21世紀伊始臺灣的失業人數比2000年增加將近一倍，而且失業群中的45歲以上勞動者的失業比重增加最大。他們大多是一個家庭中的主要收入來源，一旦失業就大大影響整個家庭的經濟生活和子女的受教育問題，因而影響整個臺灣社會的安定。

（五）消費者物價指數下滑

消費者物價指數下滑，一方面反映出民間消費趨於保守，另一方面表示臺灣通貨緊縮的存在。

影響消費者物價指數除了幣值變動因素之外，主要是民生用品的供需關係。

大陸對臺研究精粹：經濟篇

21世紀臺灣民生工業和農業並沒有太大的發展，主要是臺灣民眾一方面受到失業的威脅，另一方面因陳水扁上臺後股價大幅跌落使股民財富縮水，使消費趨於保守，民間消費需求不旺，使消費者物價指數不升反而下降。2001年負成長0.1%，2002年比前一年負成長0.2%，2003年負成長0.3%。

（六）財政危機加深

臺灣的財政收支情況，在1980年代和1990年代中期是比較好的，不但達到平衡而且略有餘額。李登輝上臺以後，從1990年代中期以後就開始歲出大於歲入的不平衡狀態。陳水扁上臺以後，財政赤字不斷擴大，財政危機在加深。

陳水扁上臺以後，推行各項稅收減免和福利支出，更使財政赤字迅速擴大。據臺灣《中央日報》2001年10月5日報導，2001年度總預算與特別預算赤字達2,425億元新臺幣（下同），加上債務還本1,557億元，共3,982億元；2002年赤字2,586億元，加上債務還本2,513億元，其赤字5,099億元。根據臺灣「財政部」統計，截止2003年底，臺灣當局累計債務為31,843億元，若再加上地方臺灣當局3,658億元債務、非營業基金長期債務7,563億元，總債務已高達43,064億元，相當於三個「中央」總預算。以歐盟標準計算債務上限為GDP的60%，臺灣當局的合理累計債務總額約為57,000億元，只剩14,000億元。臺灣當局又打算推出3,000億元擴大公共建設特別預算，金融重建基金6,800億元特別預算，300億元教師退休金特別預算，共10,100億元，如果通通兌現，則未來舉債空間只剩下3,900億元。國際信評機構「標準普爾」2002年底的調查報告指出，臺灣每年預算赤字為GDP的4%，超過歐盟國家年度舉債限制標準（GDP的3%），累計債務則高達GDP的45%，比1993年的14%多出三倍以上。因此2002年第二季調降臺灣信用評級。

2004年度的「中央」總預算案，財經主管聲稱已經戮力增加基金繳庫盈餘和出售「國有」財產、股票，但歲入還只是成長2.4%，而支出成長率卻高達3.9%，還高過預測經濟成長率，造成赤字比2003年增加13%，高達2,600億元，必須靠發行公債2,650億元支應。不斷以債養債的結果，竟使得「中央政府」的「表面」債務餘額已經超過3.4萬億元，顯示財政還在向下沉淪。如果「中央」

債務包括「公共債務法」舉債定義範圍外的債務，實際債務多達6.3萬億元，相當於GDP的63%以上。再將地方政府的債務加進來，臺灣學者統計達11萬億元之巨，已超過全年GDP。

（七）金融業危機潛伏，股價暴跌後有所回升

1990年代所形成的泡沫經濟，土地房產價格暴漲和股價飆漲，和金融業不健全有關。陳水扁上臺以後政局動盪、政策搖擺不定，使臺灣形成的泡沫經濟加速破滅。房地產持續低迷，100多萬套空房積壓，股價指數從9,000多點狂洩到4,000點以下。房地產商用不動產抵押的貸款因空房積壓而無法還本付息，股價暴跌和失業又使貸款購房者成為新的呆帳者。因此，金融業逾期放款的比率在2001年急劇升高。

臺灣當局為了掩蓋不良金融資產嚴重程度，其計算逾放比率的標準低於國際標準，因臺灣「央行」將銀行各項長期分期協議還款及長期紓困貸款達到報逾放標準而准免列報。根據一向保守的官式統計，2002年3月底臺灣銀行逾放加計應予觀察的比率高達11.74%，如果把金融機構利用技巧隱藏未算的逾放全盤托出，15%還嫌過低估計。至於基層合作金融的信用合作社、農會信用部和漁會信用部的逾放比率則更高得多，逾放總額達2,258億元新臺幣，2001年6月底逾放比率達18.5%。游錫堃在「挑戰2008——國家發展重點計劃」全體研討會上也不得不承認：臺灣目前的財政金融問題嚴重，已經成為未來發展過程中沉重包袱。嚴重的逾期放款所導致的金融問題，也讓金融重建基金根本不敷需求，臺灣隨時面臨金融危機的威脅。為此臺灣當局建立重建基金1,800億元新臺幣。臺灣《工商時報》2002年7月26日社論指出，外界估計要6,000～9,500億元。

陳水扁上臺後政局動亂，使股市加權指數一落千丈，從一萬多點暴跌至3,500點左右，以後雖有所上升，但長期處於4,500點左右。臺灣當局為此調動了「四大基金」去護盤，結果是虧損了1,000多億元新臺幣。臺灣股價原本就因人為炒作而飆升，是泡沫經濟的一種表現，股價下跌是泡沫經濟破滅的一種正常現象，護盤實質就是以行政力量去干預經濟的行為，護盤失敗也就成為必然的事。2003年臺灣股市有所好轉，這是由於國際經濟復甦，臺灣的資訊電子工業出口

大陸對臺研究精粹：經濟篇

有了較大的成長，這部分的股票價格較為穩定，促使臺灣股市加權指數回升。另一方面，陳水扁上臺以後，外資對臺灣股市價格暴跌分析，政治原因居多，在股價超低的情況下，外資大量介入，2001年外資買超達714億新臺幣，2002年也達120億，2003年達232.8億。在1996年～1999年，外資買超只有50～90億新臺幣。外國資本投資在資訊電子股和金融股，使整個臺灣股市的供需關係發生變化，這也是臺灣股價在2003年有較大幅度上升的重要因素。至2003年底，臺灣股市加權指數上升至5,700點左右，2004年1月升至6,200點左右，但距離陳水扁初上臺時的9,000多點，還有不少差距。

綜合上述七個方面的情況，我們可以看出，臺灣經濟在21世紀之初發生了重大逆轉。在1960年代～1980年代中期，臺灣經濟達到高速發展；1980年代中期至2000年，是中速成長；2001年至現在，出現時負成長時接近中速成長，從趨勢看是低速成長。而表現社會經濟發展水平的人均GDP，2000年為14,188美元，2001年降至12,876美元，2002年為13,167美元，2003年為13,771美元，還達不到陳水扁上臺時的水平。2003年經濟情況雖比2002年和2001年有所好轉，但主要是因為出口的成長，而出口成長又主要靠對中國大陸的出口成長。就以2003年兩岸貿易來說，根據中國大陸商務部統計，兩岸貿易額達583.6億美元，其中臺灣對中國大陸出口達493.6億美元，順差達403.6億美元，是當年臺灣對外貿易順差169.8億美元的2.38倍。而臺灣內部存在的問題還是比較嚴重的。正如上述，財政赤字越來越大；金融仍然存在潛伏危機，改革不顯著；民間投資仍然大不如前，外國來臺投資下滑更加嚴重；失業問題仍然嚴重，而且是一種結構性失業等等。陳水扁臺灣當局執政4年來，臺灣《經濟日報》社論概括為四高四低：四高即失業率高、臺灣當局債臺高築、窮人暴增、高素質犯罪案件大幅提升；四低即經濟成長率低、民眾生活指標降低、出口競爭力衰退、投資率創新低。這些問題不根本解決，將影響今後臺灣經濟發展的力度和產業升級的進度。

二

臺灣經濟在2001年以後之所以會發生重大逆轉，原因是多方面的，既有政治因素又有經濟因素；既有國際因素又有內部因素。

（一）國際因素

世界銀行在2001年11月6日發表的《2002年全球經濟前景和發展中國家》的年度報告預測，2001年世界經濟將從2000年的成長3.8%下降為只成長1.3%，其中先進國家將從2000年的成長3.4%下降為成長0.9%；發展中國家將從2000年的成長5.5%下降為成長2.9%。實際情況證明，這個預測是基本正確的。2001年世界經濟不景氣，這主要表現在：1.美國經濟從十年繁榮走向衰退。自2000年第三季以後，美國經濟成長速度開始出現下滑趨勢。2000年上半年美國GDP成長5.2%，第三季猛降至2.2%，第四季進一步降至1.0%。2001年第一季成長1.3%，第二季降至0.3%，第三季降至-1.1%。由於經濟不景氣，美國2001年10月份失業率達5.4%。2.歐盟經濟也從強勁成長走向蕭條。在2000年歐盟經濟成長2.8%，2001年只有1.3%。3.日本經濟繼續衰退。日本在1990年代開始經濟停滯整整十年，2000年開始出現復甦跡象，但2001年卻又繼續衰退。按美元計算，2001年GNP比2000年下降13.09%。4.亞洲國家除日本外，2001年經濟成長趨勢也下降。印尼GNP2001年比前一年下降1.16%；馬來西亞下降1.37%；菲律賓下降4.5%；新加坡下降7.53%。

臺灣主要出口對象除中國大陸和香港外，主要是美國、日本和東盟。2001年，臺灣出口美國金額占總出口金額的17.24%，2002年為13.83%；2001年出口日本金額占總出口金額的2.88%，2002年為2.71%。這些國家2001年經濟不景氣，自然影響臺灣的出口貿易，從而影響其經濟成長。2002年和2003年臺灣經濟由負成長轉為正成長，主要是由於臺灣對中國大陸和香港的出口大幅成長。如果沒有這個因素，臺灣對美、日的出口仍呈現萎縮狀態，其經濟成長一定會較低。

（二）臺灣內部因素的影響

第一，臺灣內部投資軟硬環境更加惡化。

臺灣經濟靠生產事業起家，最早是從日本轉移過來的勞動力密集產業。那時

世界已開發國家正在產業升級和轉型,勞動力密集產業往外移,臺灣產業界接手這些產業,吸收已開發國家的資本和技術,產品再回銷到這些國家,從而累積了龐大的財富。資本累積起來以後,臺灣並沒有馬上著手產業技術升級,而是買土地、投資房地產;另外一些人則買股票和炒股票,因此臺灣股價、房價連續上漲。某些具有政治背景的人可以向銀行借到巨額資金來炒作房地產,當然也必須金援某些特殊政客,形成了政商勾結的架構。另外,許多生產事業陸續上市,凡是能賺錢的公司,股價就會大漲,因此能獲利。於是,只要資金能夠在銀行——土地——股市中轉一圈,就可以賺到錢。後來有錢人又想自己投資銀行、壽險公司,以掌握更多資金來源進行「再投資」,但結果卻產生了房地產和股票市場的泡沫經濟,走的是日本已經走過的路。

在土地價格大幅上漲的同時,勞工工資也大幅上漲,因而勞力密集產品的成本上升。到1980年代,東盟國家和中國大陸的勞力密集產業也迅速發展起來,並且向美國等出口。這時,臺灣勞力密集產品與這些國家的同類產品在國際市場發生競爭和衝突。臺灣產品的高成本成為競爭中的弱者,原來占有的市場比重迅速為這些國家所奪取,這就表示,臺灣的勞力密集產業的投資環境已經惡化了,臺灣勞力密集產業向外移成為必然的趨勢。在1980年代中期,其外移的地點主要是東南亞國家,1990年代後又大量移至中國大陸。

1990年代臺灣經濟一方面是傳統產業外移,另一方面在發展技術密集產業。出口值從1996年的400億美元升至2000年的1,484億美元。但是,此時中國大陸和一些工業基礎較好的東南亞國家,也正著力發展資訊電子工業這些技術密集產業,而這些國家的產品成本比臺灣低,因而在1990年代後期,臺灣這些技術密集產業也已開始向這些國家,特別是中國大陸轉移,說明臺灣與這些國家和地區相比,即使是技術密集產業,投資環境也不優越。

自從陳水扁上臺以後,臺灣的投資軟硬環境快速惡化。由於臺灣當局經貿政策不明,搖擺不定,政治意識形態掛帥,欠缺財經專業素養,使得臺灣經濟在2001年負成長2.18%,是歷史上所沒有的。在政治上,「少數政府」面對著在野黨在「立法院」占多數的強大制約,對具有爭議性的財經問題,諸如核電廠停建

問題、兩岸「三通」問題的處理，一意孤行，引起朝野的不斷惡鬥；又如處理兩岸關係問題，拒絕承認「九二共識」，不承認一個中國原則，使兩岸關係僵局無法突破，越搞越緊張，引起民眾的不滿。在經濟上，在李登輝「執政」的最後3年，財政已赤字嚴重。陳水扁上臺後，經濟的萎縮使財政收入的稅源萎縮，又面臨競選時開出的各項福利支票需要兌現，使財政赤字空前嚴重。「立法院」又透過縮短勞工工時案，使生產成本提高，國際競爭力更加下降。所有這些，都使臺灣經濟發展處於更加艱難的境地，使臺灣廠商投資失去信心。這導致兩種結果：一是外來投資急劇減少，一是加速對外投資。據臺灣《統計手冊》2003年統計，2001年僑外對臺投資51.29億美元，比前一年減少32.58%；2002年投資32.72億美元，又比前一年減少36.21%。而臺商對外投資，2001年達71.76億美元，比1999年成長58.25%；2002年達72.29億美元，比1999年成長59.86%。其中，投資中國大陸占53.38%。2003年1～9月，臺商對中國大陸投資就達63.61億美元。就內外投資的趨勢來看，陳水扁上臺以來，對外投資大於外來投資，臺灣經濟發展自然受到影響。

　　第二，臺灣當局的「臺獨」意識阻礙了兩岸經貿關係的正常發展，增加了臺灣經濟擺脫衰退的困難。陳水扁上臺以後，曾經在口頭上承諾對李登輝拋出的「戒急用忍」政策要鬆綁，但卻又推出「積極開放，有效管理」政策。這個政策執行幾年來，臺灣媒體評論為「開放不足，管理有餘」。自開放臺商對中國大陸投資和貿易以來，給臺灣帶來了巨大利益。臺灣《工商時報》2001年5月20日刊載臺灣「經濟部」和「行政院」主計處的統計，1991年～2000年合計，臺灣對中國大陸實際投資金額為264.21億美元，對中國大陸享有的貿易順差達1,372.4億美元，實際資本淨流入為1,108.09億美元。2001年和2002年兩年，臺灣對中國大陸出口值分別為240.61億美元和294.46億美元；從中國大陸進口值分別為59.02億美元和79.47億美元，臺灣在這兩年的兩岸貿易順差分別為181.59億美元和214.99億美元。2002年和2003年，臺灣經濟能從負成長轉為正成長，兩岸經貿交流起了相當大的作用。臺灣當局如果讓兩岸經貿正常發展，臺灣經濟不至於衰退和停滯。

　　綜上所述，臺灣經濟在2001年～2003年出現的衰退和停滯，國際經濟衰退

固然是一個重要因素,但這是短期的影響因素。在國際經濟復甦後,臺灣經濟的成長率並不像亞洲新興國家那樣高。這說明其衰退的主要原因,是由臺灣當局主導的內部政經紛亂和動盪使投資環境更加惡化,以及其「臺獨」情結使海峽兩岸關係的僵局無法解開,使臺商嚴重喪失在臺灣的投資信心。

陳水扁臺灣當局在經濟發展中的角色及其影響評析

鄧利娟

一

　　1960年代以來,東亞經濟持續快速發展,「東亞模式」一時間成為許多發展中國家及地區學習仿效的榜樣。而東亞模式的一個基本特徵就是「政府作用」,強調政府在經濟發展中扮演了積極的角色,透過干預政策推動落後的發展中經濟逐漸走向繁榮。但是,1997年的東亞金融危機動搖了人們長期以來對東亞模式的評價,政府在東亞模式中的作用也備受懷疑與批評。就在傳統的東亞研究理論陷入範式危機的過程中,一些東亞發展新學說也逐漸孕育成型。如,賈根良教授提出的演化經濟學。該學說對「政府作用」的新論述是,從歷史的發展進程看,政府的經濟作用是客觀存在的,只是應對其作用的大小給出一個重新評價。同時,從動態的角度來看,政府的作用也會隨著經濟發展的不同階段、市場的完善以及國際政治經濟環境的變化而發生相應的變化。換言之,政府作用效果受制於一定的宏觀環境和條件,政府本身也存在著策略調整的問題。該學說還進一步提出了政府干預經濟有效性的四個前提:其一,政府代表多數人的利益,因而政府行為比個人行為更能體現社會利益或公共利益;其二,政府更明智,政府在理智上強於個人;其三,政府的運轉是高效率、低成本的。其四,政府在經濟

中的定位應隨著環境變化而做相應調整。當上述前提不能滿足時，政府的干預就會失靈，對經濟發展的影響就會走向負面。

臺灣作為「東亞奇蹟」的重要成員之一，在戰後幾十年經濟快速發展過程中，「政府」所扮演的角色總體而言是被較為肯定的。但自2000年臺灣「政黨輪替」後，內外環境與主客觀條件均發生了巨大變化，臺灣當局在經濟發展中的角色也相應發生了轉折性的改變。運用演化經濟學這一新理論觀察與評估臺灣當局在經濟發展中的角色轉變及其影響，在現實意義上有助於加深認識臺灣經濟的現狀及其發展趨勢；而在理論意義上，則可能對東亞金融危機後人們重新評估東亞模式的研究工作有所幫助。

二

2000年臺灣政治發展出現了戰後50年首次的「政黨輪替」，陳水扁以39.3%的得票率當選為臺灣新領導人，組成所謂「少數政府」，堅持「臺獨」政治立場的民進黨成為執政黨。在此背景下，臺灣當局在經濟發展中的角色也發生了明顯的變化。

（一）施政中心已不是經濟發展而是政治鬥爭

執政臺灣當局在經濟發展中扮演的角色及發揮的作用，應該說首先取決於其對發展經濟的態度。而陳水扁上臺後，臺灣當局施政的主要任務顯然不是發展經濟，而是鞏固政黨利益與取得選舉勝利。這種對待經濟發展的態度是由臺灣政治結構的劇烈變化所決定的。其一，執政長達半個世紀的國民黨成為在野黨，而民進黨「少數政府」成為執政的臺灣當局。這種政治生態的驟然改變及所謂「朝小野大」的格局，導致臺灣政壇各種政治矛盾與鬥爭空前激烈。4年來，朝野之間針對兩岸關係、核四、工時案、財劃法復議案、防SARS、黨產、公投、制憲等一系列議題展開了無休止的政爭，政局極其動盪。在此過程中，執政臺灣當局的中心工作無疑是政治鬥爭，鞏固新獲取的執政地位。其二，民進黨借助於國民黨

的分裂，在尚未有執政心理準備的情況下僥倖上臺，尋求連任是其夢寐以求的下一個目標，因此民進黨臺灣當局的心態始終是「競選者」而不是「當政者」；而習慣於執政的國民黨在一夕間淪為在野黨，更是志在重新奪回政權。這樣4年來，臺灣社會便被帶入了狂熱的選舉政治之中。奪取各類選舉的勝利成為臺灣朝野最主要的目標，經濟發展與社會穩定則只能退居其次，或服務於選舉政治的需要。其三，以意識形態主導施政是民進黨臺灣當局的典型特徵。為施行其政治理念，臺灣的經濟發展與社會穩定往往成為犧牲品。為了維護民進黨「神主牌」之一的「反核」理念，民進黨上臺不久便掀起停建「核四」風暴，造成臺灣政治經濟的劇烈震盪。為了另一項「神主牌」——「臺獨」，陳水扁臺灣當局更是不惜製造兩岸關係緊張局勢，從「一邊一國」、「公民投票」，到「催生新憲」，一再嚴重挑釁中國大陸，不斷將臺灣拖入危險境地，破壞臺灣經濟發展所必需的和平環境。

由於施政中心是圍繞政治、選舉及意識形態，臺灣當局無心也無力真正推動反映社會大眾根本利益的經濟發展，一個明顯的表現就是經濟發展規劃與方案頻繁提出，卻大都不見落實成效。4年間，臺灣當局相繼提出了「知識經濟發展方案」、「綠色矽島經濟發展藍圖」、「8100臺灣啟動」及「挑戰2008：六年發展重點計劃」等一系列發展規劃。2003年年底，為了選戰的需要，再提出「新十大建設」規劃（實際上內容都在六年計劃內）。且不談這些規劃的內容如何，僅就其一項尚未開始認真執行，新的一項又已提出的事實，就可說明，陳水扁臺灣當局並無誠意落實這些規劃，甚至還將發展規劃作為工具，為其選舉政治服務。

（二）經濟發展戰略不符合時代潮流及臺灣的實際需要

1990年代以來，世界經濟全球化區域化加速發展，國際市場競爭日益激烈，各國及地區無不充分運用全球各地的經濟資源以提高自身的競爭力，世界經濟分工體系相應發生了深刻變化。中國大陸由於改革開放的深入發展，特別是在加入WTO世界貿易組織後，國民經濟的持續蓬勃發展，在東亞乃至在世界經濟中的地位越來越重要，世界各國無不積極加深對中國大陸市場的參與，力求在新的

國際分工體系中獲取本國本地區的最大利益。順應這個時代潮流，融入新的分工體系，顯然是與中國大陸僅一水之隔的臺灣無法迴避的歷史選擇。而就臺灣自身經濟發展、結構升級的需要來看，同樣離不開中國大陸市場。臺灣是海島型經濟，對外貿易特別是出口貿易是其經濟成長的重要引擎。1980年代中期後，隨著國際經濟格局的變動，臺灣對美出口的比重逐年下降，以廣大的中國大陸市場為腹地已成為臺灣經濟持續發展的重要保障。在產業調整升級方面，中國大陸也是臺灣最好的轉移基地與市場腹地。進入新世紀以來，以電子資訊業為主體的臺灣高科技產業，備受美國等國際市場不景氣的衝擊，面臨的技術壁壘與反傾銷等挑戰也日益增多，開拓新市場、推動高科技產業的進一步的發展與升級，已成為臺灣十分急迫的課題。同時，臺灣的服務業自1990年代中期起，在臺灣整體產業結構中比重超過60%，成為經濟體系的主幹，但其發展水平與先進國家相比尚有相當大的距離，而且，以內需為導向的服務業，受制於狹小的臺灣市場的矛盾也日益突顯。顯然，不論從世界潮流或是自身需要來看，臺灣經濟發展戰略的核心問題均是如何與中國大陸市場有效整合。事實上，過去20年迅速發展的海峽兩岸經貿關係，已經成為支撐臺灣經濟穩定與成長的極其重要因素。但是，日益密切的兩岸經貿關係不符合「臺獨」分離政治路線，1996年李登輝拋出「戒急用忍」的政策原因即在此。陳水扁上臺後，公開化的「臺獨」立場，更是決定了其經濟發展的戰略思考，必然是儘可能地繞過兩岸經貿關係這一關鍵性的問題，以保證臺灣經濟與中國大陸的所謂「安全距離」而不過多依賴中國大陸。因此，儘管有內外環境強大的壓力，有世界貿易組織規範的明確約束，陳水扁也被迫調整放寬了若干對中國大陸經貿政策措施，但在本質上，4年來陳水扁始終是頑固地堅持李登輝的限制性對中國大陸經貿政策，從而使其各項經濟發展戰略規劃難有實質成效。

2001年8月，為了尋找擺脫經濟困境的出路，臺灣當局召開規模盛大的「經濟發展諮詢委員會」，提出新世紀臺灣經濟發展戰略是「深耕臺灣、布局全球」。這一戰略的主要出發點就是定位兩岸經貿關係。其基本思路：一是強調全球布局，避免臺灣企業過度集中投資方向在中國大陸市場，以減少政治與經濟風險；二是將兩岸經貿關係納入全球分工格局，既可以利用中國大陸資源促進臺灣

大陸對臺研究精粹：經濟篇

產業升級與經濟發展，又可以提高臺灣經濟國際化程度，「國家安全便能獲得更實質的保障」。基於這種思路，「經發會」將實行多年「戒急用忍」的兩岸經貿政策調整為「積極開放、有效管理」。後者仍然沒有跳出對中國大陸經貿關係的限制性基本框架，但其在一定程度上注意到兩岸經貿關係對臺灣的重要性並想利用之，採取「有管理的開放」模式。這種所謂「積極強化體質的主動安全觀」，較之原有「戒急用忍」一味被動限制的「保守的防衛安全觀」，應該說理性程度提高了，因此，一時間曾使臺灣內外對臺灣經濟前景產生了希望。但是由於根深蒂固的「臺獨」意識與自信的不足，「積極開放、有效管理」的政策也沒得到執行，實際上變形為「消極開放，嚴格管理」。「經發會」過去近3年了，有關兩岸關係的議題所達成的幾十項共識，除「准許臺商補報備登記」等極少數項目已真正執行之外，絕大部分仍屬於「部分執行」、「少部分執行」或「完全未執行」。特別是攸關臺灣經濟整體競爭力的共識——「積極推動兩岸通航」，依舊遲遲不落實。

如果說「經發會」提出的臺灣經濟發展戰略，還有點理性地考慮到兩岸經貿關係的重要性的話，那麼一年後的「大溪會議」的結論則具有轉折性調整的意義。2002年8月3日，陳水扁拋出「一邊一國論」，加快其「臺獨」分裂的步伐。8月25日，臺灣當局召開了以經濟議題為主的「大溪會議」，並達成10項結論，而10項結論之首、也是最重要的結論，是為落實「深耕臺灣、布局全球」的經濟戰略，經濟、外交等行政部門，應加速推動與臺灣貿易夥伴，包括美國、日本及東盟國家等簽署「自由貿易協定」（FTA），以全面開展對外經貿網絡，深化臺灣經濟國際化。這表示配合「一邊一國論」的提出，臺灣當局進一步將其經濟戰略重心，放在強化與中國大陸以外的主要貿易夥伴的經貿關係上，力圖以此減緩兩岸經貿關係日益密切的趨勢。這也再次突顯臺灣的經濟戰略，是以臺灣當局的政治利益為優先取向的。

（三）經濟政策缺乏理性與明智

依據經濟規律與內外環境理性與明智地制定經濟政策，是政府促進社會經濟發展的重要保證，這也是戰後40多年臺灣經濟發展較為順利與成功的原因之

一。但是陳水扁執政以來，受制於政治立場及政黨利益，對於經濟問題的決策常常陷於各種矛盾之中。如，政治與經濟的矛盾、理想與實現的矛盾，以及執政黨與在野黨的矛盾等等。重重的矛盾再加上新上臺的民進黨沒有執政經驗，就使4年來臺灣當局提出的一系列財經政策缺乏充分的理性與明智，主要表現在以下兩個方面：

1.財經政策搖擺不定，經濟發展無方向感

民進黨上臺執政後，財經政策的一個明顯特點就是多變、不穩定，讓臺灣社會經濟付出慘痛的代價。其中最典型的莫過於「廢核四案」與「農漁會信用部改革案」了。其他財經政策，如「四年內不加稅」、「國民年金制度」、「工時案」、「軍公教免稅案」、「國家安全捐」、「員工實價課稅」等等，均是反反覆覆、前後不一，造成社會經濟動盪不安。

2.政策短期取向，明顯為選票服務

這是近4年來臺灣財經決策缺乏理性與明智的另一明顯表現。陳水扁上臺後不久，就面臨了失業狀況日益惡化的嚴峻問題。臺灣失業率從2000年的2.99%逐年升至2002年的5.17%；失業人口則從29.3萬人急增至51.5萬人。造成這一狀況的原因是多方面與深層次的。一方面，經濟景氣持續低迷，特別是由於臺灣當局不當的政策造成投資環境惡化加劇，使臺灣投資持續呈負成長；另一方面則是，因為臺灣勞動市場人力結構不適應產業結構快速變遷的矛盾日益顯現，導致所謂「結構性失業」明顯增加。但是臺灣當局應對失業問題的策略，從「就業希望工程」、「緊急僱用方案」、「多元就業開發方案」到「公共服務擴大就業方案」，大都是治標不治本的短期行為，急功近利色彩濃厚。2002年年底，為了達到1年內將失業率降到4.5%以下的目標，臺灣當局在財政已十分困難的情況下，繼續以舉債方式推動577億元的「擴大公共建設方案」與200億元的「公共服務擴大就業計劃」。前者增加就業人數約4萬人，後者提供7.5萬個公共服務工作機會，以非技術工作為主、工作期限為半年至1年。這種提供臨時性非技術工作機會的做法，除了短期內減少一些失業人數，可作為政績宣傳外，對臺灣失業問題的解決不但沒有實質意義，還造成相當大的資源浪費。

比「救失業」短期性政策更具「政策買票」性質的是，陳水扁臺灣當局為選舉而採取的一系列社會福利方面的政策。2000年陳水扁上臺後，便開始設法兌現其在競選時所開出的社會福利支票。如年滿65歲以上，只要沒有退休金或其他津貼，每人每月可領取3000元津貼。隨著2004年大選的臨近，2003年6月又透過修法，放寬敬老津貼發放的適用對象，即已領取勞保退休給付的65歲以上老人，也能每月領取3000元津貼。同時，為贏得被視為「2004年3月選舉熱身賽」的花蓮縣長補選之戰，鞏固中南部農民選票，民進黨臺灣當局除了開出1,440億的總建設經費支票，還進一步提出老農津貼由每月3000元提升為4000元。增加社會福利支出、照顧老年人的生活，本是社會進步文明的舉動。但是民進黨臺灣當局出於一黨一己之私，竟將其變成了利用執政權力和公共資源對特定人群進行「政策買票」的行為。此外，一味擴大特定的社會福利支出，除了缺乏公平性外，還使已經陷入以債養債的臺灣財政雪上加霜。

（四）經濟管理體制運作效率低

「政府機制」是促進經濟成長十分重要的因素。世界銀行的研究報告指出：「東亞經濟成功的部分原因在於它們所採用的政策，部分原因在於為執行這些政策所設立的機構和機制。」換言之，「政策執行所依賴的機構與制度框架對於政策的成敗同樣重要」。對照近4年來臺灣情況，臺灣當局不僅在制定經濟政策時失去了以前所奉行的「務實主義」精神，而且其所謂「政府機制」的運作也有明顯障礙，集中表現在行政部門經濟管理的混亂與「立法院」議事效率的低下。

1.經濟管理體制混亂

擁有一支獨立性強的經濟技術官僚隊伍，可以確保制定、實施財經政策的有效性與穩定性，這是東亞經濟成功的經驗之一。戰後臺灣經濟的發展也明顯得益於擁有較成熟的經濟組織體系與一批素質較高的技術官僚。可是民進黨首次上臺執政後，一方面，不顧政治現實，堅持「少數政府」而不與其他政黨組成「聯合政府」，這就難免不陷入沒有執政經驗，又缺乏財經人才的窘境；另一方面，陳水扁以個人意志治政，無論是重大決策還是政府官員的任免均由其說了算。因此，4年來臺灣行政部門的財經隊伍極其不穩定，財經官員一再走馬換將。除了

「行政院長」先後用了三位外;與經濟直接相關的部門——「經濟部長」用了三位,其中任期最短的僅1個多月;「財政部長」則是先後有四位;「經建會」主委也從陳博志換成了林信義。備受政治力介入並極其不穩定的財經行政部門體系,當然無法有效發揮促進經濟成長的作用,面對驟然衰退的經濟局勢更是束手無策。陳水扁便另起爐灶,企圖以建立體制外的機制來擺脫困境。2001年8月陳水扁越過「經建會」等財經部門的職權,親自主導召開由全臺灣產、官、學及政黨代表參加的「經發會」,制定振興經濟的對策。陳水扁自任「經發會」的主任委員,由「行政院」配合執行各項決議與共識。2003年上半年受到SARS疫情的衝擊,臺灣經濟衰退壓力沉重,陳水扁再次於既有行政體制之外,設立「總統經濟顧問小組」,由「中經院」董事長蕭萬長擔任召集人。這種財經政策由體制外運作與決策的做法,姑且不論是違反所謂憲政體制規範的越權行為,就其有效性而言也是極其有限。因為這些體制外機構不是法定機構,它們的決議沒有法律法規的約束力,相關政策的執行與落實往往要大打折扣。事實上,如前所述,「經發會」的大部分共識至今沒有真正落實執行;「總統經濟顧問小組」成立以來,除了提供若干諮詢性的建議外,也沒有發揮任何實質性的作用。陳水扁如此熱衷於體制外的財經運作,不但沒有達到「救經濟」的目的,還陡增了經濟管理體制的混亂。

2.「立法院」議事效率低下

從1980年代中期,臺灣政治逐漸轉型為多黨政治後,「立法院」就日益成為各政黨進行政治角逐的場所,許多財經議題的「立法」或「修法」被長期拖延或擱置。陳水扁上臺後,由於一直無法擺脫「少數政府」的困境,「立法院」財經議事效率低下的問題更明顯加劇。2000年陳水扁上臺時,國民黨在「立法院」仍占多數席位。2001年12月「立法院」選舉之後,民進黨雖然成為第一大黨,所占席次仍沒有超過半數。在這種「朝小野大」的格局下,執政臺灣當局的施政綱領能否落實,很大程度上要取決於與「立法院」間的互動關係。4年來,「行政院」與「立法院」之間、「立法院」內各黨派之間,基於不同的立場與利益,相關爭鬥持續不斷,施政效率因而成了犧牲品,大量有關社會經濟發展與改革的法案,遲遲無法通過「立法院」的審議。以2003年「立法院」第五屆第三

大陸對臺研究精粹：經濟篇

會期為例，「行政院」送到「立法院」以「拚經濟與大改革」為主軸的優先審議法案有106項，結果僅僅通過17項，通過率只達16%。在未通過的法案中，包括所謂「財經六法」，即「金融重建基金設置及管理條例修正案」、「金融監督管理委員會組織條例草案」、「農業金融法草案」、「不動產證券化條例草案」、「自由貿易港區設置管理條例草案」、「兩岸人民關係條例修正案」。從經濟層面而言，這6項法案對改革臺灣經濟結構性的弊病、擺脫經濟困境，均具有重要的意義與急迫性。前4項是與金融相關的法案，事關臺灣金融制度的改革與金融的穩定；後2項則是屬於開放經濟性質的法案，關係到臺灣經貿自由化的發展、投資環境的改善以及競爭力的提升。在種種壓力之下，「立法院」隨後加開臨時會審議「財經六法」等法案，經過各黨的激烈爭鬥，總算通過了其中的4個法案，而「兩岸人民關係條例修正案」與「金融重建基金設置及管理條例修正案」依舊未過關。前者直到2003年10月「立法院」第四會期時才通過；而後者則至今仍擱置在「立法院」。

綜上所述，陳水扁上臺以來，由於臺灣當局執政的中心工作是政治鬥爭而不是發展經濟，因此，經濟利益只能服從於政治利益，甚至成為政治利益的犧牲品。在此背景下，臺灣當局制定的經濟戰略不切實際，經濟政策的決策不理性，經濟管理體系也陷於混亂無效狀態。演化經濟學所指出的政府干預經濟有效性的四個前提基本都不存在，臺灣當局在經濟發展中扮演的角色已發生根本性的轉變，從以往的促進者變成了阻礙者。

三

持平而論，陳水扁臺灣當局執政期間對經濟發展也非一事無成。如，推動金融改革，使金融機構總體逾期放款比率，從2002年3月8.78%的高峰逐漸下降到2003年底的5.00%；興建中部科學園區，形成科學園區北、中、南的格局等等。但是，臺灣當局在經濟發展中角色的轉折性改變，對臺灣總體經濟的負面影響卻

是全面而深遠的。

(一)政局動盪，嚴重惡化投資環境

臺灣當局執政的中心工作由發展經濟轉向政治鬥爭，對臺灣經濟的衝擊，除了表現在對經濟發展總體上的無作為外，還明顯地表現在因激烈的政爭所引發的政局動盪，使臺灣的投資環境嚴重惡化。如前所述，2000年的選舉導致臺灣政治結構劇烈變化，4年來臺灣政爭不斷，政黨惡鬥無休止，臺灣經濟發展失去了安定的社會政治環境這一必要條件，整個社會民心浮動，對臺灣前途失去了信心。這種局面對臺灣經濟最直接的影響就是，臺灣民間投資意願低落、產業加速外移，而臺灣以外的資本則對臺灣裏足不前。1996年～2000年，臺灣民間投資年平均成長率為9.77%；而2001年民間投資較2000年大幅減少29.17%；2002年僅僅恢復成長2.50%；2003年民間投資成長率為-0.70%。在臺灣投資持續衰退的同時，臺灣對外投資則呈大幅增加的趨勢。1999年臺灣對外投資(含對中國大陸投資)為45.22億美元，2000年驟增為76.84億美元，2001年與2002年略減為71.76億與72.29億美元，2003年又明顯增加為85.62億美元。投資環境的惡化，除了影響臺灣資本流向外，也同樣影響華僑及外商對臺的投資。2001年華僑及外商對臺投資51.29億美元，較前一年大幅減少32.58%；2002年持續減少為32.71億美元，再衰退36.24%；2003年稍微回升到35.75億美元。投資持續衰退使臺灣經濟成長失去了動力，這是陳水扁執政4年一直難以擺脫經濟困境的一個關鍵性原因。

(二)阻礙兩岸經貿關係正常化，加劇臺灣經濟困境

眾所周知，過去20多年，海峽兩岸經貿關係的快速發展已經成為支撐臺灣經濟穩定與成長的重要因素。但是由於臺灣當局採取限制性對中國大陸經貿政策，兩岸經貿往來在總體上一直是在「間接、單向、民間」畸形格局下運行，這又在相當大的程度上削弱了臺灣經濟從兩岸經貿關係中所能獲得的利益。進入新世紀以來，一方面，世界經濟全球化區域化趨勢加速，兩岸先後加入WTO世界貿易組織，兩岸經貿關係正常化的急迫性日益增加；另一方面，國際經濟不景氣，臺灣經濟持續不振，中國大陸市場對臺灣經濟的重要性更加突顯。但是陳水扁臺

灣當局依舊不顧世界潮流及臺灣經濟的切實需要，儘量採取淡化兩岸經貿關係的經濟戰略，繼續阻礙兩岸經貿關係的正常化，致使兩岸至今不能實現全面直接「三通」、資本貨物無法暢通雙向流動、兩岸經貿合作機制遲遲沒有建立。凡此種種，使已經深陷困境的臺灣經濟備受打擊。具體表現如下：

1.使臺灣在東亞區域經濟合作中面臨被「邊緣化」的危機

進入21世紀以來，全球經濟普遍陷於不景氣之中，而中國大陸經濟則持續快速成長，成為帶動東亞乃至整個亞太地區經濟復甦與發展的重要動力。與此同時，中國大陸在加入WTO後，積極加強與東亞各國經濟聯繫，推進東亞經濟區域化的進程。除了中、日、韓與東盟10國的合作框架機制（10＋3機制）持續運作外，自2001年啟動中國大陸與東盟10國10年內組成自由貿易區的協議（10＋1合作）。2003年中國大陸又先後與香港、澳門簽署了《關於建立更緊密經貿關係的安排》。面對新一輪以中國大陸為主導的區域經濟一體化強勁發展趨勢，大多數國家及地區均採取了積極主動參與區域經濟合作的立場，以便從此區域經濟成長中分享更多的利益。臺灣當局卻基於政治立場，繼續實行限制性的兩岸經貿政策，阻礙兩岸經貿關係的正常化。這就使臺灣游離於東亞區域經濟合作發展潮流之外，在新的東亞政經秩序中被「邊緣化」的危機日益突顯，臺灣經濟的長遠發展面臨嚴峻的挑戰。

2.削弱臺灣經濟成長的動力

早在1996年初，臺灣「經建會」就分析指出，若兩岸經貿關係中斷，臺灣經濟成長率將降低1.95%，失業率也將隨之上升。這已充分顯示了兩岸經貿關係作為臺灣經濟成長動力的重要性。近4年來，兩岸經貿關係規模更大，其對臺灣經濟成長的影響也更大是不言而喻的。另一方面，由於經濟不景氣，政局動盪不安，陳水扁上臺以來，臺灣民間消費及固定投資等各項內部需求均明顯衰退，對經濟成長的貢獻大幅縮減。臺灣經濟成長的動力來自對外部需求，特別是中國大陸市場的依賴就更加突顯。以2002年為例，臺灣經濟成長率由前一年的負成長回升至3.59%。按臺灣「行政院主計處」的綜合統計，外部淨需求對經濟成長貢獻2.63%，對經濟成長貢獻所占的比重為73.26%。而從外部需求構成來看，

2002年臺灣對美國、日本及歐洲的出口均呈衰退局面，臺灣對中國大陸出口則較前一年大幅成長37.4%，顯然，中國大陸市場已經成為支撐臺灣經濟成長的主要來源。在此情況下，陳水扁臺灣當局繼續阻礙兩岸經貿關係的正常發展，阻礙兩岸「三通」的實現，其直接的經濟效應便是削弱臺灣經濟成長的動力，使臺灣經濟無法從兩岸經貿關係中獲得本應有的更大利益。

3.相關產業備受打擊，失去競爭力

兩岸經貿關係遲遲無法正常化對臺灣的相關產業，如空運、海運、港口及金融業等的衝擊十分直接且明顯。其中臺灣最重要的港口——高雄港的地位急劇下降就是個典型例證。高雄港港闊水深，港口區域優勢明顯，擁有東亞貨櫃樞紐港的地位，自1993年起，在全球貨櫃港排名第3位。受制於臺灣經濟成長速度放慢及產業結構調整，高雄港自身進出口貨櫃成長有限，轉口貨櫃是其成長的主要動力。近年來中國大陸對外貿易迅速發展，成為全球最大貨源，但由於兩岸不能直接通航，高雄港難以參與到中國大陸貨櫃轉口市場，許多國際海運公司的越洋航線因此減少甚至取消彎靠臺灣的航班，而臺灣自己的航商也紛紛轉移到中國大陸沿海港口尋找航運商機。高雄港的競爭力明顯削弱，所占地位逐年下滑。2000年被韓國釜山港超越，降至第4名；2002年被上海港超越，下滑至第5位；2003年又再被深圳港超越而退居第6位。臺灣一位學者深刻地指出「高雄港今天的困境就是因為兩岸不能直航所造成的。」

（三）加深臺灣需求衰退，拖累經濟成長

經濟學的理論與實踐均證明，當經濟不景氣的時候，政府部門有效擴大公共支出能夠發揮調節景氣的積極作用。但是，2000年以來，臺灣當局採取一系列缺乏理性的財經政策，使其財政功能的運用不但沒有發揮調節宏觀經濟的作用，反而拖累經濟成長。

陳水扁上臺以來，總體經濟成長放慢甚至衰退，對稅收的成長已有極大壓力，而新臺灣當局為了兌現選舉諾言及刺激景氣需要，又採取一系列減稅或免稅政策，如土地增值稅減半2年、製造業新增投資免徵5年營利事業所得稅等。其結果，稅收連年減少。2001年全年稅收較前一年減少6.8%，2002年再減少

3.1%，稅收占GNP的比率相應持續下降至12.3%。同時，在支出方面，臺灣當局既要承諾競選時開出的社會福利「支票」，又要擴增預算用以採購軍備，以對應日益緊張的兩岸關係，從而使財政支出擴張壓力日增，財政入不敷出的局面因此越益嚴重。2000年～2003年，「政府」收支差額均超過新臺幣3,500億元。財政持續惡化的狀況大大壓縮了臺灣當局透過擴大公共投資來提升內需的空間，失去刺激景氣復甦的有效手段。2001年臺灣當局實施「8100，臺灣啟動」等的擴大內需方案，成效甚微；2002年5月，臺灣當局又宣布推動規模新臺幣2.65萬億元的「六年發展重點計劃」，同樣舉步維艱，其關鍵性的原因即在臺灣當局財源的嚴重短缺。不僅如此，由於財政困難導致實際公共支出的縮減，使低迷不振的臺灣需求雪上加霜，直接削弱了經濟成長的動力。2001年～2003年，「政府」投資年年負成長，分別為-4.77%、-13.14%、-1.82%。公營事業投資除2001年略有增加外，2002年與2003年均為負成長。「政府」消費支出部分，2001年與2002年分別為負成長1.02%與0.20%，2003年才略回升至0.83%。

（四）影響臺灣在國際上的信譽及競爭力

臺灣當局在經濟發展中角色的轉變，對外的影響就表現為使臺灣在國際上的信譽及競爭力下降。首先是臺灣當局財政狀況的急劇惡化，大大降低了臺灣在國際上的信譽，影響內外資本對臺灣信心。2001年7月，國際標準普爾信評公司（S&P）將臺灣「主權評等」由「AA＋」級降至「AA」級；2003年4月進一步由「AA」調降1級至「AA-」級，這是1989年4月標準普爾首度公布臺灣評等以來最差的評等紀錄。此外，惠譽公司（Fitch）及國際貨幣基金會（IMF）等，近年來也多次對臺灣的信用評等及財政狀況發出類似的警語。

與此同時，臺灣當局在公共部門種種不利經濟發展的表現，明顯削弱了臺灣在國際上的競爭力。根據世界經濟論壇（WEF）公布的調整評估方式後的全球競爭力指標，2001年～2003年臺灣的成長競爭力（growth competitiveness）全球排名，依次是第7、6、5名。這個數據被臺灣當局視為「拚經濟」的政績而經常大肆宣傳。但實際上，深入探究這個數據的內容構成就會發現，臺灣成長競爭力較高的原因，主要來自民間與企業的科技實力，而有關臺灣當局施政的各項指標

排名,卻是拉低臺灣全球競爭力的因素。WEF成長競爭力指標中分類評比指標有三項,分別是科技指標、公共部門指標及總體經濟環境指標。以2003年的成長競爭力指標來看,臺灣在102個國家及地區中排名第5位,其主要原因是科技指標名列第3位(科技指標權數高達50%),其下創新指標排名第2位、訊息通訊指標第7位。相較於民間部門的突出表現,臺灣當局的表現則十分遜色。公共部門指標排名第21位,其分項指標中,合約及法規指標為第24位,貪汙指標第19位。總體經濟環境指標排名第18位,其分項指標中,「政府」浪費指標第20位、「國家」信評指標第24位。再觀察其細項指標可進一步發現,「政府」財政排名第79位、政治家公共信用第24位、「政府」不當補貼的嚴重程度排名第21位。此外,WEF調查報告還指出,政策的不穩定、政治的不安定、勞工的限制規定、缺乏效率的官僚體制及不足的基礎設施等五大問題,是當前在臺灣經營困難的主要原因。很顯然,臺灣當局本身已成為臺灣全球競爭力進步的障礙。

臺灣經濟成長速度的新轉變

鄧利娟

近10年來,臺灣經濟告別了過去的高速成長,形成了較為穩定的中速成長模式。而對21世紀初期10年臺灣經濟成長的趨勢,海峽兩岸相關機構與專家也大多預測能維持4%～6%的中速成長。但是,2001年臺灣經濟驟然轉變為負成長,為近50年來首次。這不能不引起海峽兩岸的高度關注與重新思考:究竟這次臺灣經濟嚴重衰退是在國際經濟衰退背景下出現的偶然情況,還是意味著臺灣經濟中速成長模式已結束?未來臺灣經濟成長趨勢又將如何?為了解答這些問題,首先需要探討導致臺灣經濟由高速成長模式轉變為中速成長模式的相關因素,進而分析這些因素在新情勢下的發展變化及其對經濟成長的影響,最後才有可能較客觀地評估未來幾年臺灣經濟成長速度的可能模式。本文將按這種思路框架作初步的研究,以就教於大家。

一、中速成長模式的形成

與過去30年相比,1990年代臺灣經濟成長具有兩個明顯的特徵:其一,經濟成長由過去的快速成長轉為中速成長。在經濟發展的「黃金時代」1960年代,經濟成長速度年平均達到10%;1970、1980年代仍保持較快成長速度;1971年～1980年,年平均成長率為9.4%;1981年～1990年,年平均成長率為8.1%;1990年代(1991～2000年),臺灣經濟年平均成長率則降為6.3%,明顯轉入中速成長時期。其二,經濟呈較穩定成長趨勢。1970年代、1980年代,臺灣經濟雖然平均成長速度較快,但受兩次世界石油危機的影響,各年成長幅度波動較大,20年中有9年經濟呈兩位數成長,其餘為個位數成長。其中1974年成長率僅1.2%;1975年、1982年分別為4.9%與3.6%。進入1990年代以來,臺灣經濟除了1998年受到亞洲危機影響,成長率為4.6%較低外,各年經濟成長率均維持在5.7%～7.6%之間,表現出較穩定的中速成長趨勢(參見表1與圖1)。

表1　歷年經濟成長率

單位:%

	1	2	3	4	5	6	7	8	9	0	平均
1951 – 1960	12	9.3	9.5	8.1	5.5	7.4	6.7	7.7	6.3	7.6	
1961 – 1970	6.9	7.9	9.4	12.2	11.1	8.9	10.7	9.2	8.9	11.4	10
1971 – 1980	12.9	13.3	12.8	1.2	4.9	13.9	10.2	13.6	8.2	7.3	9.4
1981 – 1990	6.2	3.6	8.4	10.6	5	11.6	12.7	7.8	8.2	5.4	8.1
1991 – 2000	7.6	7.5	7	7.1	6.4	6.1	6.7	4.6	5.7	6	6.3
1951 – 2000											8.4

資料來源:臺灣CEPD, Taiwan Statistical Data Book 1990,P23-24;Taiwan Statistical Data Book 2000,P41-43;臺灣「經建會」:《自由中國之工業》2001年第4期封面內頁。

圖1　各年代經濟成長走勢

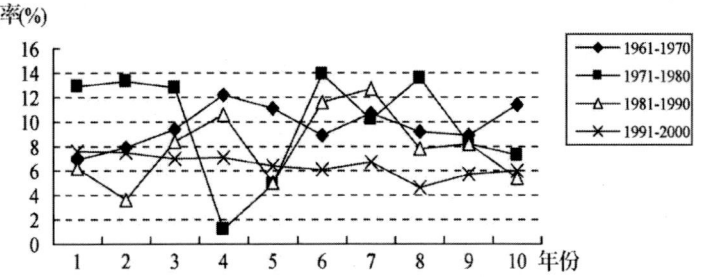

資料來源：同表1。

二、持續高速成長的制約因素

1990年代以來，臺灣經濟之所以難以再持續高速成長，主要是因為自1980年代中期起，臺灣內外經濟環境均發生了巨大變化，以往有利的因素與條件明顯失去，臺灣社會經濟進入轉型時期。國際經濟環境對臺灣不利的因素主要有三方面：其一，美國對臺灣的貿易壓力日益增加。美國長期是臺灣最大的出口國，1984年臺灣對美出口占其出口總額比重創下48.8%的紀錄，臺灣對美順差額近百億美元。然而，隨著美國貿易赤字不斷擴大，進而由債權國變成債務國，臺灣成為美國施加貿易壓力的主要目標之一，臺灣在被迫逐漸開放臺灣市場的同時，新臺幣大幅升值，新臺幣兌美元匯率由1985年的39.9：1持續升值至1992年的25.4：1，升值幅度達36.3%，其結果使臺灣許多傳統出口產業失去國際競爭力。其二，世界經濟區域化的加速發展，使臺灣主要外貿市場面臨了更大挑戰。繼1993年歐洲統一大市場正式成立，1994年北美自由貿易區生效實施，此外，東盟自由貿易區也在1993年啟動運行。各類地區經濟集團都具有對內互惠、對外排他的雙重經濟功能，這種排他性對臺灣傳統的外貿市場產生了很大威脅。其三，在國際市場上，後起的發展中國家對臺灣的競爭壓力越來越大。1980年代以前，臺灣出口導向經濟具有「搶先」優勢，之後，越來越多發展中國家及地區也以自身的優勢大力發展出口工業，加入國際市場競爭，臺灣傳統的勞力密集型

出口產品受到嚴峻挑戰。1990年代以來這種趨勢更加明顯。總之，過去10多年國際經濟格局的演變，使臺灣經濟陷入所謂「前有強敵阻擋，後有追兵壓力」的「夾殺的困境」。

　　與此同時，自1980年代中期起，臺灣內部環境亦發生劇烈變化，成為制約臺灣經濟持續快速成長的內部因素。（1）經濟環境的改變。勞動力這一重要的基本生產要素，在過去20、30年是臺灣企業國際競爭力的最大優勢，但1980年代中期以來卻發生極大的變化。一方面，隨著勞力密集型加工出口工業的迅速發展擴張，勞動力供不應求的矛盾日益加劇；另一方面，在平均國民所得水平提高，而社會風氣又轉趨投機享樂環境下，年輕人不再願意從事較艱苦的體力勞動，這就更突顯出工業特別是製造業勞力短缺的困境，臺灣的工資水平因此大幅上升。製造業員工每月平均工資，1979年為新臺幣6,554元，1985年升至12,697元，而10年後的1995年，則已升至32,545元，10年間工資水平漲了1.56倍。而同期，製造業勞動生產力卻僅成長0.84倍，其結果企業生產成本上升、競爭力下降。臺灣另一重要基本生產要素，土地的價格在1980年代下半期也出現暴漲情況。臺灣土地面積原本有限，隨著工業的迅速發展，加上相關土地政策的限制，工業用地供不應求的矛盾已日趨突顯。1980年代中期起，由於總體經濟失衡，泡沫經濟產生，房地產價格更是急劇高漲。以臺灣公告地價而言，與前一年相比，1987年上漲9.74%，1988年漲11.54%，1989年大幅上漲47.31%，到1990年更上漲103.05%。而實際市場價格還遠高於公告地價，一般公告地價僅約等於市價的50%、60%。另外，觀察臺北市住宅價格，1986年每坪平均為6.72萬元，到1990年漲至36.87萬元，漲幅為448.7%。房地產價格暴漲加劇了工商業用地的難度，廠商經營成本大幅上升。（2）政治環境的改變。自1980年代中期臺灣取消「戒嚴法」、開放黨禁報禁以來，臺灣政治也進入了轉型期。臺灣民眾在擺脫長期的專制統治的同時，也為畸形發展的民主政治付出了沉重的代價，經濟發展受到強烈衝擊就是其中明顯的表現。首先，政局動盪不安，影響民間投資意願。隨著臺灣政治體制由強權政治向多黨政治的轉換，臺灣各種政治利益集團的對立爭鬥日趨尖銳，社會上省籍族群矛盾、國家認同問題及統獨之爭等各種政治意識形態的爭鬥亦不斷激化。而接連不斷的大小選舉，在加劇上述各種矛盾與爭鬥的同

時,也使各種政治勢力的力量此消彼漲,國民黨長期執政的地位受到挑戰與動搖。這種動盪不安的政治局勢產生了兩種後果:一是,臺灣社會民心浮動,對臺灣政治前途信心不足,進而影響對臺灣投資的意願。二是,臺灣當局不再以發展經濟為其鞏固政權的主要任務,而是把政黨利益與選舉勝利作為首要目標,經濟發展與社會穩定則是第二位,有時甚至成為政治利益的犧牲品。其次,經濟管理混亂,經濟決策艱難。臺灣在社會與政治日趨多元化後,原有的經濟管理體制無法適應情勢發展,臺灣當局對經濟的管理混亂無力,行政效率低落。特別是在所謂「民意機構」的「立法院」,對於各種法案的審議,即使是社會經濟急需的法案,也囿於各黨派的利益衝突、各利益集團的牽制,往往是爭論不休,遲遲難以通過,甚至長期拖延擱置,致使「立法院」待議法案堆積如山。第三,黑金政治泛濫,侵蝕經濟肌體。伴隨著臺灣社會與政治多元化的發展,臺灣社會經濟資源相應發生重新配置,在此過程中,各政黨為了自身的利益及選舉,需要財團甚至黑道勢力的支持;而後者為了資源分配的利益也要借助政治力量,金權政治與黑道問題因此日趨泛濫。財團與黑道勢力不僅滲透「立法院」,影響經濟決策,而且介入各個公共工程項目,致使工程費用高、質量差。黑道勢力甚至採取暴力手段,進行工程圍標、綁標、勒索保護費與權利金等。黑金政治已演變成臺灣社會的巨大毒瘤,在直接侵蝕經濟肌體的同時,更造成治安惡化,社會秩序混亂,使投資者失去信心。(3)社會環境的改變。戰後臺灣長期累積並被壓制的各類社會矛盾,隨著強權政治體制的解體也不斷爆發出來,影響較大者如環保運動、勞工運動等,轉型中的臺灣經濟因此又增加了一重困難。1980年代以來,一方面由於長期累積的環境汙染問題越趨嚴重;另一方面,民眾的環保意識在所得水平提高後也逐漸提高,再加上保護自身權益意識的提高,臺灣環保運動日益高漲。投資者建廠,不但得通過官方的環保標準評估,往往還得獲得設廠當地百姓的同意。換言之,投資設廠除了可能遭遇抗議阻撓外,廠商汙染環境所造成的社會成本,已不能再像過去由社會大眾來分攤,而需變成其生產成本的一部分,經營負擔明顯增加,不少大型投資案因此無法順利進行,如臺塑的「六輕」案、臺電的「核四」案及美商杜邦案等。勞工運動的高漲則主要表現為勞資衝突事件的大量增加。在「戒嚴」體制下,勞動市場對資方極其有利,資方可以透過低工資、長

大陸對臺研究精粹：經濟篇

工時等手段獲取高額利潤。但隨著勞工爭取自身權益意識的提高，以及工會組織力量的加強，勞工常常透過罷工、遊行示威等行動，抗議其基本權益被侵犯，臺灣當局也逐漸修正相關勞動法令改善對勞工權益的保障，企業經營成本因此相應增加。凡此種種，說明1980年代中期以來，臺灣經濟、政治與社會均進入轉折時期，經濟發展受到的衝擊與挑戰是全方位的，經濟持續快速成長的條件已經失去。

三、穩定中速成長模式的動力來源

過去十多年，由於內外環境的巨大變化，使臺灣經濟無法繼續維持高速成長了，關於這一點人們已基本取得共識。但面對全方位的衝擊與挑戰，臺灣經濟並沒有急劇衰退，而是維持了較穩定的中速成長水平，其原因何在？換言之，其穩定中速成長模式的動力為何？對於這一點人們似乎深入探討的並不多。事實上，與過去30年相比，1990年代臺灣經濟成長速度明顯下降，但與同時期相類似的經濟體相比，臺灣經濟的成長速度並不慢。1970年代末，同樣被世界公認為新興工業化國家及地區的墨西哥、巴西及阿根廷等三個拉丁美洲國家，1990年～1998年，年平均經濟成長率分別為2.5%、3.3%及5.3%；而同期，臺灣的年平均經濟成長率是6.5%。即使在亞洲「四小龍」中，臺灣亦排名第二，1990年～1998年，新加坡、韓國及香港的年平均經濟成長率分別為8.0%、6.2%及4.4%。認清支撐臺灣經濟穩定中速成長的動力來源，不僅可以加深對1990年代臺灣經濟發展的認識，而且有助於掌握未來臺灣經濟成長的模式。

（一）產業結構調整升級，以電子資訊業為主的高科技產業，成為臺灣經濟成長的新支撐點

面對新臺幣大幅升值、勞工成本上升及土地價格高漲等一系列巨大壓力，臺灣傳統的勞力密集型產業逐漸失去發展上的相對優勢，無法有效地支撐經濟持續發展。但在此過程中，臺灣的產業結構逐漸調整升級，轉向發展技術密集型產

業，以電子資訊業為主的高科技產業發展迅速，順利地取代傳統的紡織、塑膠等成為經濟成長的新支撐點，這在相當程度上緩解了內外情勢劇烈變化對臺灣造成的強烈衝擊，使臺灣經濟尚能維持中速成長。

1.電子資訊產業成為臺灣產業的主流

1980年中期以來，在臺灣當局的大力扶植下，加上以美國為首的國際電子資訊產業蓬勃發展的刺激，臺灣以電子資訊業為主的高科技產業發展迅速。以基期1996年為100，1990年～2000年，臺灣的製造業類指數由76.37提高到129.87，增加53.5%；而其中，電子電機器材業指數則由55.37提高到185.43，增加130.06%，成長速度遠高於製造業的總體水平。電子資訊產業在製造業中的地位相應快速上升，成為製造業的第一大產業。1987年～1998年，電子資訊產業占製造業的比重由16.89%提高為30.26%，在四大類製造業中的比重從末位升至首位；而同期傳統的民生工業則從首位降到末位，所占比重由31.52%下降為17.54%。至於化學工業與基本金屬工業所占比重的變化就不是很明顯。2000年，電子資訊產業占整體製造業產值的比重持續提高至37.8%。

2.電子資訊產品成為臺灣出口成長的新支柱

伴隨著臺灣產業結構的調整升級，電子資訊產品出口迅速成長，從1980年代中期起，電子資訊產品取代紡織品及其相關產品成為臺灣第一大出口商品。2000年，臺灣電子、資訊與通訊產品出口512.55億美元，占出口總額的34.54%；而紡織品出口152.19億美元，所占比重為10.25%。

3.技術密集產業成為臺灣勞動生產力提高的主要來源

從勞動生產力角度觀察能夠更直接看出，以電子資訊業為主的技術密集產業是1990年代臺灣經濟成長的主要動力來源。據臺灣「經建會」專家的研究分析，1991年～1999年臺灣經濟成長率平均為6.5%，就其成長來源構成看，勞動生產力成長5.1%，就業成長1.4%。而臺灣勞動生產力仍能維持5.1%的成長水平，主要是因為技術密集工業勞動生產力大幅成長，促使製造業勞動生產力持續提升。1991年～1999年，臺灣技術密集工業勞動生產力持續平均成長7.4%，而傳統工業及基礎工業勞動生產力平均成長率則分別下降至2.5%及4.8%。由於前

者的明顯提升在相當程度上彌補了後者的下降，使製造業勞動生產力成長率平均達5.3%，高於整體勞動生產力的成長。

（二）兩岸經貿關係的迅速發展成為臺灣經濟穩定成長的重要動力

自1980年代中期起，國際經貿格局的變化使臺灣傳統的出口市場受到嚴峻的挑戰，出口成長減緩，經濟成長速度因此受到影響。但在同時，隨著兩岸經貿關係的恢復發展，兩岸逐漸形成了互補互利、日益緊密的經貿合作格局，中國大陸市場成為支持臺灣經濟發展新的越來越重要的動力來源。具體表現在以下三方面：

1.中國大陸成為支持臺灣經濟成長的極其重要的出口市場

如上所述，1980年代中期以前，臺灣主要是以美國等國際市場空間來支持其經濟發展的，但隨著國際經濟格局的變化，臺灣對美出口的比重逐年下降到2000年的23.5%。與此同時，兩岸經貿關係的迅速發展，使臺灣較順利地實現了發展空間的轉換，中國大陸市場逐漸成為支持臺灣經濟發展的主要市場空間。2000年臺灣對中國大陸出口額（不含香港市場）達261.6億美元，占臺灣出口總額的比重上升為17.6%，中國大陸市場追趕美國市場進而將成為臺灣最大出口市場的趨勢已十分明顯。

2.兩岸經貿關係的發展加速了臺灣產業轉型的進行

臺灣產業結構能夠從以勞力密集產業為主導向以技術及資本密集產業為主轉變，在相當程度上也得益於中國大陸市場的支持。在臺灣產業結構調整的過程中，中國大陸成為臺灣轉移勞力密集產業的最主要基地。那些在臺灣不具競爭力或已失去優勢的產業，由於在中國大陸尋找到了生存發展的新機會，所以沒有遭遇倒閉破產的命運，沒有拖欠銀行債務而增加其呆帳，臺灣產業轉型因此得以較為順利進行。

在另一方面，到中國大陸來投資設廠的臺商，其生產所需的機器設備、零配件、原材料等，有許多仍自臺灣進口。而這些產品大多屬於重化工業及技術密集產業產品，這就進一步刺激了臺灣相關重化工業及技術密集產業的發展，推進臺

灣產業的轉型。1990年代中後期，中國大陸又開始承接臺灣較為成熟的電腦及半導體等產業。

3.兩岸經貿關係的發展保證了臺灣維持較雄厚的外匯存底

1997年，臺灣抵禦亞洲金融風暴的強有力後盾，是其擁有較雄厚的外匯存底，而臺灣對中國大陸貿易連年大量順差，則是臺灣外匯存底增加的最大來源。從1993年起，臺灣對中國大陸貿易順差額每年均超過其總體貿易順差額，也就是說，若無對中國大陸貿易順差，臺灣總體外貿將呈淨逆差。以2000年情況來看，臺灣總體外貿順差額僅83.1億美元，而對中國大陸順差額則達204.5億美元，後者比前者多121.4億美元。顯而易見，倘若沒有穩定的中國大陸市場，臺灣國際收支經常帳不可能維持順差，其外匯存底也將大打折扣。

總而言之，近10多年，臺灣經濟之所以還能夠維持較穩定的中等成長速度，與兩岸經貿關係的迅速發展有密不可分的關係。

（三）公共投資的較快成長彌補了部分外需與民間投資的不足

面對內外經濟環境劇變所引發的內外需求均呈不足的狀況，臺灣當局從1980年代末起加速推動公共建設投資，1991年起又實施規模空前龐大的「六年建設計劃」，大力推動各項重大公共建設工程。1980年代末期以前，臺灣「政府」固定投資占總固定投資的比重基本在20%下；1989年達21.3%後逐年上升；1994年升至29.8%。公共投資持續擴大，帶動了內部需求的擴張。1986年～1990年，臺灣內部需求占國民生產總值的平均比率為86.4%，到1994年這一比率已提高到96.9%。1990年代上半期，臺灣經濟維持中速成長，臺灣當局固定投資的持續增加發揮了一定積極作用。1990年代中期以後，由於財政困難及公共工程執行進度落後等原因，臺灣當局公共投資的成長逐漸減緩，其對經濟成長的促進作用也相應減弱。

四、穩定中速成長模式面臨嚴重挑戰

20世紀末期以來，臺灣內外環境進一步發生新的劇烈變化，經濟成長的制約因素明顯增加，而經濟自身累積的結構性問題也日益突顯與激化。在此背景下，近10年來，支撐臺灣經濟成長的動力來源呈現弱化趨勢，臺灣經濟穩定中速成長模式因此面臨嚴重挑戰。

（一）制約經濟成長的非經濟因素急劇強化

2000年3月，臺灣政權發生50年來的首次改變，它使1980年代中期以來，臺灣政治轉型所造成的非經濟因素對經濟發展的衝擊作用急劇強化。主要表現在兩方面：其一，政局動盪加劇，投資環境加速惡化。「3.18」臺灣選舉的結果是，執政長達半個世紀的國民黨成為在野黨，而代表民進黨的陳水扁以微弱多數當選為新領導人。這種政治結構的劇烈變化導致臺灣各種政治矛盾與鬥爭空前激烈，「朝野」之間展開了無休止的政爭，政局陷於一片混亂。雖然在2001年12月選舉之後，民進黨成為「立法院」第一大黨，並主導組成了新「內閣」，臺灣當局的執政困境有所緩和。但民進黨執政基礎並無根本性的改善，其在「立法院」的席次仍沒有超過半數，主導政局的實力不夠，政局繼續動盪不安的根基依然存在。臺灣的投資環境在此背景下加速惡化：一方面，政黨利益、鞏固或奪取政權是臺灣當局與各政黨的首要目標，2002年年底北、高兩市市長的選舉以及2004年的「總統」大選等，是他們關注的焦點，對於所謂「知識經濟發展方案」、「綠色矽島經濟發展藍圖」、「全球運籌中心」以及「經發會」共識等經濟發展規劃，儘管一個接一個提出，實際上卻無心也無力予以推動，大都停留在紙上談兵階段；另一方面，財經施政效率低下的問題進一步惡化。兩年來，「行政院」與「立法院」之間、「立法院」內各黨派之間，基於不同的立場與利益，相關爭鬥持續不斷，財經施政效率因而成了嚴重的犧牲品。臺灣內外投資因此裹足不前，產業外移趨勢也不斷加速。其二，兩岸關係緊張對峙，加劇臺灣經濟困境。過去臺灣經濟發展能夠得益於兩岸經貿關係，在根本上是基於兩岸有一個相對和平發展的環境。由於主張「臺獨」的民進黨執政，這種兩岸和平的環境面臨著嚴峻的威脅。在政治上，臺灣當局至今對兩岸原有過的一個中國原則的共識一直不予承認，導致兩岸關係日趨緊張。在對中國大陸經貿政策上，儘管迫於強大壓力，臺灣當局已於2001年底宣布將「戒急用忍」調整為「積極開放、有效管

理」，但在實際行動上仍處處掣肘兩岸經貿的正常往來，特別是對臺灣工商界急迫需要的兩岸直接「三通」堅持不開放。這種趨勢使已陷於困境的臺灣經濟雪上加霜。兩岸政治關係緊張加劇，和平環境受威脅，造成海內外對臺灣前途產生信心危機，嚴重打擊了民間投資與消費的意願。同時，「三通」作為兩岸經貿關係最核心的部分無法突破，兩岸經貿關係的發展因此無法由量變上升到質變的階段，持續支持臺灣經濟的作用相應受到很大制約，臺灣也在歲月的蹉跎中延誤了產業再升級的時機，競爭優勢加速流失。

（二）國際經濟景氣衰退的衝擊

海島型的臺灣經濟對國際經濟，特別是美國與日本經濟的依賴性強。如上所述，1980年代中期以來，國際經濟格局的變動使臺灣經濟陷入所謂「夾殺的困境」，但在1990年代，臺灣電子資訊產業的發展則受惠於美國新經濟的持續成長。自2001年起，由於高科技產業供需的失衡，美國經濟在經歷了10年繁榮後終於由盛而衰，股市持續重挫，經濟成長逐季下滑，全年經濟成長由前一年的4.1%下降為1.1%。儘管2002年以來，美國已扭轉了經濟成長持續下滑的局面，其他一些經濟指標也露出經濟復甦的跡象，但綜合各方面情況看，許多權威經濟學家對美國經濟會很快復甦仍不太樂觀。一方面，美國IT產業衰退的主要原因是，在過去幾年過度投資所造成的科技網路泡沫破滅後，企業大幅縮減IT產業方面的支出，因此，美國以及全球IT產業的復甦尚需相當一段時間；另一方面，「9.11」事件對美國經濟的影響是極其深重與廣泛的，由於失業人數大幅上升、消費者信心急劇下降，以及製造業嚴重萎縮等原因，美國經濟陷入了多年以來的低谷，要從谷底爬升仍有不少變數。美國經濟這種衰退或不景氣的局面，對臺灣經濟的衝擊效應是極其明顯的。在一個層面上，臺灣直接對美出口占臺灣出口總值的1/4，另外約有1/3對中國大陸與東亞國家的出口，其最終產品的主要出口市場也是美國。美國經濟衰退直接影響臺灣的出口，進而影響生產及經濟的成長；在另一個層面上，目前臺灣經濟成長主要是依賴電子資訊等科技產業帶動，而美國高科技產業景氣的衰退、高科技股價的下跌，與美國關係緊密的臺灣科技產業難免受到衝擊，並直接影響臺灣股市上的科技股，臺灣股市與金融的穩定因而受到衝擊。2001年臺灣經濟衰退之所以特別嚴重，一個重要的原因即在於此。這

次由美國經濟衰退引發的全球經濟不景氣何時復甦及復甦的力道，仍然是未來臺灣經濟成長走向的很大變數。

（三）經濟自身結構性問題日益突顯

進入21世紀以來，臺灣經濟在備受內外環境劇變衝擊之下，經濟自身累積的結構性問題也日益突顯與激化，而這些問題正是制約未來臺灣經濟成長速度的根本性因素。

1.產業結構面臨再次調整升級的強大壓力

雖然1990年代電子資訊產業成為臺灣產業的主流，並在相當程度上支撐了臺灣經濟的中速成長，但是臺灣所形成的這種產業結構卻有明顯的脆弱性：其一，電子資訊產業的發展對外依賴性強，特別是對美、日的依賴。由於研究與發展的投入不足，技術自主性不高，臺灣電子資訊業的關鍵零組件及中間原料大量依賴自日、美進口，這種對外依賴性，使臺灣生產方式仍無法擺脫以前的加工出口生產模式，即委託加工生產（OEM）與委託設計生產（ODM）的「代工」模式。而這種生產方式不僅產品的附加價值較小，高科技產業的高收益優勢不明顯，而且生產上較為被動，易受制於委託國。此外，其生產的地位也容易被後起的發展中國家所取代。與此同時，臺灣以電子資訊為主的高科技產業的出口市場又嚴重依賴美、日等國，受其景氣波動影響大。其二，產業升級呈單一性。在臺灣產業結構調整中，不僅傳統產業升級速度緩慢，高技術產業與傳統產業的落差大，而且高技術產業內部發展也極不平衡。除了資訊、半導體工業發展較快外，其他高技術產業，如航空工業、生物技術、消費電子工業、醫療保健工業及環境保護工業等則發展較慢。這種產業升級的單一性，造成臺灣新的經濟成長機制脆弱而無可持續競爭的優勢，一旦電子資訊產業發展受阻，整體產業便失去支柱力量。2001年以來，美、日經濟衰退之所以會對臺灣造成特別大的打擊，臺灣產業結構的脆弱性顯然是其深層的原因。因此，臺灣產業結構已面臨進一步轉型升級的巨大壓力，而這一過程將是極其艱難與長期性的，在完成這一輪產業結構調整前，原有高科技產業對總體經濟成長的支撐力將呈弱化趨勢。

2.財政惡化加劇

臺灣財政從1980年代末1990年代初起發生了轉折性的變化，財政赤字不斷擴大。2000年政權變化以來，財政惡化的窘境則更為加劇。收入方面，總體經濟成長放慢甚至衰退，稅收減少。2001年全年稅收實徵淨額12,568億元，較前一年減少6.8%。而同時，新執政臺灣當局為了兌現選舉諾言及刺激景氣需要，又採取一系列減稅或免稅政策，如土地增值稅減半2年、製造業新增投資免徵5年營利事業所得稅等。支出方面，臺灣當局既要兌現競選時開出的社會福利「支票」，推行首次購屋者低利貸款、老人津貼等措施，又要大幅增加軍費支出用以採購軍備，以對應日益緊張的兩岸關係，從而使財政支出急劇擴張，財政入不敷出的局面因此越益嚴重。2001年「中央政府」財政赤字總額占GNP的比率達3.5%，已超過國際上3%的財政危機標準。「中央政府」財政赤字總額占當年財政支出總額的比率為19.2%；換言之，財政支出近五分之一的財源是依靠舉債而來。逐年擴大的赤字累積導致臺灣財政的債務負擔迅速提高，2001年「中央政府」債務餘額年增率為12.0%，債務餘額占GNP的比率，由2000年時的25.3%上升至28.5%。財政狀況的急劇惡化不僅影響臺灣經濟金融的穩定，而且極大壓縮了透過擴大公共投資來提升內需的空間。2001年臺灣當局實施「8100，臺灣啟動」等的擴大內需方案，成效甚微，關鍵原因即在於此。2002年5月，臺灣當局又宣布將推動規模新臺幣2.65萬億元的「六年發展重點計劃」，同樣將難以避免這一結局。

3.金融體系的潛在危機

臺灣金融問題積弊已久，而2000年臺灣政權變化以來，政局動盪不安，財經施政混亂，更使金融問題雪上加霜，金融不但無法支持總體經濟的健康發展，反而成為其嚴重的阻礙力量。（1）股市持續重挫，泡沫經濟危害加劇。由於股市秩序混亂，市場機能不健全，再加上國際股市的影響等因素，臺灣股市一向是暴漲暴跌、泡沫性極強的市場。2000年臺灣股價加權指數由年初的10,202高點下跌到年底的4,614低點，跌幅高達54.8%。2001年股價指數在2月中旬短暫反彈到6,000點後，便持續下滑至9月下旬突破3,500點大關，達3,411點，此後逐漸反彈，12月指數為5,264點。2002年以來，股價指數在5000～6000點間動盪。臺灣股市泡沫的破滅，對總體經濟造成劇烈的衝擊，不僅大量廠商資金被套牢，出

現資金周轉困難與財務危機,而且股市大幅衰退造成民眾資產價值明顯下降,直接影響到民間消費水平。(2)金融機構經營環境持續惡化,體質更加脆弱。一是金融機構資產品質持續惡化。由於傳統產業與高科技產業均陷於不景氣,特別是房地產市場的長期低迷不振,使金融業授信品質不良的問題不斷加劇。與此同時,近年臺灣銀行大量從事股票質押業務,盲目擴張信用,使自身的財務狀況日益受制於股市的起伏,債務風險大大提高。2001年底,全體金融機構逾期放款總額高達10,870億元,平均逾放比率由2000年底的5.34%上升至7.48%,若加計應予觀察的放款額,逾放比率則更高達11.29%。二是銀行放款與投資成長率持續低落。銀行資產品質不斷惡化大大傷害了銀行放款能力,同時也影響了銀行擴大放款的意願,再加上經濟景氣衰退,企業投資活動萎縮,銀行放款與投資的成長率呈持續下滑走勢,2001年為-1.04%,貨幣供給額的年增率也相應明顯下降。銀行放款緊縮加劇,一方面難以滿足正常經濟成長的資金需求,另一方面則壓縮了銀行自身的獲利空間。

五、不穩定的中低速成長時代可能來臨

以上分析說明,進入21世紀後,臺灣經濟發展中的制約因素明顯較過去10年增多。2001年臺灣經濟驟然衰退,固然有國際景氣衰退的外部因素的重大影響,但深層次的原因則在於臺灣內部政治經濟結構性問題的加劇,臺灣經濟持續10年的中速成長模式已受到嚴重挑戰,臺灣經濟的發展確實已進入了一個轉折性變化時期。

那麼,臺灣經濟是否從此一蹶不振?最近一個時期來,越來越多的臺灣內外專家學者擔心臺灣經濟會步日本的後塵而陷入長期衰退。2001年11月的英國《經濟學人》週刊也指出,在東亞經濟體中,臺灣染上日本經濟病症的風險最高。如果今後幾年緊張的兩岸關係激化、臺灣政局動盪加劇,而各項經濟改革又毫無成效,那麼臺灣步上日本後塵的可能性確實很高。不過,從目前的發展趨勢

看,短期內兩岸關係嚴重激化的可能性不太大,臺灣政局也有可能在亂中緩慢趨向穩定,而臺灣當局也會被迫逐漸推動相關改革。再加上,儘管臺灣經濟積弊甚深,不利因素重重,但同時也存在著一些有利因素。其一,加入WTO的影響。加入WTO儘管會對臺灣社會經濟各個層面造成不同程度的衝擊,但總體而言,臺灣正式進入國際經貿體制,將可以提高其市場經濟效率,帶動總體經濟成長。加入WTO後,臺灣對外經貿活動可不受歧視,享有最優惠國待遇及國民待遇;可以參與制定國際經貿規範,以維護自身利益;可以透過爭端解決機制處理經貿糾紛,以保障公平競爭;可以透過市場機制,提高臺灣資源配置效率,進而促進產業升級;可以增進消費者利益,提高民眾生活品質。其二,臺灣高科技產業的發展雖然面臨嚴峻的挑戰,但十幾年發展的累積,仍有一定的競爭力。在世界經濟論壇2001年10月發表的《全球競爭力報告》中,臺灣在反映經濟環境的當前競爭力指數方面全球排名第21位;但反映未來5年經濟成長前景的成長競爭力指數方面則排名第7位,其中科技水準次指數排名為第4位。其三,民間經濟活力較強。臺灣經濟過去發展比較成功,與其擁有相對較高素質的人力資本、彈性強靈活性高的中小企業、企業間生產分工細緻周密等特色有關,這些有利因素現在基本依然存在。其四,兩岸經貿關係仍會在相當程度上支持臺灣經濟。這是因為,儘管有重重的政治障礙,但兩岸加入WTO後經貿關係勢將更加密切。在上述條件之下,隨著國際經濟景氣復甦,臺灣經濟成長率有可能在2002年走出負數局面後,未來幾年徘徊在3%～4%之間,呈不穩定的中、低成長水平。臺灣當局在「六年發展重點計劃」（2003年～2008年）中規劃經濟成長率將超過5%,似乎是過高估計了臺灣經濟成長的潛力。

論臺灣經濟投入與產出的變化

李非

臺灣經濟發展是一個從傳統到現代的轉變過程,是社會經濟在生產方式、經

濟結構、經濟環境、技術水平、生活條件等方面的全面改善和提高,包括物品的生產、交換、分配和消費等基本內容,主要體現在投入與產出兩個相互關聯與平衡的經濟變量上。

一、臺灣經濟投入要素的變化

經濟投入要素是指從事各項經濟活動的消耗。臺灣經濟成長是各種經濟要素投入綜合作用的結果,這些要素一般包括兩個方面:一是可計量的常規投入物,即用於生產的經濟諸要素的增加;另一是非常規投入物,即生產和管理技術的進步。

(一)常規投入要素的變化

在常規投入物中,勞動力成長較為穩定。在1952年～2002年間,臺灣勞動力從306萬人增至997萬人,平均每年遞增2.39%,其中就業人數從293萬人增至945萬人,淨增652萬人,平均每年遞增2.37%;失業人數從13萬人增至52萬人,失業率從4.4%提高到5.2%,增加0.8%。相對說來,工業和服務業就業人數成長較快,同期從50萬和79萬人增至333萬和541萬人,分別淨增283萬和462萬人,平均每年遞增率均為3.9%;農業就業人數從164萬人減至71萬人,淨減93萬人。勞動力投入量的增加,不僅源於社會人口的增加,而且表現為就業結構的調整,即勞動力不斷從第一產業流向第二產業,再轉向第三產業。勞動力供應從早期總量過剩轉為結構性失衡,即高級技術人才和初級勞工兩項缺乏,中間技術人才相對過剩。要維持經濟產出持續成長,在一定程度上還有賴於生產和服務領域勞動投入量的增加,尤其是高級技術人才的投入。

在經濟要素中,投入成長最快的是資本,在1952年～2003年間,從26億元增至16,898億元,平均每年遞增13.5%,其中固定資本從19億元增至17,244億元,平均每年遞增14.3%。進入21世紀,臺灣資本形成出現大幅下滑趨勢,1998年最高峰時一度達22,265億元,至2003年下降了24.1%。資本形成依行業分,固

定資本投入成長最快的是製造業（16.2%），其他依次為「政府」服務業（15.8%）、建築業（15.7%）、水電氣業（15.2%）、運輸通訊業（15.1%）和商業（12.5%）等。依資本形態分，機器設備投入量最大（占總額的50%）；其次是以建築物形態出現的不動產，包括住宅、非住宅用房屋和其他營建工程等（占總額的40.0%）。依購買主體分，成長最快的是「政府」和民間部門，平均每年遞增15.2%和14.5%，而公營企業資本形成相對緩慢，平均每年遞增11.2%。從投資總額看，民間部門是臺灣資本形成的主體，占61.5%；「政府」部門和公營企業分別僅占24.6%和13.9%。隨著公營企業民營化趨勢日益增加，臺灣資本構成繼續朝民營主導的方向發展，資本投入主要依賴民間資本力量，公共投資的角色退居次要地位。

　　土地資源在經濟投入諸要素中具有獨特的功能，既為農業生產提供勞動對象，又為工商業、交通運輸以及其他服務業等經濟活動和人們居住提供場地。臺灣土地面積有限，除了三分之二，約200多萬公頃的保護地外，只有三分之一，約100多萬公頃的土地可供工農業生產之用。可見，臺灣土地投入總量增加空間不大，但是，在結構上，土地利用發生較大變化。大量農地因生產建設需要不斷釋出，逐漸轉化為工商用地。土地的勞動生產力在無法隨意增加面積的情況下，只有透過增加投入要素才能逐漸提高。在工業化帶動下，城市周圍地帶、交通沿線以及濱海地區不斷開闢為工業區和加工出口區，工商用地大量增加，而農業用地日益減少，其中耕田從1952年的53萬公頃減至2002年的43萬公頃，減少10萬公頃。隨著經濟發展，臺灣工商業用地、公共建設用地、遊憩及新市鎮用地不足的問題日益突顯，並成為影響經濟建設的重要因素。

　　（二）非常規投入要素的變化

　　以非常規投入物形式出現的生產技術因素，對經濟成長的影響至關重要。它意味著以較少的常規投入物產出相同的產量，或以相同的常規投入物產出更多的產量。據臺灣有關方面測算，經濟起飛時期生產技術進步的速度為4.3%，即生產技術進步使經濟總產出以4.3%的年均增速成長。換言之，1960年～1972年工業化高潮時，在10.2%的經濟成長率中，有42%的成長歸功於生產技術進步。這

種技術進步具有中性技術發展的色彩,即技術改良既不偏於多用勞力(提高勞動力邊際生產力),也不偏於多用資本(提高資本邊際生產力),而在勞動力邊際生產力與資本邊際生產力之比不變的特定比率下實現。

臺灣技術進步基本上是走技術引進之路。在以「引進為主」的策略下,臺灣從技術合作中不斷獲取西方先進國家轉移過來的成熟技術。早期起步階段,主要是利用美援資金引進一些二流的生產技術;從1960年代起,隨著工業化加速推進,利用西方工業先進國家調整經濟結構、淘汰勞力密集型產業的機遇,著重引進相對先進的生產技術,如紡織、電子、塑膠等輕型加工和裝配技術;1970年代在勞力相對過剩時代結束後,一度大力引進資本密集型之重化工業技術,但兩次能源危機改變了臺灣技術引進的方向,以電子資訊為代表的知識密集型工業技術成為1980年代以後臺灣引進和發展的重點。1980年在新竹建立的科學工業園區,主要利用優惠和便利條件吸引海外先進生產技術。至2002年,臺灣累計核准與外資的技術合作案上萬件,絕大多數集中在技術密集型製造業,其中電子、化學、機械、金屬等四大行業即占四分之三。技術合作對象以日本為主,約占一半以上;美國次之,約占四分之一;其他大部分是歐洲先進國家。

在大力引進技術的同時,臺灣經過消化、吸收和創新,逐漸開發和確立自己的高科技產業。目前,臺灣正在發展的高科技項目,包括電子資訊技術、自動化技術、光電技術、生物技術、新材料技術、海洋技術以及航太技術等,投入的研發經費從1980年的106億元新臺幣增至2001年的2,050億元,平均每年遞增15.2%,其中90%用於「實用型」應用技術研發。研發經費占GDP的比例,從1978年的0.65%提高到2001年的2.16%,上升了1.5%。可見,臺灣技術進步從以引進和合作為主,逐漸走上外來移植與自力研發並重的軌道。

二、臺灣經濟產出數量的變化

經濟產出是經濟活動的結果。經濟要素的不斷投入及技術改進,必然引起經

濟產出在量上的大幅增加。在1952年～2003年間，臺灣GNP從172億元新臺幣增至10.2萬億元，平均每年實際遞增8.0%。以美元計算，至2003年，臺灣經濟總產出為2,959億美元，平均每一勞力產出3萬美元，人均產出1.3萬美元。如果進一步對經濟產出進行分解，大致有三種形態：

（一）生產形態的變化

經濟產出從生產形態看，包括農業、工業和服務業產值的增加，但並不意味三大經濟部門同時成長。其中工業生產成長最快，從1952年的34億元增至2002年的30,208億元，平均每年遞增14.5%，經濟起飛時期（1960年～1973年）遞增率更高達20%。這顯示經濟發展首先是工業化。然而，1980年代以來，工業發展速度明顯趨緩，成長率降至個位數，說明工業生產「引擎」的轉速有所減慢，逐漸淡出經濟成長「主導者」的角色。在工業生產中，成長最快的部門首推水電燃氣業（15.5%），製造業表現也不遜色（15.1%），建築業成長速度略慢（12.6%）；相對而言，礦業及土石採掘業成長較慢，1970年代中期以來，大都呈負數。

服務業在經濟轉型中扮演重要的角色，同期產出從83億元增至65,327億元，平均每年遞增14.3%，尤其是1990年代以來，成長速度明顯高於其他產業，逐漸代替工業，成為經濟成長的主要推動者。在服務業中，成長最快的部門屬金融保險不動產及工商服務業（15.6%），其次是運輸通訊業（14.7%），其他依次為批發零售及餐飲業（13.8%）、「政府」服務業（13.7%）。隨著臺灣經濟逐漸邁向後工業社會，服務業將繼續保持較好的成長趨勢，尤其是社會服務業、生活服務業以及新興服務業。

相對來說，農業產出成長較為緩慢，在經濟成長中的角色日趨淡出。不過，在經濟起飛前，農業也曾發揮支持工業、穩定經濟的作用。1950年代臺灣農業成長一度表現不錯，平均每年實際成長6%；1960年代以後，由於工業化進程加快，農業發展步伐明顯放緩；1980年代以後趨向停滯狀態。尤其是近年隨著農用土地不斷釋出，農業成長率更轉為負數，產出呈下滑趨勢。

（二）分配形態的變化

經濟產出從分配形態看，最大當屬民間收入，占83.8%以上；次為「政府」收入，約占10.5%左右；企業收入比重最小，僅為5.7%。收入成長最快的是家庭及民間非營利機構收入，從1952年的133億元增至2001年的73,448億元，平均每年遞增14.1%，其中受僱人員報酬和民間財產收入分別從62億和71億元增至47,966億和25,482億元，成長14.5%和12.8%。1980年代之前，前者成長速度明顯超過後者；之後，後者成長速度明顯超過前者。這顯示臺灣民間財富從早期分散於勞動者開始轉向集中於有產者。

在收入分配中，「政府」收入成長也較為明顯，1952年為25億元，至2001年增至9,168億元，平均每年遞增12.8%。「政府」收入的主要來源是間接稅淨額，同期從18億元增至6,233億元，平均每年遞增12.7%；而企業直接稅成長明顯快於間接稅，平均成長14.9%，約從2.7億元增至2,478億元；「政府」財產收入成長速度略低，平均約為9.4%，即從3.5億元增至285億元；企業罰鍰收入自1980年代以來有所增加，從1981年的26億元增至2001年的172億元，平均每年遞增9.9%。此外，在要素所得中，公司及準公司企業的儲蓄，同期從5.4億元增至4,385億元，平均每年遞增14.7%。

（三）支出形態的變化

經濟產出從支出形態看，可分為消費和累積兩大項，其中前者包括民間與「政府」消費，後者包括投資、出口淨額及海外要素所得淨額等。

消費開支一直是臺灣經濟成長的最大動力。在1952年～2003年間，消費總額從156億元新臺幣增至74,480億元，平均每年表面上遞增13%。以人均消費水平衡量，同期從1,834元增至34萬元，平均每年遞增11%。消費支出在早期成長較慢，1950年代成長率只有6%左右；1960年代以後，隨著經濟發展而「水漲船高」，成長率達到兩位數；21世紀初期，成長速度回落到較低水平。在消費開支中，民間消費開支是消費的主體，帶動了臺灣80%以上的經濟生活。在民間消費中，成長較快的是交通與通訊、教育與文化娛樂、水電與房租等項支出；相對來說，食品消費、服飾及日用品等非耐用消費品、家庭器具及設備等耐用消費品的支出成長較慢。

從累積過程看，經濟活動中用於累積的部分不斷擴大，金額從1952年的15.9億元增至2002年的25,347億元，平均每年遞增15.9%；人均累積量從186元增至11萬元，平均每年遞增13.7%。累積的不斷膨脹在早期表現尤為突顯，特別是在經濟起飛前後出現高速成長趨勢，在1952年～1973年間一直保持年均23.8%的成長率；其後成長速度雖有所放緩，但累積速度仍然快於消費支出。

　　從投資與累積的關係看，早期投資明顯大於累積，兩者之間的比例在1952年時為1.67：1，其差額透過淨進口與外國資本彌補；之後隨著產出增加，累積擴大，兩者比例逐年下降，至1965年降為1.16：1；步入經濟起飛階段後，累積開始超過投資，並逐漸拉大差距，至1987年比例縮至0.67：1的歷史最低點；1990年代兩者比例有所回升，至1998年提高至0.95：1，大致持平，但在21世紀初期又逐漸下滑，至2002年再次回落至0.68：1。除投資外，累積餘額主要是由出口淨額及海外要素收入淨額構成。臺灣商品及勞務輸出淨額，自1971年從入超轉為出超後，不斷擴大，至2003年達7,098億元新臺幣；海外要素所得淨額在1980年代以前基本上處於逆差狀態，自1983年轉為盈餘後，不斷增加，至2003年達3,338億元，加上淨出口合計超過1萬億元。這顯示臺灣累積的擴大，除了產出增加外，相當一部分是由商品和勞務淨出口增加和對外投資盈餘帶來的。可見，臺灣高儲蓄率為資本形成提供充足的資金來源，構成了經濟起飛和轉型的基本條件。

三、臺灣經濟投入與產出的關係

　　在經濟活動中，投入與產出之間具有一定的數量規律性。臺灣經濟成長與決定它的諸項生產要素之間存在著某種變量關係，即透過不斷的資本累積與集中，實行擴大再生產和大規模工業化，促進經濟產出快速成長。

（一）經濟產出與資本投入的關係

　　臺灣經濟成長實際上是一個增值型的經濟循環流。它表現為投入－產出規模

的不斷擴大，以及生產效率（即產出／投入）的不斷提高。隨著經濟投入的增大，經濟產出規模逐年擴張，生產總量以1996年幣值計算，從1952年的2,100億元新臺幣增至2003年的10萬億元，平均每年遞增8%；而每年產出增加量從19億元增至1,784億元，平均每年遞增9%。相對來說，資本投入量更大，成長速度平均每年高出產出增加量3%。這就決定邊際資本生產率呈上升趨勢。同期資本係數，即技術不變和規模收益不變條件下的資本—產出比率（資本形成額／產出增加量）從1.37上升至9.47，提高了8.10點，其中以1974年的20.75為歷史最高點；固定資本係數（固定資本形成額／產出增加量）也從1.00上升至9.66，提高了8.66點，其中以1974年的17.79為最高點，平均約為3左右。可見，臺灣資本係數，即加速數在總體上有所提高。

（二）儲蓄與生產的關係

在臺灣經濟增值系統中，主要有兩個增值元素，即儲蓄與生產。它們之間的關係用數學模型表示，可以歸結為哈羅德—多馬模型，其公式為經濟成長率＝儲蓄／資本係數。在這個成長模型中，制約經濟成長的相關因素之間的關係，可以高度簡化為三個經濟變量，基本含義是：經濟均衡成長要求國民收入成長率提高到使它所導致的投資等於儲蓄。它表示在資本係數既定的情況下，有保證的成長率取決於儲蓄傾向或收入的絕對水平。臺灣家庭儲蓄傾向（家庭儲蓄／家庭可支配收入）從1952年的0.03提高到2002年的0.16，上升了0.13%；邊際儲蓄傾向（家庭儲蓄增量／家庭可支配收入增量）除個別年份外，大致在0.3線上起伏。

在一定的儲蓄率下，如果儲蓄全部轉化為投資，經濟產出就能保持一定速度的成長率。在一定的成長率下，如果投資需求與儲蓄供給基本相等，經濟產出就能在成長中保持均衡。如果有外資投入，成長率將更高。具體來說，由於儲蓄率和資本係數共同決定經濟均衡成長，為了達到一定成長率，要麼提高儲蓄率，要麼提高資本生產率，或者兩者共同提高。從臺灣現代經濟發展進程看，工業化時期高速的產出成長率主要是透過提高儲蓄率與引進外資實現的；在經濟轉型期，為了保持一定的經濟成長率，主要是透過降低資本生產係數或提高資本生產率來達成。

（三）經濟產出與技術進步的關係

除了強調資本因素外，還有一種把經濟系統中勞力、技術等生產要素也考慮進去的經濟成長模型，即柯布—道格拉斯生產函數模型：P=A·La·K（1-a）。這一模型旨在說明人力資本與技術進步對經濟發展的重要作用。採用這一計量方法測定臺灣生產力，即透過生產程序將各項要素投入轉化為可資利用的產出效率，使生產函數更能有效說明經濟成長現象。根據統計資料，採用多元回歸模型，對生產函數進行估算，測定各要素對產出的貢獻。在1952年～2003年間，按平均速度計算，資本對產出的貢獻約為30%左右；勞動力對產出的貢獻約為20%左右；技術進步對產出的貢獻達50%以上。可見，臺灣經濟發展不僅僅是由於生產要素投入量增加所致，還有相當部分得歸因於生產效率的提高。當然，這裡的技術進步因素是一種綜合的概念，包括了廣義的範疇。

四、臺灣經濟結構的變化

臺灣經濟在結構上的變化，是社會經濟各個因素或子系統以不同速度成長而產生的質變過程，主要說明經濟發展達到一定程度和規模後，整個經濟系統發生改變。

（一）生產結構的變化

生產結構的變化，主要是指經濟各部門以不同速度成長，導致產業結構不斷調整。臺灣生產結構調整的明顯表現是農業與工業、製造業與服務業發生明顯位移，農業在經濟中的結構比重不斷下降、日趨萎縮；工業地位顯著上升，成為起飛時期經濟成長的主要推動者；服務業結構變動呈上升趨勢，製造業結構相對下降，又成為轉型時期經濟成長的主要來源。臺灣產業結構由低層次向高層次發展的格局，即從農業主導轉變為工業主導，再轉向服務業主導的階梯式傳遞，說明經濟發展呈現出從農業社會步入工業化社會，再向後工業社會過渡的發展趨勢。

臺灣農業生產占GDP的比重，從1952年的32.2%降至2002年的1.9%，下跌

30.3%。在1961年以前，農業一直是生產部門的主導產業，結構比重在27%以上，高於同期工業生產比重；1962年農業生產地位首次讓位於工業後，結構比重直線下滑，1968年跌至20%以下，1978年又跌至10%以下，平均每年下降約1%；進入1980年代，農業生產更趨萎縮，1989年結構比重已不到5%，2002年再跌至2%以內。可見，臺灣農業結構比重微乎其微，生產地位已不顯重要。這一結果是臺灣生產結構工業化和服務業化的直接反映。

隨著工業化進程不斷推進，臺灣工業生產在產業結構中的地位不斷提升，比重從1952年的19.7%攀升至2002年的31.1%。1960年代以前，臺灣工業生產的地位還次於農業，結構比重在25%以下；其後在工業化推動下，生產地位快速提高，1962年以28.2%的比重超過農業（25.0%）後，第三年便邁過30%的門檻，1972年又超越40%的關口，至1986年創下47.1%的新高點。這顯示工業生產是1960年代～1980年代臺灣經濟發展的主導產業。1980年代中期以後，工業生產地位開始逐漸讓位於服務業，結構比重逐漸回落，至1993年降至40%，2003年再降至30%，比最高峰時減少17%。這反映臺灣經濟發展已從工業主導轉向服務業主導。

服務業在臺灣生產結構中一直占有重要地位，結構比重均在45%以上，1952年為48.1%，至2002年升至67.1%，增加19%。1980年代中期以前，服務業比重大致在45%～48%之間起伏，變化幅度不大；其後表現出明顯的上升趨勢，1988年突破50%，1995年又突破60%，21世紀初期接近70%，10多年增加約20%。服務業的快速提升，說明經濟結構向後工業化邁進的步伐明顯加快，經濟形態逐漸向高層次的生產和服務產業轉化。

生產結構的變動主要是由於各行業成長速度不同所致。在1952年～2002年間，各行業對經濟總成長的貢獻率，以服務業為最高，達7.2%；工業次之，約為5.2%；農業最小，僅有1.0%。經濟總成長歸屬於各行業的百分比，依三種產業劃分，分別為：第一產業占7.5%，第二產業占38.8%，第三產業占53.7%，呈倒「金字塔」型。

（二）支出結構的變化

支出結構的變化，是指決定GDP內容的各項目以不同速度成長，導致支出結構相對變動，主要表現在消費、投資及淨出口等三大方面。臺灣經濟支出變動的明顯表現有兩點：一是消費結構比重呈遞減趨勢，投資結構比重有所提高；二是商品及勞務貿易從大幅逆差轉為巨額順差，結構比重從淨入超轉為淨出超。這一現象說明：在臺灣經濟發展進程中，隨著產出增加、收入提高，平均消費傾向呈遞減趨勢，而平均儲蓄傾向呈遞增趨勢，投資在高儲蓄率下逐漸擴張。

　　臺灣消費總額占GDP的比重從1952年的91%降至2002年的76%，減少15%。消費結構的降低主要是由於民間消費比重下跌所致，同期從73.8%降至62.8%，其中最低時曾一度降至1986年的47%；「政府」消費從17%降至13%。臺灣總體消費結構在1956年以前一直在90%線上，之後平均每年下降約1%，至1966年跌至80%以下，1972年再降至70%以下，下滑趨勢加快；1980年代消費結構比重回落趨勢有所趨緩，在1989年以前，大致在60%～70%之間起伏，其中1987年一度跌至60.8%的歷史最低點；1990年代消費結構比重又見提高，逐漸回升到70%以上。從消費傾向看，臺灣民間平均消費傾向（民間消費／民間收入）從1952年的0.97降至2002年的0.85，其中1986年～1987年的0.71為最低點；同期民間邊際消費傾向（民間消費增量／民間收入增量）則大致在1的水平線上起伏，其中最高一年為1988年的1.32，最低一年為1986年的0.40。

　　在儲蓄增加的支撐下，決定生產的投資在支出結構中的比重有所提高，同期從15%上升至17%，增加約2%，其中固定資本支出從11%提高到17.5%，增加6.5%，存貨大致在1%～3%之間起伏。資本形成比重在1960年以前一直在20%線下，最低時為1955年的13.3%；其後在高儲蓄率的支持下，逐漸攀升，1975年越過30%的高水平線，至1980年創下33.8%的最高點；從1980年代起，開始出現回落，至1986年跌至17.1%的谷底；1990年代又見回升，達到20%以上。

　　隨著加工出口經濟的快速發展，臺灣商品及勞務貿易在支出結構中的比重有所提高，其中出口依存度從1952年的8%上升至2003年的58%，增加約50%；進口依存度同期從14%上升至51%，增加37%。相對而言，出口比重增加比進口多出13%。進出口結構的非同步變動，導致淨出口比重從負數轉為正數，即從

1952年的-6.1%轉變為2003年的7.2%，淨增13.3%。在1970年以前，臺灣淨出口除個別年份（1964年、1966年）略有盈餘外，大部分時間結構比重為負數，其中1954年的-8.3%為最低點。從1970年代起，淨出口結構比重由負轉正後，呈擴大趨勢，除個別年份（1974年、1975年和1980年）外，大部分為順差狀態，1971年為2.5%，至1986年大幅提高到19.3%，增加16.8%。至1990年代，巨額出超的異常現象得到緩解，淨出口比重逐漸回落。

臺灣支出結構變動的主要原因在於投資成長幅度大於消費成長。在決定國民生產總值的各個支出項目中，消費對經濟總成長的貢獻率最大，平均高達9%；投資次之，為3%；淨出口約為1.4%。經濟總成長歸屬於支出各項的百分比分別為：消費占67.2%，投資占22.4%，淨出口占10.4%。

（三）收入結構的變化

收入結構的變化，是指收入的各個組成部分以不同速度成長，導致分配結構相對調整與變動，主要表現在勞動報酬、財產報酬和混合所得三個方面。50多年來，臺灣收入結構出現質的變化，勞動者薪資收入的比重不斷提高，並從次要地位轉居主導地位；財產收入比重不斷下降，從主導地位退居次要地位；混合收入比重一度有所提高，後轉趨下降。這表示，隨著經濟發展，臺灣收入分配情況總體趨於改善。

在1952年～2002年間，勞動者薪資收入的比重從38.2%提高到54.8%，增加16.6%。1950年代薪資報酬比重基本上在40%的線下，1960年代起開始上升至40%線上，但仍在50%以下起伏；1980年代越過50%關口後，繼續向上攀升，至1992年達到57.7%的最高點。勞動收入比重的提高，顯示臺灣財富分配趨向薪水階層，受僱者報酬有較大幅度增加，人民生活水平普遍提高，生活品質明顯改善。但是，1990年代中後期，勞動收入比重轉趨下降，至2002年下跌約3%。

財產收入比重基本呈下跌趨勢，1952年高占45.8%，50年後已跌至29.5%（2002年），下降16.3%。1960年代以前，財產報酬比重一直維持在40%以上，最高時一度達到48.8%（1953年）；其後比重一路走低，至1976年降至30%以下，1980年代初跌至24.4%的谷底；以後20多年間，比重雖有所回升，但

基本在25%～30%線上起伏,變化不大。財產收入以民間財產收入為主,結構比重從1952年的44%降至2002年的28%,下滑16%,其間以1981年的20.9%為最低記錄;同期「政府」財產收入從2.2%降至1%,下滑1.2%,跌至谷底,其間最高時一度達4.5%(1972年)。財產收入比重普遍下降,顯示財富分配結構發生變化,說明臺灣經濟發展取得一定成果。但是,近年來,財產收入比重又出現升高趨勢。

混合收入比重變動相對不大,發展趨向呈倒U型,其間以1953年的15.1%為最低點,之後開始緩慢攀升,1968年越過20%,1980年達到24.5%的最高點,其後比重有所回落,逐漸跌至20%以下。混合收入主要包括間接稅淨額、營業稅、企業儲蓄、企業民間轉移以及企業罰鍰等項目,其中前者占絕大部分。間接稅淨額比重大致在10%左右起伏,其間以1969年的18%為峰頂,而以2002年的7%為谷底,落差約11%。

臺灣所得分配結構的變動,主要是由於各項收入成長速度不同所致。在1952年～2002年間,在三大類收入中,以勞動收入對經濟成長的貢獻率最高,達6.7%;財產收入次之,為4.0%;混合收入居後,為2.7%。臺灣經濟總成長歸屬於各類收入的百分比依次為:勞動收入占50%,財產收入占30%,混合收入占20%。可見,勞動者收入是推動國民收入快速成長的主導者。

從臺灣經濟結構變動趨勢中可以看出,生產結構調整呈現出從農業主導向工業主導再過渡到服務業主導的發展格局,支出結構調整表現為消費支出比重遞減、資本支出比重遞增的發展趨勢,收入結構調整主要體現在社會財富從集中轉向分散再趨集中的U型變化趨向。

至2020年臺灣經濟發展趨勢與兩岸關係

李非　張玉冰

21世紀初期,臺灣經濟發展情勢出現逆轉,提升經濟成長的「兩輛馬車」

——消費和投資出現雙雙下滑趨勢。在臺灣經濟內部需求明顯不足的情況下,出口貿易等外部需求卻迅速成長,成為支撐經濟成長的重要動力來源。未來臺灣經濟走向,不僅關係到臺灣經濟社會的發展,也關係到兩岸關係的和平。本文在分析影響臺灣經濟成長的主要相關因素的基礎上,預測未來臺灣經濟成長趨勢和經濟結構變化,論述臺灣經濟發展與兩岸經貿交流之間的相互關係。

一、影響臺灣經濟成長的主要相關因素

影響臺灣經濟成長的主要相關因素,既有內部需求,又有外部需求。在臺灣經濟內部需求乏力的情況下,外部需求越來越成為支撐經濟成長的重要因素。

(一)臺灣經濟成長與內部需求的關係

一個經濟體系的成長,首先是由經濟內部需求因素決定的。長期以來,消費和投資的「兩輛馬車」提升了臺灣經濟的持續成長。然而,近10年來,臺灣經濟內部需求拉力明顯減弱,不僅作為第一大內需動力的消費速度有所趨緩,而且作為第二大內需動力的投資需求反而呈下跌趨勢。在1993年~2003年間,臺灣GDP從新臺幣59,184億元增至98,476億元,平均每年遞增5.2%,其中消費從42,725億元增至74,480億元,平均每年遞增5.7%;投資從15,496億元增至16,898億元,平均每年僅遞增0.9%。上述三項指標與前10年(1983年~1993年)的年均增加速度相比,分別下降5.7、5.9和11.9%。這些變化說明臺灣經濟及其消費增加速度下降約一半左右,而投資增速下滑最為明顯,接近零成長。

表1　臺灣GDP與內部需求相關分析

單位:10億新臺幣

年 份	GDP(Y)	消費(X1)	投資(X2)	商品與勞務淨出口(X3)
1993	5918.38	4272.54	1549.61	96.23
1994	6463.60	4715.03	1640.62	107.95
1995	7017.93	5123.82	1777.50	116.62
1996	7678.13	5637.62	1781.38	259.13
1997	8328.78	6133.72	2016.45	178.62
1998	8938.97	6613.84	2226.49	98.64
1999	9289.93	6863.03	2171.37	255.53
2000	9663.39	7228.26	2212.35	222.78
2001	9506.62	7283.07	1682.15	541.41
2002	9734.35	7367.44	1675.35	691.56
2003	9847.60	7448.00	1689.80	709.80
遞增(%)	5.2	5.7	0.9	22.1

資源來源：《Taiwan Statistical Data Book》，2003年，第43、57頁等。

根據GDP支出法計算公式，即：

GDP＝消費＋投資＋商品及服務淨出口（1.1）

可知一個經濟體系的消費、投資及商品與勞務淨出口，是影響當期GDP的三個主要因素。其中，消費和投資作為影響GDP的內部需求因素，對GDP是否存在提升作用，可以透過分析兩者與GDP的單相關係數加以佐證。將消費、投資以及GDP的相應值帶入單相關係數的公式，可求得消費總量與GDP的單相關係數r_1=0.9983，t_1=51.3705，顯示由民間消費及「政府」購買所構成的消費總量，對GDP的成長有著明顯的提升作用，且該係數能夠透過顯著性的t檢驗；投資總量與GDP的單相關係數r_2=0.4444，t_2=1.4883，顯示臺灣國內投資對GDP的變化影響不明顯，且該係數不能透過顯著性的t檢驗。從圖1中亦可看出，1993年～2003年，臺灣投資總量大致在某一水平線上徘徊，對GDP成長的內部貢獻主要歸功於消費成長的提升。

圖1　臺灣GDP、消費、投資及商品與勞務淨出口變動趨勢

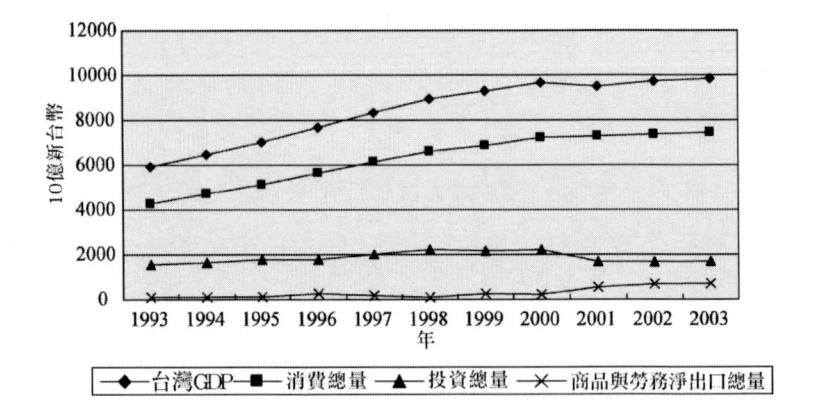

若進一步分析臺灣消費、投資總量與時間的線性相關關係，結論也大致相同。以時間（T）為自變量，可分別擬合消費總量（X_1）、投資總量（X_2）與時間的一元線性回歸方程

$$\hat{X}_{1t} = 4232.8365 + 335.2298 Tt \qquad (1.2)$$
$$(22.2697) \quad (11.9620)$$
$$r2 = 0.9408 \quad F = 143.0901$$
$$\hat{X}_{2t} = 1770.9693 + 14.2789 Tt \qquad (1.3)$$
$$(10.5236) \quad (0.5755)$$
$$r2 = 0.0355 \quad F = 0.3312$$

上式中：$\hat{X}_{1t}$ 為消費總量；$\hat{X}_{2t}$ 為投資總量；Tt 為時間。（1.2）

式的回歸係數均能夠透過顯著性的t檢驗，回歸方程式則能夠透過顯著性的F檢驗；而（1.3）式的時間變量Tt的回歸係數不能透過顯著性的t檢驗，常數項的回歸係數能夠透過t檢驗，而回歸方程式不能透過F檢驗。因此，可以初步判斷，投資總量與時間的線性相關關係並不明顯。由表1及圖1可知，其數值基本圍繞某一確定量輕微波動。該值大致為17,700億元，如下式：

$$\hat{X}_{2t} = 1770 \qquad (1.3.1)$$

由（1.2）、（1.3.1）式可知，時間對消費總量的影響是顯著的，消費總量隨時間呈明顯的線性遞增趨勢，加上消費在GDP中所占比重最大，大致保持在

75%左右，其對經濟成長的貢獻最為顯著；投資對GDP變動的影響相對較小，其數值大致在18,000億元的水平線上輕微波動。因此，消費是提升臺灣GDP成長的最主要內需因素。

（二）臺灣經濟成長與外部需求的關係

臺灣屬海島型經濟體系，國內經濟資源有限，經濟發展有賴於對外經貿關係的不斷擴張。工業化時期，臺灣透過擴大商品外銷，實現加工出口經濟的起飛式發展；經濟轉型時期，臺灣又以資本輸出帶動商品、技術、勞務等對外經濟擴張，實現外向型經濟持續成長。從表1中可知，臺灣商品與勞務淨出口從1993年的962億元新臺幣增至2003年的7,098億元，平均每年遞增率高達22.1%，是同期消費增速的4.3倍和投資增速的24.5倍。可見，臺灣對外經貿依存度甚高，經濟成長有賴外部需求的有效提升。

從（1.1）式可知，作為經濟外部需求因素的商品與勞務淨出口，是GDP的重要組成部分，其與GDP的單相關係數r_3=0.6892，t_3=2.85。該係數能夠透過顯著性的t檢驗，說明商品與勞務淨出口的變動會直接影響GDP的變動。進一步分析，1993年～2003年臺灣商品與勞務淨出口與時間呈線性相關的遞增趨勢。因此，以時間（T）為自變量，商品與勞務淨出口（X_3）為因變量，擬合線性回歸方程式如下式：

$$\hat{X}_{3t} = -66.3865 + 60.7352 T_t \qquad (1.4)$$
$$(0.7935) \quad (4.9235)$$
$$r^2 = 0.7292 \quad F = 24.2407$$

上式中：$\hat{X}_{3t}$為商品與勞務淨出口總量；Tt為時間。時間變量的回歸係數能夠透過t檢驗；回歸方程式可以透過顯著性的F檢驗。

由此可以認為，臺灣商品與勞務淨出口總量隨時間呈線性遞增趨勢，同時其對GDP成長的貢獻從1993年的1.6%上升到2003年的7.2%。與GDP的顯著線性相關表示，作為外部需求因素的商品與勞務淨出口，對GDP的提升作用也是顯著的。

大陸對臺研究精粹：經濟篇

表2　臺灣GNP與外部需求相關分析

單位：億美元

年　份	GNP（Y）	出口貿易（X₁）	對外投資（X₂）
1993	2285.78	850.91	48.29
1994	2483.37	930.49	25.79
1995	2691.25	1116.59	24.50
1996	2835.99	1159.42	33.94
1997	2932.89	1220.81	72.28
1998	2691.76	1105.82	53.31
1999	2905.44	1215.91	45.22
2000	3139.08	1483.21	76.84
2001	2868.40	1228.66	71.76
2002	2888.72	1305.97	100.90
2003	2959.00	1442.40	116.68

資源來源：《Taiwan Statistical Data Book》，2003年第15，212，270，272頁等。

圖2　臺灣GDP與出口總量、對外投資變動趨勢

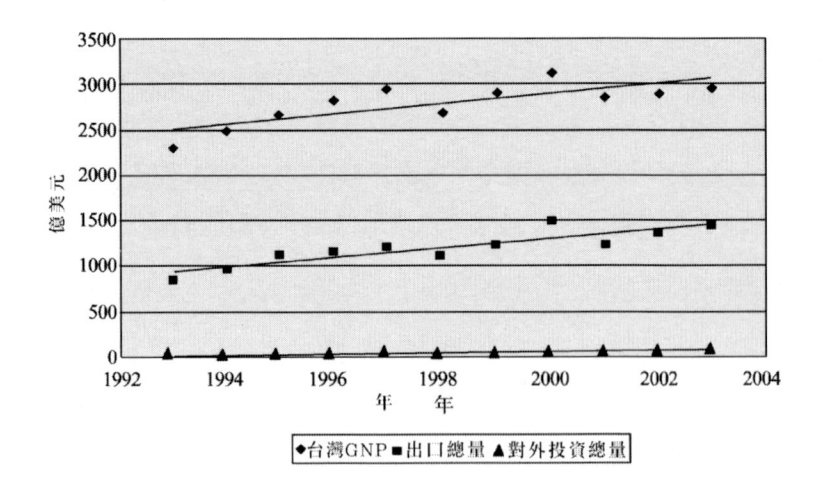

由於出口貿易（X_1）和對外投資（X_2），是當期GNP（Y）的主要外部影響因素，可以判斷GNP與出口貿易、對外投資之間存在一定程度的相關關係。將表2的相關數據代入單相關係數的計算公式，可得GNP與出口貿易、對外投資之間的單相關係數分別為r_1=0.9503，t_1=9.1580；r_2=0.5574，t_2=2.0142。r_1能夠透過顯著性的t檢驗，說明GNP與出口貿易之間存在很高的線性相關性；r_2無法透過t檢驗，表示GNP與對外投資之間的線性關係並不明顯。

以GNP（Y）為因變量，出口貿易（X_1）、對外投資（X_2）為自變量，可擬合樣本回歸方程式為：

$$\hat{Y}_t = 1208.9433 + 1.4442X_1 - 2.2077X_2 \quad (1.5)$$
$$(7.9944) \quad (9.1059) \quad (2.1902)$$
$$r^2 = 0.9393 \quad F = 61.9480$$

$$\hat{Y}_t = 1373.5407 + 1.1924X_1 \quad (1.5.1)$$
$$(8.7777) \quad (9.1521)$$
$$r^2 = 0.9030 \quad F = 83.7614$$

由於GNP與對外投資的線性關係不明顯，同時（1.5）式中的X_2的回歸係數不能透過顯著性的t檢驗。透過對該方程式的進一步的逐漸回歸分析可知，對外投資變量（X_2）在該回歸過程中可不予採用，表示對外投資對GNP變化的影響非常小；而X_1的回歸係數能夠透過t檢驗，GNP與出口貿易的複相關係數為R=0.9692，t=47.9012，顯示出口貿易能夠明顯帶動GNP的變化。修正後的GNP與出口貿易的回歸方程式為：

（1.5.1）式能夠透過顯著性的t檢驗及F檢驗，進一步顯示臺灣出口貿易對GNP有強烈的影響作用。

以出口貿易（X_1）為因變量，對外投資（X_2）為自變量，可擬合樣本回歸方程式為：

$$\hat{X}_{1t} = 906.8935 + 4.6069X_2 \quad (1.6)$$
$$(9.2443) \quad (3.1567)$$

$$r^2 = 0.5255 \quad F = 9.9654$$

該方程式能夠透過顯著性的t檢驗及F檢驗，相關係數r=0.7249，能夠透過t檢驗，可知對外投資對出口貿易產生較大影響，對外投資的增加帶動出口量的增加，從而會間接推動GNP的成長。

二、至2020年臺灣經濟成長趨勢預測

臺灣經濟在經歷了20世紀1960年～1970年代的高速成長階段和1980年～1990年代的中速成長階段後，21世紀初期開始進入低速成長階段，以往景氣循環明顯復甦的情形可能不復存在。未來臺灣經濟是否結束「長盛期」而轉入「長衰期」，可透過經濟發展趨勢預測模型進行計量分析。

（一）臺灣經濟主要指標變化趨勢

根據一元線性回歸方程（1.2）、（1.3.1）、（1.4）式，將時間變量的相應值分別代入，可分別得到置信度為95%的2004年～2020年臺灣消費、投資、商品與服務淨出口的預測區間值，進而將該預測區間值代入（1.1）式，可得GDP的預測區間值如表3。

從表3中的預測值可知，2004年～2020年，臺灣GDP將從10萬億左右增至15～20萬億元，年均增速大致在2.8%～3.1%之間，其中：消費將從8萬億左右增至12～15萬億元，年均增速大致在3.0%～3.3%之間；投資基本上處於零成長狀態，每年大致有近2萬億元的規模；商品與服務淨出口隨時間呈遞增趨勢，大致增至1～2萬億元，年均增速在5%～7%之間。可見，由消費每年將持續為GDP貢獻80%左右，商品及勞務淨出口對的貢獻率（9.6%）逐漸上升，接近內需因素中投資的貢獻度（10.4%）。

表3　臺灣GDP支出項目預測區間值

單位：10億新臺幣

年 份	GDP	消費	投資	商品及勞務淨出口
2004	9548 – 11828	7464 – 9047	1770	314 – 1011
2005	9897 – 12271	7767 – 9415	1770	360 – 1086
2006	10242 – 12718	8066 – 9786	1770	405 – 1162
2007	10582 – 13170	8363 – 10160	1770	449 – 1240
2008	10918 – 13626	8656 – 10537	1770	492 – 1319
2009	11251 – 14085	8948 – 10916	1770	533 – 1399
2010	11580 – 14547	9237 – 11297	1770	573 – 1480
2011	11908 – 15012	9525 – 11680	1770	613 – 1562
2012	12233 – 15479	9811 – 12064	1770	652 – 1644
2013	12556 – 15947	10095 – 12450	1770	691 – 1727
2014	12877 – 16418	10379 – 12837	1770	729 – 1811
2015	13197 – 16890	10661 – 13225	1770	766 – 1895
2016	13516 – 17363	10943 – 13614	1770	803 – 1979
2017	13833 – 17838	11223 – 14004	1770	840 – 2064
2018	14150 – 18313	11503 – 14394	1770	876 – 2149
2019	14465 – 18790	11783 – 14785	1770	913 – 2234
2020	14780 – 19267	12061 – 15177	1770	948 – 2320
遞增（％）	2.8 – 3.1	3.0 – 3.3	0.0	5.3 – 7.2

資料來源：根據表1數據計算而來。

（二）臺灣對外經貿指標變化趨勢

由於臺灣對外經貿關係對經濟成長的影響越來越大，在預測臺灣經濟發展趨勢時，有必要對相關對外經貿重要指標進行回歸分析。從圖2中可知，1993年～2003年臺灣GNP、出口貿易與對外投資均與時間大致呈線性相關關係。因此，以時間（T）為自變量，可分別擬合GNP、出口貿易、對外投資與時間的一元線性回歸方程式為：

$$\hat{Y}_t = 2456.6429 + 55.4335\ T_t \quad (2.1)$$
$$(23.6709)\quad(3.6226)$$
$$r^2 = 0.5932 \quad F = 13.1234$$
$$\hat{X}_{1t} = 890.6576 + 49.4387 T_t \quad (2.2)$$
$$(13.5462)\ (5.0998)$$

$$r^2 = 0.7429 \quad F = 26.0080$$
$$\hat{X}_{2t} = 14.8876 + 7.6628 T_t \quad (2.3)$$
$$(1.3811)\ (4.8212)$$
$$r^2 = 0.7209 \quad F = 23.2447$$

上式中：$\hat{Y}_t$為GNP；$\hat{X}_{1t}$為出口總量；$\hat{X}_{2t}$為對外投資總量；Tt為時間。（2.1）、（2.2）式，均能夠透過顯著性的t檢驗及F檢驗，因而可認為時間對GNP、出口總量及對外投資的影響是顯著的，三者均隨時間呈線性遞增趨勢。

將相應時間值分別代入（2.1）、（2.2）、（2.3）式，分別可得到置信度為95%的2004年～2020年臺灣GNP、出口貿易、對外投資的預測區間值如下表：

表4　臺灣GNP、出口貿易及對外投資預測區間值

單位：億美元

年 份	GNP	出口	對外投資
2004	2690 – 3554	1210 – 1758	62 – 152
2005	2727 – 3627	1248 – 1818	68 – 161
2006	2763 – 3702	1285 – 1880	73 – 171
2007	2797 – 3779	1321 – 1943	79 – 181
2008	2830 – 3857	1356 – 2007	84 – 191
2009	2862 – 3936	1391 – 2072	89 – 201
2010	2892 – 4017	1424 – 2137	94 – 211
2011	2921 – 4098	1457 – 2203	99 – 222
2012	2950 – 4181	1490 – 2269	104 – 232
2013	2978 – 4264	1522 – 2336	109 – 243
2014	3005 – 4347	1553 – 2403	114 – 253
2015	3032 – 4432	1584 – 2471	118 – 264
2016	3058 – 4516	1615 – 2539	123 – 275
2017	3083 – 4602	1646 – 2608	128 – 285
2018	3109 – 4687	1676 – 2676	132 – 296
2019	3134 – 4773	1706 – 2745	137 – 307
2020	3158 – 4860	1736 – 2814	141 – 318
遞增（％）	1.0 – 2.0	2.3 – 3.0	4.7 – 5.3

資料來源：根據表1數據計算而來。

從表2預測數據可知，在2004年～2020年間，臺灣GNP以美元計算，將從3,000億元左右增至4,000億元左右。在外需因素中，出口貿易對GNP成長貢獻較大，約占GNP的50%左右，並以平均每年2.3%～3%左右的速度遞增，即從1,500億美元左右增至2,000億美元左右，最高可達2,800多億美元；對外投資增速更快，平均每年以5%左右的速度遞增，約從100億美元左右增至200億美元左右，最高可達300多億美元，占GNP的比重從3%提高到6%，從而直接提升提升出口貿易，間接帶動GNP成長。這說明，未來外部需求因素對臺灣GNP的提升作用將越來越大。

三、未來臺灣產業結構變化趨勢

臺灣經濟結構在經歷了從農業主導到工業主導的轉變後，未來將不斷邁向服務業主導時代，並逐漸從工業化社會向後工業社會發展。

（一）臺灣產業結構變動及其相關係數

從臺灣產業變動過程看，結構調整的明顯表現就是農業與工業、製造業與服務業發生明顯位移，說明經濟發展呈現出從農業社會步入工業化社會，再向後工業社會過渡的發展趨勢。農業在臺灣經濟結構中的比重不斷下降，日趨萎縮；工業的經濟地位顯著上升，成為起飛時期經濟成長的主要推動者；製造業結構比重相對下降，服務業結構變動呈上升趨勢，並成為轉型時期經濟成長的主要來源。可見，臺灣產業結構變動呈現出從農業主導向工業主導再過渡到服務業主導的發展格局。

由表5和圖3可知，1992年～2002年臺灣三種產業產值及占GDP比重，均隨時間呈線性遞增或遞減關係。其中農業、工業及其製造業，在經濟結構中的地位隨時間呈遞減趨勢，10年間結構比重分別下降了1.7%、9.1%及6.1%；而服務業地位明顯上升，結構比重呈遞增趨勢，10年提高了10.8%。工業及其製造業保持低度成長，10年平均遞增率分別為3.5%和4.0%；服務業產值隨時間呈中度遞增趨勢，平均遞增率達8.1%；而農業產值基本保持不變，2000年後表現為輕微下降趨勢。

表5　臺灣三種產業產值及占GDP的比重

單位：10億新臺幣；%

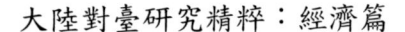

年 份	農業 (X_1) 產值	比重	工業 (X_2) 產值	比重	製造業 (X_3) 產值	比重	服務業 (X_4) 產值	比重
1992	191.97	3.6	2139.75	40.1	1698.72	31.8	3007.23	56.3
1993	215.33	3.6	2328.82	39.4	1808.80	30.6	3374.22	57.0
1994	227.17	3.5	2437.73	37.7	1873.98	29.0	3798.70	58.8
1995	244.27	3.5	2553.00	36.4	1959.47	27.9	4220.67	60.2
1996	245.18	3.2	2742.06	35.7	2143.65	27.9	4690.88	61.1
1997	212.10	2.6	2941.62	35.3	2315.42	27.8	5175.07	62.1
1998	220.61	2.5	3090.00	34.6	2448.40	27.4	5628.36	63.0
1999	237.53	2.6	3082.45	33.2	2470.01	26.2	5969.95	64.3
2000	201.81	2.1	3128.70	32.4	2550.38	26.3	6332.88	65.6
2001	185.18	1.9	2955.72	30.9	2431.21	25.3	6365.72	67.2
2002	180.86	1.9	3020.81	31.0	2505.86	25.7	6532.69	67.1
遞增(%)	0.0	-1.7*	3.5	-9.1*	4.0	-6.1*	8.1	10.8*

註：*為百分比增減。資料來源：《Taiwan Statistical Data Book》，2003年第53、54頁。

圖3　臺灣三次產業值變動趨勢

根據單相關係數的求值公式，可得到農業、工業、製造業和服務業產值與時間的單相關係數分別為r_1=-0.3830，t_1=1.2439；r_2=0.9025，t_2=6.2863；r_3=0.9471，t_3=8.8542；r_4=0.9888，t_4=19.8687。這些數據表示，臺灣工業、服務業及製造業的產值變化與時間高度相關，而農業與時間的單相關係數不能透過顯著性的t檢驗，因而農業產值與時間不存在線性關係。

（二）臺灣產業產值預測及其發展趨勢

未來臺灣服務業將不斷提升，經濟結構向後工業化邁進的步伐明顯加快，經

濟形態逐漸向高層次的生產和服務產業轉化。若進一步進行計量分析，以時間（T）為自變量，農業（X_1）、工業（X_2）、製造業（X_3）與服務業（X_4）為因變量，可各自擬合以下線性回歸方程式：

$$\hat{X}_{1t} = 230.5616 - 2.6389\ T_t \qquad (3.1)$$
$$(16.0241)\quad(1.2439)$$
$$r^2 = 0.1467 \quad F = 1.5473$$

$$\hat{X}_{2t} = 2198.6427 + 94.4786 T_t \qquad (3.2)$$
$$(21.5720)\quad(6.2871)$$
$$r^2 = 0.8145 \quad F = 39.5275$$

$$\hat{X}_{3t} = 1661.6071 + 89.8216 T_t \qquad (3.3)$$
$$(24.1516)\quad(8.8547)$$
$$r^2 = 0.8970 \quad F = 78.4068$$

$$\hat{X}_{4t} = 2737.9311 + 378.4716 T_t \qquad (3.4)$$
$$(21.1641)\quad(19.8422)$$
$$r^2 = 0.9777 \quad F = 393.7124$$

上式中：$\hat{X}_{1t}$為農業產值$\hat{X}_{2t}$為工業產值；$\hat{X}_{3t}$為製造業產值；$\hat{X}_{4t}$為服務業產值；Tt為時間。式（3.2）、（3.3）、（3.4）均能夠透過顯著性的t檢驗及F檢驗，顯示臺灣工業、製造業及服務業產值隨時間呈嚴密性的增減變化；而式（3.1）則不能透過t檢驗及F檢驗，顯示農業產值不受時間影響，趨於一個既定的常數值，即大致為1,850億元新臺幣。由此將2004年～2020年的相應時間變量值分別代入（3.2）、（3.3）、（3.4）式，可得到置信度為95%的臺灣工業、製造業和服務業產值的預測區間值，並進一步測算出各產業占GDP比重的預測區間值如表6。

由表3的預測值可知，2004年～2020年臺灣工業、製造業和服務業產值將繼續保持中低度成長趨勢。其中工業將繼續保持2%以上的成長，約從3萬多億元新臺幣增至4～5萬億元，最高可達5.7萬億元，但工業產值占GDP比重將從30%左右逐漸下降至24.3%～28.1%，減少約4%～5%；占工業主導地位的製造業產值將出現不到3%的增速，約從不到3萬億元增至4萬億元左右，最高可達4.8萬億元，結構比重從25%以上減至低於23%的水平，減少約2%～3%；服務業產值及

其比重繼續保持穩定的上升趨勢,預計到2020年,產值將是2003年的2倍多,平均每年遞增率近4%,從而達到13～15萬億元的規模,其占GDP的比重上升5%～6%,達到70%以上。

可見,未來臺灣經濟結構變動趨勢,是服務業作為帶動臺灣經濟成長的支柱性產業,仍將繼續保持中低度成長趨勢,經濟地位日益上升。在服務業結構比重不斷擴大的同時,物質生產部門的地位不斷下降,不僅農業生產呈現停滯狀態,工業生產也因製造業的萎縮而急速下降,以勞動密集型為主的傳統產業繼續大量外移,以資本與技術密集型為主的重化工業,尤其是電子資訊產業也加快外移步伐,以降低生產成本、提高企業競爭力。未來製造業發展將以知識密集型產業為主力,生產方式日益走向彈性化、自動化及精緻化,生產形態趨向更加密切的區域分工。

單位:10億新臺幣;%

表6　臺灣產業產值與結構比重預測區間值

年份	農業 產值	農業 比重	工業 產值	工業 比重	製造業 產值	製造業 比重	服務業 產值	服務業 比重
2004	185	1.6 – 1.9	2891 – 3774	29.5 – 32.0	2441 – 3038	24.9 – 25.7	6719 – 7841	66.5 – 68.6
2005	185	1.5 – 1.8	2966 – 3888	29.0 – 31.6	2518 – 3141	24.6 – 25.5	7073 – 8243	66.9 – 69.2
2006	185	1.4 – 1.7	3039 – 4003	28.5 – 31.2	2594 – 3244	24.4 – 25.3	7425 – 8648	67.4 – 69.7
2007	185	1.4 – 1.7	3112 – 4120	28.1 – 30.8	2669 – 3349	24.1 – 25.1	7775 – 9055	67.8 – 70.2
2008	185	1.3 – 1.6	3183 – 4238	27.7 – 30.5	2743 – 3455	23.9 – 24.9	8124 – 9463	68.1 – 70.7
2009	185	1.3 – 1.6	3253 – 4357	27.3 – 30.2	2816 – 3561	23.7 – 24.7	8471 – 9873	68.5 – 71.1
2010	185	1.2 – 1.5	3321 – 4477	27.0 – 30.0	2888 – 3669	23.4 – 24.5	8817 – 10284	68.8 – 71.5
2011	185	1.2 – 1.5	3390 – 4598	26.6 – 29.7	2960 – 3776	23.2 – 24.4	9163 – 10697	69.1 – 71.9
2012	185	1.2 – 1.4	3457 – 4720	26.3 – 29.5	3032 – 3884	23.1 – 24.3	9506 – 11109	69.4 – 72.3
2013	185	1.1 – 1.4	3524 – 4842	26.0 – 29.3	3103 – 3993	22.9 – 24.1	9849 – 11522	69.9 – 72.6
2014	185	1.1 – 1.3	3590 – 4965	25.7 – 29.1	3174 – 4102	22.7 – 24.0	10192 – 11937	69.9 – 73.0
2015	185	1.1 – 1.3	3655 – 5088	25.4 – 28.9	3244 – 4211	22.6 – 23.9	10534 – 12352	70.1 – 73.3
2016	185	1.0 – 1.3	3721 – 5212	25.2 – 28.7	3314 – 4321	22.4 – 23.8	10875 – 12768	70.3 – 73.6
2017	185	1.0 – 1.2	3786 – 5336	24.9 – 28.5	3384 – 4430	22.3 – 23.7	11216 – 13184	70.5 – 73.9
2018	185	0.9 – 1.2	3850 – 5460	24.7 – 28.4	3454 – 4540	22.2 – 23.6	11556 – 13600	70.7 – 74.1
2019	185	0.9 – 1.2	3914 – 5585	24.5 – 28.2	3523 – 4651	22.0 – 23.5	11896 – 14017	70.8 – 74.4
2020	185	0.9 – 1.1	3978 – 5710	24.3 – 28.1	3592 – 4761	21.9 – 23.4	12236 – 14434	71.0 – 74.6
遞增（％）	0.0	-0.7 – -0.8*	2.0 – 2.6	-3.9 – -5.2*	2.4 – 2.8	-2.3 – -3.0*	3.8 – 3.9	4.5 – 6.0*

註：*為百分比增減。資料來源：根據表3-1數據計算而來。

四、臺灣經濟走向與兩岸經貿關係

未來臺灣經濟走向在很大程度上取決於兩岸經貿關係的進一步加強。兩岸建立更緊密的經濟聯繫，決定並規範著臺灣經濟的發展趨勢，成為臺灣經濟繼續保

持適度成長的重要動力來源。

（一）兩岸經貿關係對臺灣經濟成長趨勢的影響

兩岸經貿關係對臺灣經濟成長趨勢的影響，可以從臺灣對中國大陸出口和投資兩項重要指標中得到說明。

從臺灣對外貿易看，對中國大陸出口帶動臺灣出口總量的成長。從表7中可知，在1992年～2003年間，臺灣出口貿易從815億美元增至1,442億美元，平均每年遞增5.3%，其中近五年一直徘徊在1200～1400億美元的水平；相對而言，臺灣對中國大陸出口卻呈快速成長趨勢，同期從63億美元增至494億美元，平均每年遞增率高達20.6%，其中近五年成長趨勢尤其快速，與臺灣出口貿易總量的變化呈明顯的反差，說明臺灣出口增量主要來自於對中國大陸出口。

從臺灣對外投資看，對中國大陸投資成長明顯快於對外投資，前者總量已超過後者。在1992年～2003年間，臺灣對外投資總量從11億美元增至117億美元，平均每年遞增23.6%。其中對外投資從9億美元增至40億美元，平均每年遞增14.5%；對中國大陸投資從3億美元增至77億美元，平均每年遞增率達36.7%。在臺灣對外投資中，有相當一部分是透過中美洲等地區轉往中國大陸的轉投資。

臺灣對中國大陸的資本和商品輸出，有效地帶動臺灣整體對外投資和出口貿易。它們之間的相互關係，可以透過相關係數分析加以佐證。根據單相關係數的求導公式，可求得臺灣出口總量（X_1）與對外投資（含對中國大陸投資）總量（X_3）的單相關係數r_1=0.7859，t_1=4.0188，顯示臺灣出口貿易與對外投資總量存在高相關性，且該係數能夠透過顯著性的t檢驗，說明對外投資能夠有力地帶動出口貿易；臺灣對中國大陸出口總量（X_2）與核准對中國大陸投資總量（X_4）的單相關係數r_2=0.8699，t_2=5.5765，顯示臺灣對中國大陸投資的變化能夠更加顯著地影響到對中國大陸出口總量的變化，且該係數亦能夠透過顯著性的t檢驗。後者的相關係數和檢驗值高於前者，說明臺灣對中國大陸投資對經濟外部需求的提升作用更加明顯。

表7　臺灣對中國大陸出口貿易與投資統計

年 份	出口 (X_1)	對中國出口 (X_2)	核准對外投資 (X_3)	核准對中國投資 (X_4)
1992	814.70	62.90	11.34	2.47
1993	850.91	129.33	48.29	31.68
1994	930.49	140.80	25.79	9.62
1995	1116.59	147.80	24.50	10.93
1996	1159.42	161.80	33.94	12.29
1997	1220.81	164.42	72.28	43.34
1998	1105.82	166.29	53.31	20.35
1999	1215.91	195.29	45.22	12.53
2000	1483.21	254.90	76.84	26.07
2001	1228.66	273.40	71.76	27.84
2002	1305.97	380.30	100.90	67.23
2003p	1442.40	493.70	116.68	76.99
遞增（％）	5.3	20.6	23.6	36.7

資料來源：《Taiwan Statistical Data Book》，2003年第212、270、272頁；http://www.gwytb.gov.cn/lajmsj.htm

近10年來，臺灣對中國大陸的商品和資本輸出，一直是其對外經濟擴張的重要組成部分。2003年臺灣對中國大陸出口占其出口總額的比重已上升至35%，對中國大陸投資更占其對外投資總量的65%。由於臺灣對外經濟擴張強烈影響GNP的變化，其對經濟成長的作用十分明顯。可見，臺灣GNP的變化存在著對中國大陸的高度依賴性，其經濟走向在很大程度上與兩岸經濟聯繫緊密相關。

圖4　臺灣對中國大陸出口總量與投資走向

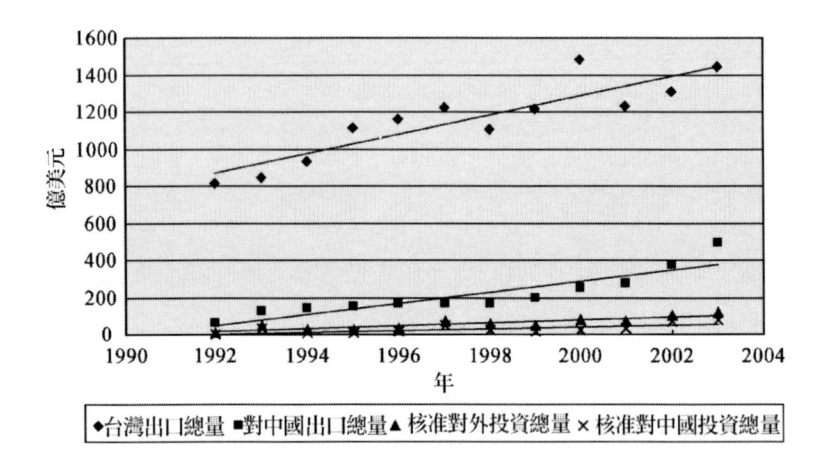

[圖表：1990-2004年 台灣出口總量、對中國出口總量、核准對外投資總量、核准對中國投資總量（億美元）]

（二）中國大陸經濟磁吸效應對臺灣產業發展的影響

未來臺灣製造業將基本維持低度成長狀態，在經濟結構中的比重下滑至23%以下。這就意味著國內加工製造業將進一步面臨關閉停產、更新轉產或生產線外移的選擇。由於臺灣產業發展既受勞動力、土地、原材料或中間產品等生產要素成本低廉因素的驅使，又以資本收益最大化和獲取更高附加價值的銷售收益為直接目的，國內企業的最佳出路是將生產據點轉移到鄰近地區，與當地優勢資源相結合，繼續保持生產成本的競爭優勢。中國大陸經濟的磁吸效應不僅在於低廉而充沛的勞工和廣袤而廉價的土地，而且在於深具潛力的巨大市場。這些經濟資源優勢與臺灣相對充沛的資金、較為先進的生產製造技術、管理經驗結合在一起，產生了一種相對優勢，在國際市場上形成強大的生產競爭力。實際上，臺灣在經濟發展過程中先後建立和發展起來的輕紡、石化以至電子資訊產業，都相繼隨著產品生命週期的成熟而不斷向外轉移。未來國內廠商不僅將繼續轉移失去產品競爭力的「夕陽工業」，甚至出於市場布局的考慮，也將逐漸轉移部分高科技產業和相配套的服務產業。從臺灣廠商外移趨勢看，技術成熟度高的產品生產基地外移，主要是以降低生產成本為競爭手段；技術成熟度低、仍靠研發以保持競爭優勢的產品生產基地外移，主要是出於市場布局、合作研發的考慮。

未來臺灣產業結構向高層次提升，必將加強與中國大陸的技術合作，並以中國大陸市場為發展腹地，改變長期過度依賴美國和日本的局面。兩岸科技產業發

展具有很強的互補性。中國大陸科技基礎研究實力雄厚，臺灣生產加工技術水平相對較高；中國大陸內銷市場廣闊，發展潛力巨大，臺商行銷能力強，經驗豐富；中國大陸科技人才眾多，價格相對低廉，臺灣資金充足，研發能力相對較強等。在兩岸科技產業優勢互補的架構下，由中國大陸提供基礎性科學研究技術，臺灣提供應用性商品生產技術，不僅有利於提高兩岸科技發展水平，而且有助於臺灣擺脫對外技術依賴。未來兩岸技術合作將全面展開，並逐漸成為兩岸經濟交流的重頭戲。臺灣國內研發基地將進一步向中國大陸轉移，在中國大陸籌設研發中心、IC設計中心及電腦程式開發基地，開發設計新產品。臺灣廠商不僅致力於中國大陸技術商品化的投資，而且越來越重視中國大陸高級人力資源的利用，透過聘請中國大陸技術人才協助企業從事技術開發。

隨著臺灣製造業的外移，發展區域性營運中心或營運總部，是臺灣寄望藉以帶動服務業以至整體經濟成長的「火車頭」。根據美國「麥肯錫國際顧問公司」的評估，臺灣發展貨物及旅客轉運中心，至少80%的商機在中國大陸市場。如果無法開發中國大陸市場，營運中心的發展前途堪憂。這意味著兩岸之間必須遲早實現全面直接「三通」，才能達成臺灣發展區域營運中心的目標。在經濟區域化趨勢下，未來臺灣只有借助中國大陸的經貿活力和市場規模，與中國大陸發展出更密切的經濟合作關係，才能獲得臺灣所缺乏的經濟資源，繼續保持經濟的適度成長。

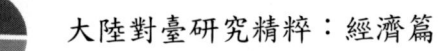

第二篇　臺灣產業研究

近期臺灣農業發展評價及其趨勢分析

趙玉榕

2000年5月20日陳水扁上臺，至今已4年，這一時期正好是臺灣加入WTO前後的關鍵時期，由於加入WTO對農業的衝擊最大，農業的發展可以說進入了一個新的轉型期。這一時期，為了應付農業發展所遇到的前所未有的衝擊與國際化的挑戰，臺灣當局在農業發展方向、應急措施等方面都實施了一些改革，對減輕加入WTO對農業的衝擊造成了一定的作用。從總體來看，農業經濟還是呈現發展的趨勢。

一

1990年代末，臺灣當局和臺灣民眾對加入WTO可能給農業的發展帶來的嚴重衝擊，做了較充分的準備，包括心理承受力和政策面的準備。從近幾年臺灣農業的生產和貿易發展的情形來看，基本上保持一個比較平穩的狀態。2000年～2003年農業年平均成長1.29%，其中2002年成長4.1%，而在此之前的1995年～1999年，農業年平均成長率為-0.34%；農產品進出口貿易扭轉連續3年的下滑局面，成長1.1%，且進口與出口的發展比較平衡，尤其是農產品出口沒有出現大起大落的情形。近4年，臺灣農業的發展是多重因素共同作用的結果，其中農業

政策的作用值得探討。

在臺灣經濟發展的不同時期，農業的產業和貿易政策也處在不斷的調適過程之中。進入21世紀，農業發展的內部和外部背景條件和以往相比發生了較大改變，尤其是加入WTO後農業的發展更傾向於自由化和國際化。臺灣不具競爭力的產業和產品存在生存危機，面對激烈的競爭環境，加入WTO後，產業政策的核心是發展高經濟價值產業，提升農業競爭力、調整產業結構、強化行銷策略。這些政策既是前一階段農業產業發展政策的延續，又具有比較明顯的階段特徵，表現在所採取的是中、長期發展規劃與短期應急性措施相結合的政策。臺灣當局政策意向體現在試圖建立新的產業秩序來應付貿易自由化潮流。其主要內容是「發揮農業生產科技、生活體驗、生態景觀內涵，建立具有特色和高度競爭力的產業」。

（一）透過農業保護政策的調整，給農業以既符合WTO多邊紀律的規則，又富有效力的保護與支持

像大多數先進國家及地區一樣，在經過經濟起飛農業失去比較優勢以後，臺灣開始實行農業生產和貿易的保護政策。保護政策包括農產品最低價格、農業生產投入補助、直接收入補助和農產品進口壁壘等。實行保護政策的結果使得農民收入和非農民收入的差距得以縮小，但另一方面，這種生產和貿易上的保護政策阻礙了資源的最佳利用，也增加了政府的負擔，有其消極的一面。與歐洲先進國家和日本相比，臺灣的農業成本高得多；相對而言，對農業的保護仍然是低程度的。然而，面對世界貿易組織自由貿易的規則，臺灣在削減農業補貼、降低農業產品的進口關稅上沒有選擇的餘地，唯一能做的是尋求制定一個能夠為保護其農業產業生存的新的農業保護措施，按照國際慣例給農業以既符合多邊紀律的規則，又富有效力的保護與支持。

1.運用談判策略，為臺灣農業調整爭取更多的時間。從現實看來，臺灣的保護措施有許多不符合「烏拉圭農業協議」中的總原則。面對加入WTO，儘量設法減輕市場開放對農業造成的衝擊是臺灣的唯一選擇。自1992年以來，臺灣在入關的談判中參照了農業協議中與臺灣情形相似的國家（如日本）的減讓，一方面

同意以「先進國家」的身份加入WTO，給予歐美以市場准入的希望；另一方面，給予來自美國的農產品以短期特殊的待遇，換取臺灣在其他方面討價還價的資本，既不失原則性又表現出一定的靈活性。

　　2.逐漸削減農產品尤其是稻米的最低價格。以往的稻米最低價格政策，為保障農戶收入、調動農民生產積極性、縮小工農收入差距造成了一定的作用，但同時也暴露出一些弊端。糧食平準基金自1974年設立以來，累計虧損達新臺幣921億元，財政負擔嚴重。另外，長期以來，農民已習慣於「以保護價格來衡量所得，制定生產決策的依據，面對市場變化反應遲滯」。因此，若從更深一層次來看，稻米最低價格政策的負面影響還在於：其不僅削弱了農民對市場的應變能力，而且不利於農業資源利用的及時調整，一旦價格補貼終止，生產者會因為轉產能力在長期保護下已經退化而面臨更加困難的境地。由於稻米是臺灣最重要的農作物，糧食政策的變動牽涉面極廣，對農民收益、糧食安全乃至生態環境，都將產生極大的影響，因此，無論是市場開放的承諾還是保證價格的取捨，臺灣都持較為謹慎的態度。對稻米的開放採取循序漸進的策略，即從管制進口到限量進口再到關稅化。在加入WTO初期，稻米進口數量受到嚴格控制，其中65%由「政府」購買，35%由私營公司購買，稻米進口商需要穀物交易許可證才可以申請稻米進口配額。2002年12月，臺灣透過立法，將稻米進口制度改為關稅配額制度，並於2003年開始實施。

　　3.直接給付方式成為農業生產補貼的替代。依據「烏拉圭農業協議」規定，限制生產計劃的直接給付不在境內削減範圍之內，與生產分離的直接給付措施是目前用來代替保證價格制度以減輕生產過剩的壓力，維持農民所得的較適合的方法。其既符合WTO規範，又可避免舊最低價格體系導致的農產品成本過高、生產過剩，以及農業生產與國際農產品供需及價格脫節。採取以土地為補貼對象的辦法：（1）根據不同農業區的條件，制定耕種每公頃土地的補貼金額；（2）依據有關法規，規定最高補貼面積；（3）對農民的直接補貼金額，以現行農民所得的最低價格和貿易保護受益總額為下限；（4）實施按地補貼後，逐漸減少農產品的其他最低價格。

4.實行進口損害救助,作為最低價格的補充。進口救助是只在因進口產品的增加而使國內生產同類產品的產業遭受嚴重損害時所採取的救助措施,是WTO允許採取的政府性措施,為的是在經濟貿易自由化的過程中,減輕因開放而造成對國內市場的衝擊,其為產業所提供的僅屬暫時性而非長期性的保護。救助的範圍包括:對有關農產品的分級包裝、收購、加工、運輸、儲存、銷售、廢棄或銷毀等進行補助;對有關農產品的生產者轉作、轉業或職業訓練進行補助;對有關農產品的產銷、公共設施的建設進行補助;非生產性的直接給付救濟,以及其他WTO認可的救助措施。

(二)透過對產業結構進行調整,提高農業的整體競爭力

生產成本偏高,產品在國際上缺乏相對優勢,是導致臺灣農業發展遲緩的關鍵問題。隨著貿易自由化和國際化的推進,臺灣農業的相對劣勢更加顯現。對農業實行保護,使農業得以相對穩定的發展,農民收入不致起伏太大,是有必要的。但對農產品給予任何形式的補貼和保護,都只是一種短期的行為,充其量只能治標,不可能從根本上解決農業存在的要害問題。以發展的眼光來看,提高農業的整體競爭力,加速結構調整和結構升級才是當務之急。進入21世紀以來,臺灣繼續對農業結構進行調整,以使農業發展適應新的情勢。

1.調整農業生產結構,重構產業競爭力。

生產結構調整強調以提升產業和產品的競爭力為主軸,透過合理規劃傳統產業,發展有潛力的精緻農業來提升農業的總體競爭力。針對稻米市場逐漸加大開放速度和削減雜糧等生產補貼的趨勢,產業結構調整的重點放在重新規劃和安排農產品的生產布局上,包括制定「水旱田利用調整後續計劃」;同時配合獎勵稻田休耕的措施,對稻米、雜糧、蔗糖等保價收購作物的生產面積進行控制和削減。2004年的稻作面積由2001年的34萬公頃減少至31萬公頃,同期稻米產量由154萬噸降為140萬噸,雜糧的種植面積減少3,000公頃;加強發展具有特色的種苗、花卉、熱帶水果、高價值養殖漁業,成立農業專業區,運用生物技術、自動化等高科技,透過提高產品的附加價值來提升農產品的競爭力。據考察可以發現,2000年以來,每一年的生產目標都是遵循相同的原則,即削減自給程度

高、進口量大，以及不具競爭力的產品生產，鼓勵發展具地方特色、高經濟價值，且具有競爭潛力的產業和產品生產。規劃適度減產的主要是大部分農作物、近海漁業以及家禽類產品。以2003年為例，稻米的生產面積和產量減少3.4%和4.4%；雜糧作物除甘薯外的生產面積，也都不同程度的減少，其中飼料玉米和高粱各減少5%；水果類中進口量增加較大的文旦柚、椰子等相應地減少種植，如椰子減少10%、柿子12.4%、文旦柚4.8%，檸檬6.5%，龍眼4.4%，梨4.9%。近海漁業計劃減產8.9%，雞減產10%，鴨15%，豬5.6%，牛乳4.5%。同時適度增加競爭力相對較高的產品生產，例如水果中的木瓜、蓮霧、荔枝，計劃增產3%至9%；沿岸漁業因長年投放漁礁，漁業資源衰竭的狀況得到改善，市場較穩定，也列入增加生產的範圍。總體來看，臺灣農業計劃減產的產品種類要遠遠多於計劃增產的產品種類。由此可見，近年臺灣的農業生產是呈現主動縮減的狀態。這是臺灣外向型農業加入WTO後應對市場開放的必然選擇。

2.調整農業資源政策，合理利用農地資源和勞動力資源。隨著產業結構的調整，估計到2004年將有8萬公頃農地休耕或移作非農業用途。相關的農地調整對策，包括修正《農業發展條例》及《土地法》等配套法案；遵循「放寬農地農有，落實農地農用」的原則，放寬農地自由買賣與分割限制，凍結耕地三七五減租條例，提高農地利用率；根據區域和生態環境條件，在保證一定面積耕地的前提下，合理規劃和利用生產力較低的農業用地。

加入WTO後，原有的農業生產布局會受到進口農產品增加的影響，預計有10萬農業勞動力將因生產的調整而受到衝擊。兼職農民大多是臺灣農村幾十年來的普遍現象，以農業為主要收入來源的勞動力不足7%。針對加入WTO可能造成農村勞力外流加速和農民需要轉業的問題，臺灣農業相關部門制定了有針對性的政策：一方面以農業內自力安頓方式，輔導農民轉入新型的農業服務業，如休閒農業、農村長照服務等事業成為重點，以此來增加就業機會和收入來源。2002年，各鄉鎮規劃建立的48個休閒農漁園區，創造了10,000個就業機會；另一方面，對農民進行第二專長培訓，如餐飲服務、經營管理、保姆、食品加工、電腦打字等，為農民的順利轉業創造條件。加強對青年農民的培訓，提高農業勞動力的素質；配合「國民年金」計劃，制定離農附加年金，鼓勵老年農民提前離

農；扶持鄉村產業，增加農村就業機會；配合農業產業結構的調整，對農民進行轉業培訓，使之能較快適應新的生產要求。

（三）調整與農民經濟利益相關的政策，增進農民福利

臺灣1990年代，農業發展重點之一的「農村生活現代化」主要內容就是增進農民福利，它可以直接或間接地造成縮短農民與非農民之間收入差距、提高農民留農意識以及繁榮農村經濟的作用。進入21世紀以後，增進農民福利仍然是臺灣農業發展的重要政策之一。

1.設置1,000億元新臺幣農產品受進口損害救助基金。以前累計已撥付265億元，2003年度追加250億元，2004年計劃250億元，目前已累計達765億元。用途：（1）產業結構調整。水果、香菇、金針、大蒜、茶葉、花生、紅豆、家禽、養殖漁業等產業的產業結構調整，植物防疫技術、病蟲害防治和檢測，大宗養殖漁產品儲運中心興建計劃，農漁民參加轉業訓練生活津貼發放等，年需經費約13億元。（2）敏感性農產品短期價格穩定措施。針對加入WTO後最有可能受到衝擊的20種農產品，產品價格下跌時分別採取促銷、收購、加工、低利貸款等措施來穩定價格。2003年稻米、椰子、香蕉、花生、魷魚等產地價格已跌至生產成本以下，於6月啟動各項救助措施。（3）進口損害救助。

2.降低貸款利率。臺灣「農委會」自2003年2月1日起大幅度調降政策性專案農貸利率：農機貸款與農村青年貸款從4.5%降為2.5%；農業天然災害低利貸款由3%降為1.5%。2004年2月1日起，對部分農業貸款利率又作了調整，其中農業發展基金貸款利率由2.5%降為2%，振興農漁會經濟事業貸款利率由2%降為1.5%。2003年度由「政府」提供7億元資金輔導農會及糧商收購自營稻穀周轉金貸款計劃，貸款年利率為2.5%。2003年8月，頒布農漁民子女就學獎助學金申請作業要點，對就讀於高中和大專院校的農民子女進行獎勵。

3.進口救助和價格穩定措施。在加入WTO談判中，臺灣獲得允許花生、梨、糖和大蒜等14類產品可實施特別防衛措施。目前，梨、柚子、柿子、檳榔、紅豆、雞腿翅和金針等7項產品的進口量超過基準數量，根據WTO農業協定的規定，臺灣已先後啟動特別防衛措施（SSG），對上述產品加徵三分之一的額外關

稅，避免因大量或低價進口農產品影響臺灣產品價格。在短期價格穩定措施及進口損害救助措施方面，對加入WTO後可能遭受衝擊的稻米、梨、花生、紅豆、大蒜、毛豬、牛乳等18種敏感性產品及養殖水產品，擬定短期價格穩定措施，依不同情況分別採行。當產品的產地價格下跌至直接生產成本90%以內，採取促銷、收購、低利貸款等措施；如產地價格下跌至成本80%～90%之間時，增加在收購、提供低利貸款方面的優惠待遇；當產地價格下跌至直接生產成本80%以下時，允許業者退出所經營的產品生產。以稻米為例，當產地稻穀價格下跌至總生產成本90%以下（即每千克16.28元）時，即加強辦理收購及調降糧商與農會收購自營稻穀周轉金的貸款利率；當產地稻穀價格低於直接生產成本（每千克15.2元）時，則開始啟動「稻農緊急救助措施」，補貼稻農基準價與市價間之差價，並在一個月內發放給農民，以維護農民的基本利益。2003年已對價格下跌，符合價格補助措施的稻米、花生、椰子、香蕉，陸續啟動救助措施。同時對容易發生產銷失衡的30種農漁畜產品，如荔枝、芒果、虱目魚及毛豬等，建立產銷失衡處理機制。

4.增進農民福利，推動「對地補貼」的農地政策，修正《老年農民福利津貼暫行條例》。自2004年1月起，將1995年施行以來未曾調整過的老年農民福利津貼，由每月3,000元調整為4,000元，預估每年需增加經費81億元，受益農民人數約71萬人，未來還將根據消費者物價指數和實質薪資成長率每五年調整一次。農業部門編列產業結構調整經費1,300億元新臺幣，主要用於對加入WTO後的4年內農地輪流休耕補貼，每公頃最高補貼將從2000年的4.1萬元升至4.6萬元。

（四）農產品貿易政策調整，加大開拓農產品臺灣以外市場的力度

加入WTO後，市場的開放使農產品進口的增加不可避免，擴大農產品的出口就成為平衡農產品貿易的關鍵。加入WTO後，臺灣將農產品對全球促銷重點選定在中國大陸、日本、美國、歐洲和新加坡。透過組織農民團體、相關公會和農民本身，參加世界各地舉辦的國際性農產品展覽活動，宣傳臺灣農產品，增加外銷的機會。相關的活動有：參加在東京、新加坡、臺北舉行的國際食品展和美國芝加哥的超市博覽會；在新加坡、香港、上海，舉辦臺灣水果促銷活動；在香港、

新加坡舉辦臺灣美食節等。未來3年，臺灣將逐年編列預算，總共投資22.5億元新臺幣，透過加強收集市場資訊、培育貿易人才、開發改良產品、提升檢疫技術、行銷宣傳和國際諮商談判等，來整合水果產銷資源。讓農產品打入中國大陸市場是臺灣拓展農產品對外貿易的重要政策。據悉，最近臺灣在上海舉行農產品「推介會」，推介的農產品有蓮霧、楊桃、葡萄柚、文旦柚、西施柚等水果類產品；蝴蝶蘭等花卉類產品；虱目魚、蒲燒小卷等漁產品；烏龍茶、茶包以及香菇、香草等農特產加工品，並期望與上海和中國大陸的其他城市建立長期、穩定的供貨關係。

二

當前無論從產業角度、社會發展角度或是國民收入角度來說，臺灣農業已經具有較高的現代化水平，應該說，這是臺灣農業在WTO背景下有望獲得進一步發展的基礎條件。但從近期看，農業內部結構性問題和國際大環境的變化，都將對臺灣農業的發展產生影響。

（一）未來臺灣農業發展的內部因素分析

1.農業在國民經濟中的地位繼續降低。從1990年代以來，臺灣的總體經濟成長率基本上能保持5%以上的成長速度，唯一為負成長的2001年，也僅為負2.18%；相較之下，農業的發展與總體經濟的發展存在相當大的差距，表示農業在國民經濟中地位處於弱化的趨勢。1990年代初，農業在GDP中占有4.2%的比重，農業就業人口的比重是12.9%，當時預測，到2001年，這兩項指標將分別降至2.57%和9%，而實際狀況要遠遠低於這一估計。從衡量農業在國民經濟中地位的幾個重要指標來觀察，可以很清楚地看出，農業在其中的比率都明顯降低，有的指標甚至降到歷史最低點。例如農業生產占GDP的比率2003年為1.82%，2002年農業人口占總人口的比率為16.3%；2003年農業就業人口占總就業人口的比率為7.27%，這三項指標都降到歷史最低點；農業固定資本形成占總固定資本形成

的比率，2000年曾一度降到0.7%，2002年僅為1.86%；農產品貿易在總貿易額中的比重1999年曾降到3.77%，2003年為4.05%。農業在國民經濟中的地位持續降低，已經成為一個不爭的事實。

　　2.農戶與非農戶的收入差距沒有實質性的改善。2000年臺灣「政黨輪替」後，總體經濟環境急速惡化，造成農地價格大幅下跌，而且交易停滯。加上民眾消費緊縮，到農村休閒旅遊的民眾也大大減少，農村經濟蕭條，農民與非農民收入差距有加大的趨勢。據臺灣「行政院主計處」公布的《2002年家庭收支調查報告》顯示，2002年，每一農戶可支配所得70.3萬元，較2001年下降了2.47%，比1999年下降7.2%；同年，非農戶所得89.6萬元，比2001年增加1%。目前農戶所得不及非農戶所得的80%，且在農戶所得中僅有20.49%是來自農業所得。經濟不景氣、失業人口增加、農業受僱人員報酬減少10.29%，是農戶所得減少的主要原因。

　　3.農地資源危機加深。因農產品缺乏競爭力，臺灣農地休耕現象日趨嚴重。據估計，未來3年內，每年休耕的農地將在2.5萬公頃以上。臺灣「農委會」預計，到2004年，臺灣將有8萬公頃農地休耕或轉移為非農業用途。如果加上農業人口老化的因素，休耕和荒蕪的農地會更多。據統計，最近10年，臺灣共減少農地面積3.3萬公頃，每年減少約3,000～6,000公頃。一項由臺灣「農村發展規劃學會」所作的最新研究指出，目前臺灣耕地面積約85萬公頃，在加入WTO世界貿易組織後的20年間，理論上，臺灣可以退耕40萬公頃農地，只保留45萬公頃的農地。現今，臺灣鄉間到處可以看到農地上插著「出售」的牌子。但由於棄地過多，加上經濟不景氣，很少有買賣成功的，這使得無助的農民怨聲載道。環境專家則擔心，大量農地休耕會對臺灣環境生態造成破壞。臺灣大學環境工程所教授蔡勳雄說：一旦大量停止農耕，每年150萬噸灌溉用水補注地下水的功能也將隨之停頓，這對當地氣候調節、生物多樣化、防止地層下陷等都將產生巨大的影響。

　　4.農業環境受到嚴重汙染。目前臺灣主要河川受汙染的長度已達河川總長度的33%，受重金屬汙染的農地達900公頃。臺灣中部某些蔬菜專業區的地下水

中，硝酸態氨含量已超過飲用水每公升含10毫克氮的標準，有的甚至達到30毫克。另外，農地土壤30公分以內的表土層，每平方公尺僅含4千克碳，100公分以內表土層，每平方公尺也只有8千克碳，農地土壤結構普遍不佳。另外，部分畜牧業者為節省成本，不按規定妥善處理畜牧廢棄物，也造成廢水排入河川或地下水而汙染環境。如果以上情況繼續惡化下去，農業和生活環境將超過自然承載能力而喪失調控機制。

（二）影響臺灣農業發展的國際環境

1.WTO農產品貿易談判，為臺灣未來農業發展增添了不確定因素。

長期以來，農產品貿易都是處於一個比較特殊的狀態中，各種農業補貼、出口補貼泛濫，有形無形的貿易壁壘盛行，嚴重影響了國際農產品貿易的正常秩序和貿易競爭。在國際貿易日益自由化的今天，總體上來說，農產品貿易相較於其他貨物貿易而言自由化程度嚴重滯後，而農業作為一個弱勢產業又要求得到相應的保護，這一矛盾必然導致在WTO所有的談判領域中農業談判的難度最大。此外，從近些年多次的WTO有關農業問題的談判中我們可以發現，在原本就存在錯綜複雜的各種利益關係的WTO體制中，儘管有WTO農業協議相關規則的約束，但一些先進國家成員和發展中國家成員，為了防止本國農業在國際競爭中受到傷害和從農產品貿易中獲取更大利益，在WTO的談判中都從本身的利益出發，對開放農產品市場、減少農業補貼的承諾持謹慎的態度，由此又進一步加大了農業談判的難度。此外，1995年烏拉圭回合談判達成的世界貿易組織《農業協定》，在很大程度上反映了先進國家的利益，類似明顯的「富國傾向」，在一定程度上也加劇了WTO農業談判的難度。對於臺灣來說，給農業提供必要的支持始終是必須考慮的戰略措施，積極參與WTO多邊貿易談判，為臺灣農產品爭取到有利的地位是十分重要的一步。從2000年至今，WTO就農業的相關問題進行過多輪的談判，重點放在農產品關稅削減、國內支持和出口補貼等議題上。WTO農業談判小組主席Mr.Harbinson，2003年2月提出新回合農業削減模式草案，草案針對市場開放、出口競爭、境內支持、開發中國家特殊優惠待遇及新會員義務等主要議題，提出進一步自由化建議方案。臺灣認為，臺灣屬於小農經濟，為了WTO已經

做出了削減關稅、開放關稅配額及削減農業補貼等多項承諾,剛加入WTO就面臨新回合農業談判,未來進一步自由化勢必對農業發展和農民權益造成重大影響,因此,向農業談判小組提出臺灣的立場與建議,希望新的削減模式能顧及所有會員權益,並應給予新會員特別考慮。新方案削減與減讓幅度,遠遠超過烏拉圭回合談判結果,不但將對農產品淨進口國家及地區有嚴重影響,更將使小農制的國家及地區,如臺灣農業的發展與農民權益受到重大衝擊。尤其在農產品關稅調降、關稅配額數量增加,以及農業境內補貼削減等方面,臺灣無法支持所提的建議。為確保農業的發展,在關稅方面,臺灣主張削減農產品平均關稅36%,單項產品最少削減10%;在關稅配額數量增加方面,由於關稅配額產品為各會員國重要農產品,與糧食安全、農村發展息息相關,配額數量不應增加;至於由限量進口改採關稅化的產品,如稻米,臺灣已與日本、以色列共同提案,要求應與其他會員享有公平待遇,將配額數量修正為國內及地區域內消費量的5%;在農業境內總支持AMS的削減方面,臺灣則主張與出口無關的AMS,應比照烏拉圭回合談判結果削減20%。雖然WTO農業談判因產生重大分歧,無法在期限內達成任何共識的現象屢屢發生,但臺灣終究要面對越發激烈的國際競爭和市場開放的壓力。給農業提供必要的支持是臺灣必須考慮的戰略措施,而加大在WTO允許之下的「國內」支持力度,增加農業競爭力,同時建立農業產業安全保障體系,減少市場開放所帶來的衝擊,才是解決農業問題的根本。

  2.國際上潛在的威脅因素影響農產品進出口貿易順利發展。經過一系列的調整,臺灣農業生產和貿易,在加入WTO初的適應期順利的走過了2年,特別是在農產品進出口領域,雖然大幅減讓了關稅,實行了關稅配額制和貿易權的逐漸開放,但並沒有像加入WTO世界貿易組織前預料的那樣,會給農產品進出口帶來巨大的衝擊,儘管如此,潛在的威脅因素依然存在。2004年是臺灣加入WTO世界貿易組織的第3年,農產品配額的數量將擴大,而且關稅會進一步降低。可以肯定的是,大量農產品的進口問題,將會是臺灣農產品貿易將面臨的最大現實問題,特別是美國未來幾年的農產品進出口的變化趨勢值得關注。多年以來,美國的農產品出口一直是相對持穩,但進口則成長非常迅速,即使在經濟衰退時期也是如此。根據美國農業部預估,美國農作物進口的速度將逐漸加快,而出口的速

度將逐漸減緩，以及美國消費者對進口食品越來越青睞，若這一趨勢持續下去，那麼進口可能在2007年以前超過出口，這將是繼1958年～1959年會計年度以來，美國又一次農產品進口超過出口。這對於農產品出口大國的美國來說影響是很大的。美國於2002年5月公布了「新農業法」，新的農業法大量增加了對糧食等農產品的補貼，同時，美國還不時利用WTO的貿易談判機會，聯合其他先進國家給其他國家和地區施加進口壓力。美國的這些舉動對臺灣的威脅無疑是巨大的。由於歷史的原因與平衡臺美貿易的需要，戰後數十年來，臺灣一直是美國農產品的主要出口地區，臺灣近年來持續位居美國農產品全球第5大市場。1992年停止大宗穀物聯合採購，唯獨對美國農產品採購數量未減反增，並在1998年恢復組建農產品貿易赴美友好訪問團；2003年已與美簽署意向書；2004年和2005年，向美採購1,510萬噸小麥、黃豆、玉米，以及450萬至500萬張豬皮和牛皮，金額預計達27億美元。美國對臺灣新實施的稻米進口關稅配額制度表示強硬的反對立場，認為這一新制度，無論內容及實施過程都不符合WTO規範，將使美國的權益受到傷害。可以預料，未來美國因素將依然是影響臺灣農產品進出口的主要因素之一。與此同時，臺灣農產品的出口前景卻不容樂觀。2002年國際糧價上升較多，將刺激2003年相應農產品的成長，再加上2003年北美地區災情減輕等因素，2003年國際糧價可能回落。國際農產品市場的變化將對臺灣糧食和農產品的進出口，以及臺灣的農產品市場產生不利影響。2004年4月27日，WTO結束了為期4天有關農業貿易談判，主要針對國內支持項目、出口補貼和市場准入，在多數分歧的領域進展極小，窮國和富國間存在巨大分歧，特別是在各國應該在多大程度上對其他國家的農產品開放其市場方面。這說明，農業保護仍然是目前國際社會的普遍現象。

　　3.稻米進口問題困擾臺灣。稻米是臺灣的主要農作物，有45%的農戶是稻作農戶，水稻種植面積占耕地總面積40%，產值占農業總產值的10%。長期以來，稻米的自給率在100%以上，2002年109.6%。近年來，由於民眾飲食習慣的改變，對白米的需求逐年降低。據統計，臺灣平均每人白米消費量1991年時為63千克，2002年僅為50千克。臺灣實施多年的稻田休耕和轉作政策，並沒有從根本上改變稻米供過於求的狀況。而近2年，每年開放14萬噸的稻米進口，使稻米

的供需關係越發失衡，導致糧價走低、農民怨聲載道。儘管臺灣對稻米的進口採取了相對謹慎的態度，但來自於民眾的多種形式的抗議還是此起彼伏，至今臺灣已發生了6起「稻米炸彈」事件，目標直指臺灣農業的積弊和對現實政策的不滿，表示隱藏在農民心中的怒火「正在無能的官僚作為下」越燒越旺。臺灣當局採取了一系列有針對性的策略和措施，包括減少稻米種植面積、鼓勵生產優質稻米和有機米、加強稻米進口的管理、建立稻米分級制度，以及改進稻米行銷通路等，並沒有取得農民的認同。2002年下半年起，進口米陸續輸入造成9月呈現穀價下滑，第二期（10月～12月）稻穀平均價格每千克15.6元，較前2年低3～4元，其中9月下旬最低跌至每千克15.32元。2003年，稻米進口調整為關稅配額方式，配額內進口數量維持與2002年限量進口數量相同，即144,720噸，配額內維持現行稅率，稻穀、糙米、白米和碎米為零稅率，米製品的稅率為10%～25%；配額外採取從量稅，每千克稻米為45元，米製品49元。當進口量超過基準量或進口價格低於基準價時，就將啟動特別防衛條款，即配額以外數量的稅率可再提高1／3。WTO新回合農業協議預計於2006年實施，目前該項草案還存在普遍的爭議，但最終的結果可以肯定，這就是農產品將擴大自由貿易程度，提高農業境內最低削減的幅度和降低出口補貼。因此，未來臺灣稻穀保價收購制度面臨更大幅度的調整，逐漸採取生產與所得分離的方式。

儘管農業的發展存在諸多不確定因素，如果完全仰賴進口，將使臺灣農業「存在安全危機」，因此，臺灣「絕對不會放棄農業」。如何加快轉型、提高競爭力，已成為臺灣農業發展的重大課題。科技進步、擴大外銷市場和發展休閒農業，已被確定為未來臺灣農業的三大發展方向。

加入WTO後，臺灣農業發展與兩岸農業互動前景

趙玉榕

一、加入WTO世界貿易組織以來，臺灣農業生產和貿易狀況分析

加入WTO是臺灣經濟發展的一個轉折點，對於預期受衝擊最大的產業——農業來說，加入WTO以來，生產和貿易的發展受到的影響如何，與加入WTO前相比，具有什麼特點，備受人們關注。

根據臺灣加入WTO的承諾，在加入WTO的第一年，農產品平均名目關稅由20.6%降至14.1%，原本採限制地區進口的龍眼等18種農產品，改為開放自由進口；原採限制進口的花生等22種產品，採關稅配額方式開放市場。加入WTO前，根據臺灣有關部門的估計，加入WTO後第一年，農業產值將減少247億元，農地面積減少5,300公頃，受到波及的農民達到1.8萬〜2.7萬人。2002年11月23日，發生了12萬農漁民的大遊行，還引發了農委會主任委員的辭職，臺灣輿論認為，此次風波所暴露的不僅僅是農業金融的問題、權責體制問題、民進黨政府的危機，根本的原因在於——「把所有農業問題引爆了」，農民抗議的是農業的生存問題，加入WTO給農業發展造成的衝擊是顯而易見的。但從總體來看，農產品生產和進出口所受到的影響，比加入WTO前預期的要小。加入WTO以來，臺灣生產和貿易的直接變化，主要表現在以下幾個方面：

第一，農業生產結構變動不大。2002年全年農業生產總值3,504.78億元（新臺幣，下同），比2001年減少0.63%。其中，種植業產值比2001年減少5.54%；畜牧業、漁業和林業分別成長3.95%、2.7%和44.36%。產值構成依舊以種植業為主，占43.33%，其餘依次為畜牧業30.2%、漁業26.41%、林業0.25%。除個別產品的產量因政策性調整有所減少，主要農作物大類均呈正成長。2002年農業生產指數為104.08（以2001年為100），增加4.08%，其中農產增5.46%，林產11.59%，漁產8.14%，畜產減少1.87%。從產業大類來看，僅特用作物和各類畜產為負成長，其餘產品的分類指數均呈上升趨勢。

第二，農產品的進口量值增加。2002年農產品進口值71.2億美元，較2001

年增加4%，其中稻米、雞肉等原本限制進口的農產品，進口增加幅度較為明顯。其中稻米進口3,000萬美元，較2001年同期增加23倍；水果及其製品3.8億美元，增加11%；活畜禽、肉類及雜碎3.2億美元，增加24%；魚類及其製品1.9億美元，增加37%。部分農產品的進口量與前一年同期相比也有較大幅度增加。2002年稻米進口10萬噸，是2001年的19倍；大蒜進口增加12倍；活畜禽、肉類及雜碎分別增38.9%和24.3%；魚類及其製品增13%；水果及其製品增11%；木材及其製品增8.3%。

第三，主要進口農產品價格降低。據臺灣「農委會」的統計，2002年11月，稻米等23種農產品的進口價格與加入WTO前的2001年相比都有不同程度的下降。稻米由每公斤從16.62元（新臺幣，下同）降為11.61元；梨由每公斤55.6元降為47.2元；香蕉由16.6元降為12.61元；龍眼由25.24元降為18.58元；葡萄柚由14.13元降為13.88元；葡萄由36.64元降為35.44元。

第四，臺灣農產品價格下跌。由於低價農產品進口並充斥市場，使本地產農產品價格降低，其中以稻米和水果最明顯。2002年二期稻作收割初期的濕穀水稻價格一度跌到每百公斤600多元，創下十多年來的新低。水果價格更是每況愈下，尤其是秋冬盛產的水果，如木瓜、柿子和橘子類的價格，都較去年同期跌逾三成。毛豬價格也曾一度跌破每百公斤3,800元的成本關卡。家禽在加入WTO的第一年價格比較平穩，不過，隨著進口雞肉及其加工製品的增加，臺灣肉雞產業所受的衝擊會越來越大。據估計，未來每進口雞腿肉10,000噸，就會使臺灣肉雞產業受損約12億元。目前部分臺灣同類產品的直接生產成本已高於進口農產品的價格。例如，2002年11月蓬萊米每千克公斤平均價格是15.69元，而1999年～2002年三年平均直接生產成本每千克在16.4元（一期稻穀）和20元（二期稻穀）；同期世紀梨的平均價格每千克為41.5元，前三年平均成本為60.1元；文旦柚平均每千克價格8.4元，前三年平均成本14.6元，生產成本高於價格的產品還有白柚、柿子、葡萄等。

第五，勞動力回流。與加入WTO前預期的相反，農業勞動力數量不僅沒有減少，反而有小幅增加。2002年底，農業就業人口70.9萬人，較前一年增加3,000

人，如果加上農業就業人口每年2萬～3萬人的自然減少數，估計一年來回流的農業勞動力人數在2.3萬～3.3萬人之間。加入WTO第一年，臺灣總體經濟不景氣，失業率在5%以上，這是造成農業勞動力回流的主要原因。農村勞動力就地就業機會的增加，也在一定程度上遏制了農業勞動力的外流。

從以上分析可以看出，加入WTO，一年臺灣農業所表現出的最大變化是農產品進口量的增加，以及由此所連帶的農產品價格的下跌。但從總體來看，農業生產基本能保持平穩的狀態，農業產值僅減少0.63%，即22.12億元。農產品貿易是臺灣農業中受影響最大，也是最直接的領域。但從2002年農產品進出口貿易情況來看，進出口貿易所受到的影響不像預期的那麼大，農產品貿易總值102.7億元，比2001年增加4%，其中進口雖然增加4%，但出口也增加了3.9%。農產品貿易總額占臺灣進出口貿易總額4.2%，比2001年僅降低0.1%。關稅的大幅減讓，關稅配額制的實行，並沒有使農產品貿易狀況明顯惡化。其中的原因主要有：

首先，農業產業政策和貿易政策的調整，對緩解加入WTO給農業帶來的衝擊造成了一定的作用。政策調整，包括縮減稻米、雜糧、蔗糖的生產，重點發展具有特色和高價值的農作物生產；積極開拓臺灣以外農產品市場，透過參加在世界各地，包括中國大陸在內的國際性農產品展覽活動，增加臺灣農產品外銷的機會；實施進口救助和價格穩定措施，對進口數量超過基準數量的7項產品實施加徵三分之一關稅的特別防衛措施（SSG）；對18種敏感性產品採取短期價格穩定措施，根據產地價格下跌的幅度，分別予以不同方式的補貼或採取擴大收購、發放低利貸款等辦法，減輕農民負擔、穩定農產品價格。

第二，國際農產品價格大幅上揚，為臺灣農產品的進出口創造了有利條件。農業具有受氣候影響的特點。2002年以來，主要農產品出口國家發生嚴重乾旱，農產品產量大幅度減少，受此影響，世界農產品價格普遍上漲，這是臺灣加入WTO第一年，農產品出口增加的重要原因之一。

第三，加入WTO第一年，臺灣沒有讓中國大陸比照其他WTO會員國，開放所有臺灣承諾的農產品項目進口。2002年，臺灣從中國大陸進口農產品大幅度的增加，但仍有占總項目近五分之二的農產品尚未向中國大陸開放。

從長期來看，加入WTO第一年，農產品的進口沒有對臺灣市場產生明顯的衝擊，並不意味著臺灣農業面臨挑戰壓力的減輕。去年世界農產品發生有利於臺灣農產品出口的變化是暫時的，一些有滯後效應的因素會逐漸顯現出來。隨著市場的繼續開放，農產品的生產、銷售受到影響，會逐漸變得明顯。未來如果兩岸實現「三通」，農產品實現直接貿易，對中國大陸農產品的進口消除限制，兩岸農產品同質性高、距離近、成本低，中國大陸產的生鮮水果、蔬菜、肉類及漁產品，具有較強的替代性，會影響臺灣農業的生產和產品銷售。

根據加入WTO一年臺灣農業發展的現狀，針對未來來自進口農產品的持續影響，臺灣制定了2003年農業生產發展規劃。首先，大部分農作物、近海漁業以及家禽類產品，將適度減產。稻米的生產面積和產量減少3.4%和4.4%；雜糧作物除甘薯外，都將不同程度的減少生產面積，其中玉米和高粱各減少5%；水果類中，進口量增加較大的文旦柚、椰子等相應地減少種植，如椰子減少10%、柿子12.4%、文旦柚4.8%、檸檬6.5%、龍眼4.4%、梨4.%。近海漁業計劃減產8.9%，雞減產10%、鴨15%、豬5.6%、牛乳4.5%。第二，拓展具有競爭力的產品生產。根據2003年農業生產規劃，目前，適度增加競爭力相對較高的產品生產，例如水果中的木瓜、蓮霧、荔枝，計劃增３%～9%；沿岸漁業因長年投放漁礁，漁業資源衰竭的狀況得到改善，市場較穩定，也列入增加生產的範圍。但總體來看，2003年臺灣農業計劃減產的產品種類要遠遠多於計劃增產的產品種類。由此可見，今年的農業生產是呈現主動縮減的狀態。這是臺灣外向型農業加入WTO後應對市場開放的必然選擇。第三，推動兩岸農業交流。臺灣將兩岸交流作為「推動國際農業合作」的重要策略之一，採取「積極開放，有效管理」的指導原則，循序漸進，調整兩岸農產品貿易和投資項目，開展兩岸農業資訊、技術交流，擴大人員往來，尋求更為廣闊的合作領域，促進雙方的產業分工。希望透過兩岸農業經貿關係的調整，減少加入WTO對臺灣農業產生的負面影響。

二、當前兩岸農業投資與貿易情況及其特點

(一)投資與貿易的現狀

兩岸農業投資合作依舊是單向的合作,即臺商赴中國大陸進行投資。臺灣根據農業投資可能危害臺灣農業生產的程度,將農業投資分為准許、禁止和專案審查等三類。基於政治上的原因和加入WTO後的嚴峻情勢,臺灣擔心較先進的農業科學技術和優良品種隨農業投資流入中國大陸,以及產品回銷影響臺灣農業的發展。在加入WTO以後,對赴中國大陸投資建立了新的審查機制,對赴中國大陸的農業投資進行重新劃分,將審查類型改為一般類和禁止類。其中原列為專案審查的項目大部分改為一般類,少部分歸入禁止類。目前農產品投資項目共1,512項,其中禁止類436項(原13項),一般類1,076項。臺商赴中國大陸投資情形,目前兩岸均缺乏有說服力的統計。臺灣農委會認為,自1991年~2002年,臺商對中國大陸農業投資項目累計4,299件,金額約25.3億美元。據中國大陸學者的推算,臺商中國大陸農業投資的實際到資額約在29.3~34.36億美元之間,其中以食品及飲料製造業為主約占60%左右。

兩岸農業交流和合作雖然是本著雙贏的原則進行的,臺灣資源匱乏,生產成本上升,加上中國大陸各種優惠政策,吸引了臺灣諸多企業來中國大陸投資。這些企業從種苗、栽培技術、管理、保鮮、運輸、銷售全方位等導入臺灣模式,不僅吸納了中國大陸農村勞動力就業,更重要的是,對中國大陸農業發展造成很好的示範與帶動作用。所以應該說,臺灣對中國大陸農業的貢獻是客觀存在的;臺商在中國大陸的農業投資,對於中國大陸農業發展所造成的作用,也是應該受到肯定的。

加入WTO,兩岸農業合作和交流的步伐加快,經貿和人員往來更加密切和頻繁,兩岸農產品的貿易也顯現出明顯的發展趨勢。2002年,中國大陸是臺灣農產品第八大出口國和第六大進口國,兩岸農產品貿易總額4.37億美元,其中向中國大陸出口6,700萬美元,比前一年同期增加1,800萬美元,增幅36.9%;從中國大陸進口3.67億美元,比前一年同期增加1.1億美元,增幅達40.1%。向中國大陸出口的農產品按四大類分均有不同程度增加,其中林產品增幅最大,為171.7%,其餘依次為種植業66.2%、水產品28.1%,畜牧業產品21%。從產品種

類來看,蔬菜及其製品、茶葉、木材及其製品、魚類及其製品出口值增幅較大,較前一年增加1倍～9倍不等。出口產品構成以畜產品4,509萬美元,占67.4%為最多;農耕產品1,307萬美元,占19.5%次之;排第三位的是林產品,742萬元,占11.1%;比重最小的是水產品,133.6萬元,占2%。按產品種類排序,占第一位的是皮及其製品,占63.1%,4,200萬美元;花卉及其種苗次之,占14.4%,204.2萬美元;排第三位的是木材及其製品,占10.4%,700萬美元。從中國大陸進口的農產品,除畜產品為負成長14.2%外,農耕產品增100.5%,水產品增15.5%,林產品增7.7%。其中增幅較大的有穀類及其製品、棉花、酒類、魚類及其製品、甲殼類及其製品、軟體類及其製品,分別較前一年增加1倍～6倍。進口產品構成農耕產品占58%,林產品19.8%,畜產品16.2%,水產品5.9%。進口產品排第一位的是木材及其製品,占18.6%;棉花次之,占15.8%;第三位是植物性中藥材,占8.8%。

(二)兩岸農業經貿互動的特點

1.農業投資區域相對集中,以中國大陸東南沿海商業中心為主。從總體投資區域來看,臺商農業投資主要集中於江蘇、上海、福建、廣東、海南、浙江和山東等七個省市,約占農業投資總額的80%。共有福建的福州和漳州、山東平度、黑龍江、海南、陝西楊凌等兩岸農業合作試驗區,其中福州和漳州兩個市級臺商農業投資試驗區,至2002年底累計投資項目分別為132項和357項,合約利用臺資1.9億美元和7.96億美元。至2001年底,除楊凌以外的五個試驗區合約投資金額達32.87億美元。食品工業投資主要集中在大中城市,統一、頂新、旺旺、大成等大型食品加工企業,主要分布在中國大陸的華中、華東、華北、華南、西南、西北等大中城市。統一集團2002年11月與日商和中國大陸企業合作簽約,投資數十億新臺幣,在青島投資成立三統萬福(青島)公司,配合其在中國大陸飼料事業,進軍中國大陸雞肉市場,部分產品將外銷日本。

2.投資形態由外向型向內銷市場占領型轉變。早期在中國大陸的臺資企業,大都是以加工出口為主要投資形態,隨著中國大陸經濟的快速發展和內銷市場的逐漸開放,臺資企業逐漸向拓展中國大陸市場發展,在生產布局上著眼於中國大

陸市場，產品行銷網絡的建設，定位在以拓展中國大陸消費市場為目標，企業營業收入的構成中，內銷逐漸占據主導地位，並逐漸形成良好的品牌效應。統一、頂新、旺旺，在中國大陸市場已占有相當的比重和較高的知名度。

　　3.專業化分工、上中下游配套，投資形態逐漸呈現。農產業上中下游配套協作的生產模式的出現，是近年臺商投資的顯著特點之一，也是投資領域擴大的必然產物。伴隨中國大陸內銷市場的開放，臺商農業投資向相關企業拓展，以及出現了農產業配套投資現象。這種配套投資包括產後加工、銷售、貿易及行銷、市場營運，還包括產前種苗、農用化肥和農藥、農用機械、栽培設備、農產品運銷設備等。此種協作模式在兩岸農業合作試驗區和大中城市中發揮的尤為明顯。例如。食品工業的發展帶動了製罐、彩印、馬口鐵企業的引進；同時，食品機械和食品包裝工業也相應發展起來。這一生產模式，既帶動了投資地產業的提升和整體經濟的發展，也使更多的臺灣企業有了繼續發展的空間。

　　4.海峽兩岸農業合作試驗區作為兩岸合作的最佳載體，示範和帶動作用日益明顯。自1997年至今，共在中國大陸5個省先後成立了6個「海峽兩岸農業合作試驗區」，分布在中國大陸的東、南、東北、西北。主要以吸引臺資，發展優質高效農業為目的，為海峽兩岸農業合作向更高水平發展提供了有利條件。經過幾年的發展，各試驗區在促進農業結構的調整優化、加快農業使用技術的推廣、促進農業產業化經營、帶動民間貿易的發展、促進傳統農業向現代化農業轉變方面的重要作用，已經逐漸顯現出來。目前各試驗區正在發揮各自的優勢、特色，加強示範和帶動作用。例如福州，近年在原有基礎上成立了30個農業合作示範點，同時改進農業招商方式，強化良種示範；漳州則立足於技術進步，透過對臺灣良種和生產技術的引進和創新，使試驗區的建設過程成為提高技術、形成新的生產力的過程。

　　5.兩岸農產品貿易不平衡。改革開放以來，兩岸農業交流與合作逐漸向縱深發展，但是兩岸農產品貿易額不大，占各自同類貿易的比例甚小。臺灣從中國大陸進口農產品占其農產品進口總額的5%左右，向中國大陸出口的農產品占其農產品出口總額的比例在2%左右。而且，臺灣對中國大陸的農產品貿易始終處於

逆差狀態，2001年逆差2.1億美元，2002年對中國大陸出口有所成長，但仍有3億美元的逆差，與兩岸貿易總體狀況形成鮮明的對比。據臺灣的統計，目前臺灣需求的許多種農產品來自中國大陸，例如竹材占70%～80%，羽毛類占50%～60%，中草藥占50%以上，水產品約占臺灣進口量的20%～30%，水果和蔬菜及其製成品，雖占比重不大，但呈上升趨勢。臺灣的花卉、種苗、皮及其製品，和木材及其製品等，也是中國大陸市場需求旺盛的產品。中國大陸從臺灣進口的農產品，主要是花卉、種苗、皮及其製品和木材及其製品等。可見，兩岸農產品貿易不平衡的狀態並非兩岸農產品需求的真實反映，而是兩岸農業合作和貿易往來不正規、不穩定的表現。

三、WTO背景下兩岸農業合作的條件分析

加入WTO，對兩岸農業交流和合作所提供的機遇多於挑戰、合作大於競爭。然而，在目前兩岸關係不正常的情況下，兩岸農業合作的潛力要想得到有效的發揮、兩岸農業交流的層次得以提高，取決於兩岸政府的政策調整和推動力度，特別是臺灣當局的政策取向。

（一）加入WTO給兩岸農業的合作創造了更好的外部環境

兩岸加入WTO，是兩岸關係發展的一個歷史性的里程碑，新的環境和挑戰是雙方都必須面對的課題。但加入WTO，同時也是兩岸經貿往來朝縱深發展的推動力。首先，WTO的規範有利於打破兩岸投資和貿易的單向流動格局，有利於中國大陸農產品向臺灣直接出口，也有助於中國大陸資本進入臺灣，從而降低兩岸經濟合作中的經濟成本，實現在兩岸間雙向自由的流動。其次，加入WTO後，更加自由和開放市場，為擴大雙方的農產品貿易提供了廣闊的開放空間，對中國大陸和臺灣利用外資和引進技術，創造了更為寬鬆的制度環境。對於中國大陸而言，與國際標準接軌將有助於市場體系的進一步規範和完善，中國大陸潛在的市場容量，也會隨著經濟結構的升級而釋放出來，這又會進一步吸引臺灣企業的投資，

增加臺灣優勢產品向中國大陸的銷售，從而在兩岸間形成一些新的農業內部分工，促進兩岸農業的共同繁榮。第三，為有效解決兩岸間可能發生的農產品貿易爭端創造了良好的制度基礎。加入WTO後，雙方可以利用有關條款和解決爭端機制，避免一方為保護自身的市場對農產品進口實行非關稅限制，從而達到保障各自利益的目的。

（二）WTO為兩岸農業經貿互動帶來機遇

從近20年的海峽兩岸經貿發展進程來看，兩岸間相互的經貿往來極不平衡和過於懸殊，農業關係也是如此。農產品貿易呈現不對等情形，農業的相互投資更是不成比例，中國大陸前往臺灣投資幾乎是空白。海峽兩岸經貿往來還沒有真正形成互動的、良性的，有序發展趨勢。造成兩岸間極為不平衡的經貿關係的原因是多方面的，但最直接的原因，還在於兩岸間的經貿往來還沒有走上有序的發展軌道。目前雖然兩岸存在政治上的分歧，非經濟和非市場運行因素的障礙尚無法排除，但加入WTO，給兩岸經貿互動發展帶來了新的機遇。加入WTO後，兩岸農業都面臨著很大的挑戰，同時由於在生產要素、農業科技水平、產業結構等方面存在的互補性和突然形成的地緣和人緣關係，使得兩岸農業的合作又面臨新的機遇。中國大陸將由於大宗糧食作物缺乏比較優勢而面臨農民增收、農業勞動力轉移和農業產業結構調整等問題。臺灣以先進國家的身份加入WTO，決定了它的開放程度較高。臺灣農業歷來受政府保護程度較強，目前農產品缺乏在國際市場上的競爭力，臺灣農業發展受到資源條件等因素的制約，農業要求發展，與中國大陸加強經貿合作是最佳選擇。從國際大環境看，中國大陸與東盟的自由貿易區將逐漸形成，中國大陸在亞洲的經濟地位和作用將會更為突顯。加入WTO後，中國大陸和臺灣經濟都將融入國際經濟社會，國際市場對兩岸產品的限制減少，將提升兩岸經濟的成長，為兩岸的經濟合作創造更多的商機。但是，隨著中國大陸市場的全面開放，臺商與外國資金共同爭奪中國大陸市場將不可避免，臺資的活動空間將縮小，直接影響臺灣在兩岸農業交流中的主動性，這種轉變對臺商而言不能不說是一種嚴峻的考驗。目前是中國大陸發展經濟的大好時機，也是兩岸經貿關係發展的有利時機。如果兩岸充分利用各自在經濟發展階段和優勢的差異性，進行互補，不僅可以使農業所受到的衝擊減至最低程度，同時還可將此作為

促進兩岸農業合作向縱深發展的動力。

（三）兩岸優勢互補的資源優勢條件，為農業合作創造了廣闊的合作領域

由於發展階段不同，兩岸農業在資源優勢、科技水平、農產品國際競爭力等方面存在差異，這種發展的落差是兩岸需要互補和有條件互補的前提。關於資源優勢和科技水平的互補性筆者不再贅述。從農產品的競爭力來看，兩岸的互補互惠性十分明顯。有關資料顯示，根據日本「貿易振作協會」對「顯性比較優勢指數（RCA）」設定的標準，對中國大陸主要農產品國際競爭力進行分析。我們可以看出，目前中國大陸比較優勢的農產品有稻米、玉米、家禽、毛豬及其製品、水產品和水果，這些產品的RCA指數均在0.9以上，其中毛豬和水產品國際競爭力指數有逐漸變大的傾向。總體而言，勞動密集型農產品，是中國大陸現階段具有較高國際競爭力的產品。臺灣目前除了蔬菜、水果、花卉、水產品尚保持優勢外，其他已逐漸成為劣勢競爭產品。臺灣現在集中優勢發展優質稻米、蔬菜、水果、花卉、水產品和部分特有，產品，將不具競爭力的農業生產轉移到中國大陸。中國大陸的甘蔗、茶葉、棉花、油料和部分水產品可以滿足臺灣市場的需要。當前中國大陸中央政府提出全面建設小康社會的目標，中國大陸有幾億農民，農村如何減少，小康社會顯得尤其重要。在今後的一個時期內，農業發展的方向是開放安全食品、有機食品和特色品種，主要的投資方向是種子產業、生態工程產業和高科技產業。中國大陸農業具有廣闊的開發前景，蘊藏著極大的商機，為臺商提供了廣闊的投資空間。

（四）兩岸農產品貿易存在很大的發展空間

2003年上半年，中國大陸在臺灣出口和進口中已居第7位和第5位。中國大陸勞動密集型農產品具有較強的出口競爭優勢，包括中草藥、木材、大蒜、黃豆、玉米以及部分蔬果等，都是臺灣市場需要進口的產品，臺灣有可能成為中國大陸一個新的農產品出口市場。具有市場潛力和本土特殊風味的農產品，是臺灣未來出口的主打產品。臺灣已確定將中國大陸、日本、美國、歐洲和新加坡，作為農產品向外促銷的重點地區。其中中國大陸，尤其是人均所得和消費水平較高的沿海地區各大城市，是被臺灣看好的市場。臺灣高品質農產品銷往中國大陸市

場的機會將大大增加。目前，臺灣已在中國大陸上海、北京、天津、廈門等城市舉辦食品展覽和水果促銷活動，新鮮蔬果、稻米、茶葉、飲料以及蜜餞等很受歡迎。目前業界正與廣州、杭州、上海、北京等地的大型零售業者接洽，尋求合作商機，中國大陸有可能成為臺灣農產品外銷的新興市場。在市場開放的前提下，市場需求的增加勢必帶動兩岸農產品貿易日趨擴大。

（五）影響臺灣當局兩岸農業交流政策方向的因素分析

由於加入WTO，中國大陸與臺灣的市場都必須向全世界開放。相較於加入WTO之前，兩岸農業投資和貿易關係變得相對複雜化，其中的道理是顯而易見的。以往兩岸農產品貿易關係所注重的更多的是兩岸個別產品彼此間的相對優勢，加入WTO後，這一相對優勢已經擴大到多國之間農產品的互動。目前已經存在的兩岸農業的競爭問題或許最能說明這一點。如果說在加入WTO以前，兩岸農業交流更多的是互補，那麼加入WTO以後，兩岸農業的競爭問題就成為人們關注的主要問題，也成為加入WTO後，臺灣兩岸農業政策導向改變的依據。從長期來看，加入WTO後，兩岸農業經貿關係進一步深入發展，有可能給臺灣農業造成的影響有以下幾個方面：

1.開放中國大陸農產品進口的影響。由於兩岸距離近，農產品同質性高，中國大陸農產品出口到臺灣的機會會大幅增加，對臺灣市場造成影響。目前臺灣採取進口配額和關稅配額的產品共有22項。就限量配額而言，因配額有限，中國大陸產品對臺灣影響有限。中國大陸產品對臺灣的威脅主要來自關稅配額的產品。關稅配額方式，即產品在配額外付稅後便可進口，這對於中國大陸低成本的產品，如蔬菜、紅豆、花生、雞肉加工品等，減少了進口的約束。根據WTO的規範，臺灣遲早要比照其他會員國開放中國大陸農產品進口，屆時，憑藉著地理位置、產品種類相似，以及低成本的優勢，中國大陸產品輸往臺灣的機會大。如稻米、水果、蔬菜、肉類、林產品和養殖漁業產品等。從臺灣農產品市場來看，目前已經開放的中國大陸農產品項目基本上還控制在臺灣不生產或非敏感性產品，對於臺灣市場和生產的影響力也還有限。然而，依照WTO的規則，逐漸加大市場的開放程度，直到甚至完全開放市場只是時間的問題。中國大陸相對廉價的農產

品和臺資企業回銷的農產品,進入臺灣市場的機會也將大大增加。競爭是不可避免的。

2.赴中國大陸投資的影響。和兩岸貿易相似的競爭關係同樣發生在投資問題上。中國大陸經濟的快速發展和優越的投資環境,對臺商的磁吸效應將加強。對臺灣可能帶來的影響有:一是增加臺資企業產品回銷臺灣的機會。就短期而言,中國大陸被臺灣視為疫區,產品的品質有待提升,臺資企業產品回銷臺灣有一定的局限性。從中長期來看,投資中國大陸企業數的增加以及中國大陸在產品衛生檢疫方面逐漸符合WTO規則等,均會連帶增加臺資企業產品的回銷量。

鑑於這些問題的存在,臺灣在加入WTO後提出「審慎開放中國大陸農產品進口和赴中國大陸農業投資以及農業技術交流」。在農產品的開放範圍方面,目前,臺灣幾乎援用了WTO中所有能夠限制中國大陸農產品進口的有關條款,准許中國大陸農產品進口的項目1,376項,占農產品總項目2,242項的60.1%,其中835項是加入WTO以後新增的項目,還有近40%的項目限制從中國大陸進口。在農業投資的標準方面,由於擔心優質種苗和技術流入中國大陸,產品回銷,衝擊臺灣農業的發展,還增加了禁止到中國大陸投資的產業,所涉及的產品主要是種畜、種苗、水產品、豬肉、雞肉、鴨肉、鵝肉、水果、花卉、蔬菜以及米、紅豆、花生等。根據加入WTO後臺灣當局的中國大陸農業經貿政策的變化,可以斷言,在一定時期內,非經濟的因素仍將會是影響兩岸農業往來正常發展的主要因素。

臺灣《農業發展條例》的修正與農業轉型

趙玉榕

戰後臺灣農業的發展過程始終伴隨著結構的變化。《農業發展條例》於1973年9月公布,此後分別在1980年1月、1983年7月進行修正,此外1996年8月、1998年2月和1998年4月,還對部分條款提出修正,都是對是否開放農地自

由買賣等內容存在分歧而沒有通過。1999年11月11日,臺灣「行政院」第四次將「農委會」提出的《農業發展條例》修正案送「立法院」審查,2000年1月4日通過,並於2000年1月26日正式公布。臺灣各界長期以來所關心的開放農地自由買賣、農地分割以及農地興建農舍等問題終於有了結果。但經過研究我們可以發現,《農業發展條例》修正的真正意義遠遠不止於此。臺灣「農委會」前主任委員彭作奎在「跨世紀農業發展方向」演講上說:「我們正站在農業的轉折點上。」足以說明,修正《農業發展條例》,是加入WTO將給臺灣農業帶來衝擊的這一客觀現實對農業政策提出的要求;同時,《農業發展條例》的修正,也標幟著臺灣將改變資源的利用來調整農業生產結構,從這個意義上說,臺灣農業進入了一個新的轉型期。

一、《農業發展條例》的修正要點

《農業發展條例》制定於1970年代初。在經歷了「以農業培養工業,以工業支持農業」階段,臺灣透過穩定地權、興修水利、改革傳統技術,農作物產量大大提高,實現了糧食的穩定供應後,臺灣農業發展進入了以提高農民所得、增進農民福利為中心的發展階段。這一時期,農業發展的重點是提高農業經營效率、增加農民收入、縮小工農差距、維持國民經濟的協調發展。這一時期,農業政策的內容集中體現在《農業政策檢討綱要》、《現階段農村經濟建設綱領》、《加強農村建設重要措施》中。而隨後頒布的《農業發展條例》,將上述3個政策條例的主要精神用法律的形式予以制定。《條例》分總則、農地利用、農業生產結構、農產品運銷與價格、農業金融和保險、農業技術研究與推廣及附則。《條例》的核心內容是加速農村現代化、促進農業生產、增加農民所得、提高農民生活水平,這也是以後的20年農業發展的主要目標。《條例》中的建立農業發展基金、劃定農業專業區、鼓勵擴大農業經營規模、實行農業保險等內容,改變了「土地改革」以後一直存在於臺灣農村中的小農經營方式和經濟發展重心偏向工業的政策。因此可以說,《農業發展條例》,不僅是臺灣農業發展史上最早

確立農業現代化目標的法律文件，而且對1970年代以後，臺灣農業的發展具有重要的指標意義，被稱之為臺灣農業的基本大法。

此次《農業發展條例》的修正，是以加入WTO為背景的一次政策因應。它以「加入WTO同時照顧農民福利」，以及「調整農地政策並加強農村建設」為兩大主軸。其中以調整農地政策為主，有關農地相關法規的修正，可以說是繼1950年代土地改革和第二次土地改革以來的又一次重大的、牽涉到改變舊的土地利用模式的變革，多項條文對未來土地資源的配置、生態，以及農村發展，都將產生深遠的影響。經過修正的條文，包括農地變更使用、放寬耕地分割限制、建立新耕地租賃制度、放寬耕地承受資格限制規定私人取得農地面積的最高限額等。總的來說，《農業發展條例》修正案的主要內容是：未來農地將依農地農用的原則，採取總量管制、開放農地自由買賣，並有限度開放農民興建農舍。《農業發展條例》的修正要點如下：

1.對耕地進行總量管制。兼顧農業和總體經濟發展，由「中央」主管機關擬定農業用地需求總量和允許變更的農地數量，並負責監控。

2.規範農地變更使用。農業用地變更為非農業使用，應以不影響農業生產環境的完整為前提，並需先徵得主管機關的同意。農業用地變更為非農業用地需繳交「回饋金」，作為「中央」主管機關所設置的農業發展基金的一部分，專門用於農業發展及農民福利。

3.放寬農地分割限制。每宗耕地分割後的最小面積，由原來的5公頃降低為0.25公頃。

4.規定私人取得農地的最高限額。私人取得的農地面積合計不得超過20公頃，違反者，其超過部分的轉讓或接受行為無效。

5.放寬承受耕地者的資格限制。允許農民團體及農企業法人購買農地，經營技術密集或資本密集的農業。但所購買的農地不得擅自變更使用，違反規定者處6～30萬元罰款，耕地閒置不用者處以3～15萬元罰款。

6.規劃農民興建農舍用地。修法後，新取得的農地在不影響農業生產環境及

農村發展的前提下，可以在自有農地上興建農舍，滿5年後允許移轉。

7.獎勵農地農用的稅賦優惠。農地為農業使用不課徵土地增值稅，農地及其地上農作物由合法繼承人受贈或繼承，而繼續作為農業使用達5年者，免徵贈予稅或遺產稅。

8.建立新耕地租賃制度。耕地租賃契約的租期、租金支付方式，以及耕地收回條件等，由出租人與承租人雙方協商決定，「耕地三七五減租條例」中的相關租賃規定不再適用。

從修正後《農業發展條例》所包括的內容中我們可以發現，變動較大，或者說修正的重點是在有關農地自由化的相關條文上。長期以來，僵化的農地政策和農業經營規模問題，是制約臺灣農業進一步發展的主要因素，農地資源的合理使用和分配，以及農業經營規模的擴大，對農業勞動生產率的影響，又是評估農業生產結構是否合理的重要部分。因此，從純經濟的意義上來看，此次《農業發展條例》的修正至少可以說明兩點：其一，臺灣將解決土地問題作為一條「引線」，期望能透過農地資源的重新配置來牽動農業問題的解決；其二，面對WTO，臺灣農業所面臨的挑戰比以往任何時候都嚴峻，唯一的出路就是要調整農業生產結構，由此來提升農業的國際競爭力。原臺灣「行政院」院長蕭萬長說，修正《農業發展條例》就是「希望能夠加速農業轉型，在不影響生態保育下提高農業生產的附加價值」。

二、競爭力與農業產業結構的提升

農業轉型就是調整生產結構，而要進行生產結構的調整就不能不提到競爭力的問題。競爭力是一個國家的總體經濟實力，競爭力的大小，標幟著這個國家在國際經濟中的地位強或弱，它是比較優勢的外在體現。比較優勢理論是大衛·李嘉圖在亞當·斯密「絕對優勢」理論基礎上提出來的。他認為，決定國際貿易流向及利益分配的不是絕對成本的低廉，而是相對成本的低廉，這一理論的創立，

解決了處於不同生產力發展水平的國家，從國際分工和貿易中獲利的問題。以赫克歇爾·俄林為代表的新古典貿易理論，對此學說作了進一步的探討，他們認為，一國應按比較優勢進口相對稀缺的資源、出口相對豐裕的資源，透過資源的轉換來取得效益，這就是著名的「資源優勢」學說。根據這一理論，資源的轉換能夠增加社會福利，但也使本國的產業結構始終處在一個原始的狀態。因此，從當前來看，一個國家要使本國的經濟實力真正能夠在國際市場的競爭中得到證實，更關鍵的是有賴於產業結構的升級，即增強競爭能力，或者說建立起比較性的優勢。

「提升競爭力」是近幾年臺灣經濟界最常見到的字眼。進入一體化的世界市場對任何一個國家或地區未來的發展來說都至關重要，但是，各國之間農產品生產和農產品的競爭力存在明顯的差異。加入WTO所帶來的貿易自由化，使各國之間原本存在的貿易障礙受到削弱甚至不復存在，產業和產品的競爭力就顯得比以往任何時候都重要，這是擺在各國各地區面前的一個問題。

（一）臺灣農業的比較優勢分析

加入WTO就意味著進入一體化的世界市場，會國際化要求各國只能透過關稅措施對農產品進口進行限制，不能再使用非關稅障礙。臺灣農產品市場的逐漸放開，勢必影響農產品的供需平衡，進而導致農業生產的衰退。臺灣農業的競爭力如何，將直接影響農業受衝擊的程度。適應農產品國際貿易自由化的趨勢，農業政策的調整核心就是要依據比較優勢來推動結構的調整。研究臺灣農業現在的優勢和劣勢，將有助於我們客觀地評估加入WTO對臺灣農業的實際影響，和分析農業生產結構調整的必要性。

1.比較優勢

臺灣農業經過幾十年的發展，實現了農業機械化和產業化，具有一定的實力，主要表現在科技和產品特色方面。依靠科學技術改良傳統農業，是臺灣農業實現向現代化轉變的保證。臺灣的農業科技在品種選育、病蟲害防治，以及高新技術方面，都取得了明顯的進展，在戰後農業生產力的變化中發揮了重大的作用。據估計，臺灣的農業經濟成長至少有60%來自農業科技的進步。目前園藝設

施、生物防治技術、光電技術、數位通訊、遙感、遙測技術和電腦技術等新興農業科技，在臺灣已被廣泛應用於農業。部分技術，如產期調節、無土栽培、植物組織培養技術等，已加入世界先進水平行列。科技的進步是農業生產力進一步提升的必要保證。

臺灣農業在水產品、園藝產品以及資本密集型的產品方面，仍然具有比較明顯的優勢，蔬菜及其製品、花卉、種苗的出口，仍具有相當的實力。一些具有特殊風味的產品，例如蓬萊米、土雞、蓮霧、柳丁等，與外國產品存在市場的區隔性，從而在非價格競爭中具有優勢。

2.比較劣勢

戰後初期，臺灣農業在提供勞力、市場、外匯和產品等方面，為經濟的起飛奠定了基礎，農業生產以發展糧食與土地利用型作物為主。1960年代末開始，隨著經濟的發展，農業勞動力開始向其他產業轉移，勞動成本日益提高，土地與勞力密集的生產方式不再具有優勢。儘管生產方式逐漸轉向技術及市場導向，但長期形成的農業經營環境，決定了農業存在的諸多問題難以在短期內得到解決。農地面積狹小，臺灣的農業生產無法達到一定的經濟規模，勞動薪資隨著經濟的成長快速上揚，高生產成本和相對的低生產效率，致使臺灣農產品既不敵經濟發達的大國，也無法與低成本的發展中國家競爭。長期靠限制進口、平均稅率為20%的高關稅，以及對稻米、大豆、高粱、玉米，採取保證價格進行收購的補貼方式來保護臺灣的農業，使得臺灣農業具有潛在的脆弱性。農產品的價格長期以來維持在較高的水平上，農產品的出口逐年減少。1999年，臺灣貿易總額較1998年成長7.9%，但農產品貿易並未同步成長，農產品出口31億美元，比前一年減少1.7%，貿易逆差額達45.3億美元，農產品出口占總出口的比重已降至2.6%。據統計，1999年穀類及其製品、菸葉及其製品、酒類、活畜禽和肉類及其製品的出口量值都大幅減少，減少的幅度都在35%以上。臺灣農產品出口衰退的這一組數字，可以讓我們很清楚的了解到，臺灣農業在國際農產品貿易市場的競爭力水平。

（二）農產品的競爭力與農業生產結構的調整

從農業生產的發展來看，農業的成長過程同時也是生產結構不斷調整完善的過程。因為農業的成長要求農業結構不斷變化與社會需求相適應，所以，要讓生產持續成長，就必須對生產結構進行必要的調整。農業結構調整的目標就是由產量最大化調整為效益最大化，在不排除產量最大化的同時將提高產品的質量放在首位。從戰後臺灣農業的發展過程看，農業的生產結構經歷了三方面的轉變：第一，糧食產業由生產食用穀物為主的結構轉向食用穀物與飼料穀物共同發展的結構；第二，種植業由生產糧食作物為主的結構轉向糧食作物、經濟作物蔬菜、水果等共同發展的結構；第三，農業產業由種植業為主的結構，轉向種植業、畜牧業、漁業等共同發展的結構。1952年，農業的產值構成中，種植業68.8%、漁業9.1%、畜牧業15.8%、林業6.5%。1998年，種植業為43.5%、漁業5.3%、畜牧業31%、林業0.2%。影響產業結構變化的因素有很多，有政策因素、科技因素、市場因素等，消費需求的變化也是導致農業產品結構變化的原因之一。1966年～1998年，臺灣每人每年白米消費量從137.4千克減少為58.4千克；同期，蔬菜、水果、肉類、魚類和油脂的消費量大幅增加，蔬菜從52.7千克增加為108.3千克，水果從26.2千克增加為50.1千克，肉類從22.9千克增加為77.3千克，魚類從28.8千克增加為42.4千克，油脂從5千克增加為26.7千克。此外，對走外向型發展道路的臺灣農業來說，農產品對外貿易的發展，在農業生產結構的變革中所起的作用也是至關重要的。尤其是1960年代末期以來，農業結構的每一次調整，都與產品出口有著密切的關係。新興園藝作物打入國際市場誘發種植業結構的改變，漁畜產品在國際市場暢銷帶動了農業內部結構的根本轉變，無不與這些產品憑著自身的競爭優勢在國際市場上占有一席之地有關。同樣的，1990年代初所進行的農業政策的大幅度調整，也是為了因應國際貿易自由化、提升農產品的競爭力，達到農業升級的目標。我們再透過農作物的生產結構變化的考察來證實這一點。水果和蔬菜是在1970年代以後臺灣出口農產品的大宗。從1970年～1998年，水果和蔬菜的出口都有大幅度的增加；同期，這兩項產品在農作物產值中的比重分別從13.3%和6.4%增加為27.7%和23.3%。出口和產值的同步變化，充分說明了：以競爭力為內涵的產品出口是影響農業結構改變的重要因素。因此，我們可以說，外向型農業的需求推動了農業結構的變革。臺灣農產品市場十分狹

小,未來農業的發展仍然有賴於農產品對外貿易的持續擴展,發展優勢產業、降低產品成本。保證農產品出口的順暢,是農業得以進一步發展的必要保證。

三、農業生產結構的選擇

透過改善農業生產的結構來提升農產品的競爭力,是繼1990年代初以來臺灣施政的重點。然而當前,臺灣農業發展所面臨的不僅僅是市場還有資源的雙重約束,因此,臺灣農業的轉型不僅要進行生產結構的調整,也包括合理進行土地資源的配置。這就決定了此次調整與1990年代初的做法有相同之處,也有不同的特點。共同之處在於,調整目標仍然都是由追求農產品數量為重點轉變為追求質量和經濟效益;不同的特點在於,調整內容有所擴展,即牽涉到農業和農村經濟的各個層面,它要解決的不僅僅是農產品生產失衡、價格下跌、農民收入增加緩慢的問題,而是要從根本上扭轉農業發展的滯緩局面,全面提高農業和農村經濟的素質和效益,以此來因應加入WTO後外來農產品競爭的壓力。臺灣土地資源缺乏,農業科技水平高,且氣候溫暖、雨量充沛,適合水果、蔬菜和花卉的生長,水產養殖也有得天獨厚的條件,因此,農業結構的調整採取的是合理利用土地資源、發揮優勢產品生產、拓展科技型農業、建立優質品牌,以及密切兩岸農業交流的模式。

(一)合理利用土地,擴大農業經營規模

從純經濟的角度來看,不論是有計劃地將部分農地釋放出來供非農業使用,還是開放農地自由買賣,對農業和整體經濟的發展都有利。對農業來說,透過引入資金來擴大農業經營規模、降低農業經營成本,可以獲得前所未有的效益,農地價值的提高在一定程度上可增加農民的收入;對非農業部門來說,可以緩解工商業用地供不應求的矛盾。據最近臺灣「經濟部」所作的製造業臺灣投資實況的一項調查顯示,有38.2%的業者認為,「土地取得困難」是投資的一大障礙,可見,土地問題依然是臺灣留住企業必須要面對的問題。但是土地是一個很敏感的

話題，和以往每一次土地政策的變更一樣，在此次《農業發展條例》修正的過程中，照例少不了各界由於觀點不同而引起的爭論，甚至導致「農委會」主任彭作奎辭職。問題的癥結在於，農地自由買賣之後是否會助長農地炒作投機？農地是否會變成高級別墅？是否對生態環境造成破壞？農民能真正從中獲得好處嗎？雖然開放土地的自由買賣可能帶來種種問題，但是農地資源的重新配置是臺灣農業進一步發展的必要政策。因此，制定相應的條文對土地以及相關的行為進行規範，並以法律的形式確定下來，就顯得尤其重要。目前「立法院」已經通過6個配套法案的修正，分別是：土地法、平均地權條例、區域計劃法、都市計劃法、遺產及贈與稅法以及土地稅法。以上法案對農地的課稅和違反農地使用原則的處罰作了詳盡的規定。此外，「農業發展條例實施細則」和相關的子法正在研擬中，主要有：「農業用地作為農業使用之認定及查核辦法」、「農業用地同意變更為非農業使用辦法」、「農業用地變更使用繳交回饋金之繳收、撥交及分配利用辦法」、「農業用地興建農舍辦法」「農地違規使用檢舉獎勵辦法」、「農民團體、農業企業機構或農業試驗研究機構承受耕地之移轉許可準則」和「農業天然災害救助基金收支、保管及運用辦法」。

（二）根據比較優勢調整產業結構和產品結構

1.對缺乏比較優勢的產業發展進行政策調整

　　農產品結構的調整遵循以經濟效益為中心、以市場為導向的原則，就是要提高產品在市場上的占有率。而要達到這一目標，就要提高產品的競爭力，淘汰不具比較優勢的產業和產品。發展特色和優質產品是提高產業競爭力的有效手段，也是產業和產品結構調整的原則。對缺乏比較優勢的產業，臺灣採取的辦法是輔導轉業和提升競爭力並重。鼓勵轉業的產業主要是針對養豬業和養雞業，稱之為「離牧計劃」。這一計劃1998年開始推動，已核定5,070戶養豬戶和684戶的養雞戶，其中飼養規模較小的占85%以上，估計豬產量可減少300萬頭，約占年產量的24%，可減養肉雞6,225萬隻。「農委會」指導轉業的農民參加第二專長訓練，訓練經費由「政府」全額補助，訓練結束取得合格證者發給5,000元獎勵金。同時還由銀行辦理轉業創業貸款，利息為基本放款率的70%，貸款最高額度

107

2萬元，貸款期限最長為7年。應該說明的是，畜牧業的轉型目的是為了穩定臺灣市場價格、維護農民的權益，並不代表畜牧業在臺灣農業中所占有的重要地位已經喪失；相反的，目前畜牧業在農業總產值中占有31%的比例，僅次於農作物居第二位，與畜牧業相關產業的產值達1,600億元新臺幣，從業人員達70萬人，約占總人口的3%。發展畜牧業是滿足市場對動物性食品不斷成長的需求的重要保證。臺灣「農委會」在近期成立了「中央畜產會」，匯集產、官、學各界的力量，處理與畜牧業發展相關的各項事宜，包括強化組織功能、建立畜禽產品品牌、建立優良畜禽品種供應體系、引進自動化生產系統，以及協調畜禽產品進出口秩序等。

2.以經濟效益為中心，實現產品結構的優化

前面我們已對臺灣農業的優勢和劣勢進行了分析，根據市場的基本法則，對農業產業結構的調整以總量的平衡為基礎，減少糧食作物的種植，提高園藝作物和畜牧業、漁業產值的比重。產業結構的下一個層次就是產品結構的優化。

（1）減少糧食作物的種植

臺灣稻米自給有餘，白米的自給率一直保持在較高的水平，從1987年～1995年都在107%以上。糧食作物屬於資源集約型的產品，鑑於白米消費量的持續降低和生產成本的提高，已經喪失了貿易競爭優勢，價格高於國際價格的2倍～3倍。臺灣從1980年代初以來，相繼實施了「稻米生產及稻田轉作計劃」和「水旱田利用調整計劃」，輔導稻田轉作綠肥、特產、休耕或造林，減少稻米產量。按目前每人每年消費白米59千克，再加上其他用途來測算，稻米年產量保持在160萬噸即可保證供需平衡。1999年稻米產量156萬噸，庫存46萬噸，基本上達到供需平衡。加入WTO後，稻米的進口暫時可採取限量進口的方式，若干年後，以保證價格收購政策的逐漸取消和稻米進口的增加，必將對稻米產業帶來嚴重的影響。可以肯定的是，未來制定稻米生產目標，不僅要根據消費量，進口量的多少也是依據之一。因此，糧食種植面積還將繼續減少。從理論上來說，國際貿易的存在使國內生產與消費之間保持平衡成為不必要，糧食也不例外。但是這有一個從政治角度出發考慮的糧食安全問題。「糧食安全觀」在世界各國都被擺

在重要的地位,面對貿易自由化和國際化的挑戰,歐市和日本等經濟強國仍然不放棄對農業的保護,維護糧食安全是一個主要的理由。依據聯合國糧農組織預測,2000年世界人口將超過61億,穀物的需求將增加;同時,一些穀物出口國為解決農業財政負擔可能調整糧食生產政策,這些因素都使得糧食供給呈現不確定性。因此,保證適度的自給率,維持必要的糧食安全庫存量是必要的。所以,這就決定了,無論到什麼時候,稻米都將維持一定面積的種植量,「規劃為主,市場導向為輔」配合採取WTO認可的補貼方式、適當的救助,來緩解進口稻米對臺灣稻農的衝擊,是未來稻米政策的核心。

(2)重點發展技術集約、資本集中的產品生產

技術和資本密集產業具有成本低,效益大的特點。目前,園藝產品是臺灣比較有競爭優勢的產品之一,其中資本和技術密集型的花卉業尤其明顯。花卉栽培面積目前已超過1萬公頃,產值近100億元,近幾年年平均成長速度均在10%以上,並在國際市場上占有一席之地。1998年出口值4,235.2萬美元,占農作物產品出口的6%,比1997年成長40.9%,是所有出口農產品中增幅最大的一項。為了加速花卉產業的發展,臺中縣正規劃建設占地96.51公頃的「高級花卉專業示範區」,預計2000年底建成,屆時可種植花卉75公頃。此外,「花卉研究中心」、「花卉物流行銷中心」和「永久性花卉促銷展示園區」也正在規劃籌建之中。蓮霧、楊桃、芒果、新興食用菇類等,也是重點發展的項目。在養殖漁業方面,將選擇體形大、生長期短、飼料轉換率高、營養豐富的魚種進行推廣。被列為未來發展重點的還有觀賞魚,臺灣目前可進行人工繁殖的觀賞魚種達150種以上,外銷至東南亞、日本、歐美等國。據估計,花卉、植物種苗、新興食用菇、新興水產養殖魚類,這些產品在6年後將可使農業產值增加90億元。

3.發展科技型農業,推動農業產業升級,實現產品進口替代

目前臺灣大多數農產品之所以過剩,或者說出口市場難以拓展,但在很大程度上主要還是品質問題。一般品質與產量有此消彼長的關係,倘若以優質品種替代普通品種,既有利於緩解產品的供求矛盾,又有利於減少進口,實現進口替代,還能擴大出口。而要提高產品的品質,科技進步是首要條件。因此,發展科

技型產業是臺灣農業結構調整的一大選擇。自1998年起,臺灣推動「科技、資訊、品牌」為重點的產業發展策略。科技在生產上的運用主要體現在:發展高品質、高價值及多元化、具有特色的產品;制定生物技術發展規劃,臺灣農業的資源優勢表現為土地稀缺,依據比較優勢的理論提升產業結構,更適合走以生物技術為主的道路。臺灣已制定了未來10年農業生物技術發展規劃,以花卉、畜用疫苗、生物農藥、水產品生物育種、魚病診斷及防疫製劑等為主要內容,產值目標為10億元新臺幣。此外,透過加強食品加工技術、資源保育遙測技術及農漁牧業產業自動化的研究和開發等技術應用,來增加農產品的附加值。總之,自動化和生物技術,是未來臺灣農業的發展方向。

4.創立農產品優良品牌

品牌是特殊的財富,是效益,是占領市場的重要手段、生產市場認可度高的產品,實行標準化生產。品牌化銷售是臺灣農業結構調整的一個重要組成部分。自1998年,臺灣就實行了品牌及品質認證制度,迄今已有很多產品確立了自己的品牌,有30多個農民團體建立了產地品牌,其中水果品牌共16項,比一般的水果價格高出約15%～35%。屏東縣創立的蓮霧品牌「福爾摩莎」每千克價格為一般品種的兩倍,農戶平均收入至少增加50萬元。

5.加強兩岸農業合作

兩岸農業之間的合作已經有了一定的基礎。據臺灣統計,截至1999年12月,經臺灣農政單位批准赴中國大陸農業投資3,975件,總金額達22億美元,准許投資項目共有222項,占總農業項目的96%。根據臺灣學者的研究,臺商赴中國大陸投資農業對臺灣的影響基本上是正面的,不直接對臺灣的農業投資產生排擠效果,對臺灣生產最終需求的波及不大。關於產品回銷臺灣對臺灣農業的影響問題,臺灣學者認為,因為臺灣對中國大陸農產品的進口有所限制,如果排除走私等非正常管道,中國大陸農產品返銷臺灣對臺灣農業的衝擊並不嚴重。今年1月,原「副總統」連戰發表「十二項農業主張」,其中提到,「兩岸農業應當加強合作,本著雙贏互利基礎,建立有秩序的貿易關係」、「中國大陸農產原料可供臺灣食品加工來源,可作為臺灣新品種研發的種原庫」。可見,密切兩岸交流

關係是臺灣當前農業發展的重要策略之一。為了適應WTO後國際市場的競爭，中國大陸和臺灣當前都在進行農業結構的調整，拓展兩岸間的交流對雙方農業結構的調整將造成積極的作用。中國大陸可為臺灣提供勞動力和技術資源，並有廣大的腹地作為臺灣的生產基地；臺灣則可為中國大陸的農業發展提供技術支援，尤其在園藝、畜牧水產養殖以及觀光休閒等領域，具有巨大的合作潛力。

進口替代時期臺灣企業的成長環境與發展概況

韓清海

一、成長環境

臺灣經濟的進口替代時期指的是1952年～1962年左右這段時間，是臺灣企業從戰後初期重組到資本累積、逐漸發展的重要時期。良好的社會經濟環境是企業資本累積的前提條件；相反，不良的社會經濟環境必然妨礙企業的資本累積從而影響企業的成長。在進口替代時期，臺灣企業面臨著極其有利的社會經濟環境，因此，能夠迅速累積資本、奠定發展的基礎。其有利的社會經濟環境概括起來有如下幾方面：

（一）農地的改革與農村經濟的發展

1948年～1952年底，臺灣實施的農地改革給臺灣企業的發展創造了良好的環境。首先是農地改革，基本上瓦解了臺灣農村封建土地關係，建立了以自耕農為主體的農業生產體制；打破了封閉的自給自足經濟，促進了農村商品經濟的發展。農地改革後，臺灣自耕土地面積占總土地面積的比重，由57%提高到91.8%；自耕農戶占總農戶的比重由57%提高到88.5%，農民社會地位有了進一步提高，農村商品交易開始活躍，農村社會安定。其次是，農村土地改革的順利

進行大大調動了農民生產活動的積極性,提高了農業生產力,促進了農業生產的發展。農民獲得自有土地,生產熱情提高,自願投下資金從事永久性土地改良,所以農地改革後,在水利工程設施、防風設備、肥料等各方面的投資均有顯著增加,耕作技術也進一步提高,不僅改善了農業抗洪防災環境,也促進了農業生產經營的集中化,提高了農產品的產量。1945年～1952年,農業生產的年均成長率達12.93%,比戰前農業生產年均成長率3.31%高3倍;1952年農地改革完成至1956年,農業產量成長29%,主要農作物產量:稻米成長20%,花生成長38%,大豆成長95.5%,蔗糖成長53%,鳳梨成長52%,生豬成長41%,漁產品成長193%。每公頃產量:稻米增加19.5%,甘薯增加23.3%,大豆增加17.9%,甘蔗增加52%。水果、蔬菜、茶葉等單位面積產量也有較大幅度的增加。如以農地改革基本結束的1952年為100,則到1961年10年間,整個農業生產成長了55.3%,其中,農作物成長41.9%、畜牧業成長85.7%、林業成長115.3%、漁業成長119.5%。再次,農業土地改革促使農村地主資金轉向工商業,有力推動了工商業的發展。臺灣補償地主地價以30%配發公營企業的股票,總金額達6.6億元新臺幣。這樣一來,把地主的資金轉移到工商業部門,一方面減輕地主的反抗情緒;另一方面,也增加了工商業發展力量。其中工業大部分是農用工業,既對工業發展有利,也支持了農業的進步。最後,農民收入增加,生活得到改善,商品購買力也進一步提高了,這無疑擴大了農村市場經濟的規模。

(二)美援的輸入與工業生產的發展

1950年代,美國對臺灣提供的大量經濟援助,對於臺灣工業生產、公民營企業的發展有著相當重要的作用。1950年代初期,由於戰爭的破壞,人口激增、失業嚴重、通貨膨脹、原料不足、能源緊張、外匯枯竭,加上企業自身資金短缺,大部分公民營企業工廠處於停產和倒閉狀態。但當臺灣經濟面臨崩潰邊緣的情況下,美國從當時自身的戰略利益考慮,在1950年下半年通過所謂「共同安全法案」,對臺灣實施「軍事保護」,並提供大量經濟援助。美援分為計劃型援助和非計劃型援助兩種。計劃型援助,是以特定經濟計劃項目為對象提供所需的貸款資金、器材設備、物資原料和技術勞務,並派遣專家到臺指導;非計劃型援助,是以「480公共法」剩餘農產品向臺灣提供的實物援助。從1951年～1960

年,美國經濟援助實際到達額共10.29億美元,平均每年1億美元以上。1951年～1959年會計年度,美援直接用於民營企業的貸款資金,礦業為175.4萬美元,臺幣5,591.6萬元;製造業為1,711.3萬美元,臺幣2.08億元;用於工業管理和培訓企業幹部的美援資金為40.1萬美元,臺幣1,836.7萬元,這三項共1,926.8萬美元,臺幣2.83億元。受援產業包括礦業、食品、紡織、紙業、一般化學工業、製材及人造木板、水泥、鋼鐵、機械、電工器材等行業的民營企業。受援較多的大型民營企業,主要有唐榮鐵工廠、裕隆汽車公司、臺灣紙業公司、嘉新水泥公司、臺灣水泥公司、臺灣鳳梨公司、均質木材公司、新竹玻璃公司、臺灣塑膠公司、中國人造纖維公司等(詳見表1)。

表1　民營企業接受美援情況

受援單位	受援金額 萬美元	受援金額 萬元新台幣
新竹玻璃公司	45.51	599.89
台灣塑膠公司	75.76	—
裕隆汽車公司	19.42	300.00
大同機械公司	34.89	551.00
台灣紙業公司	134.02	1161.65
亞洲水泥公司	—	1547.28
台灣鳳梨公司	10.12	306.00
唐榮鐵工廠	26.67	607.00
中國人造纖維公司	—	2000.00

資料來源:趙既昌著《美援的運用》,第151頁。

1954年以後,臺灣各種工業發展計劃中受援新興工業範圍更廣,此種援助包括美元及相對基金以及商業銀行貸款,有172種小型工業直接受到援助。尤其是1954年建立的美援小型工業貸款,以優惠條件對民間小型企業提供中、長期貸款,銀行資金不足,則以相對基金貸款補充。貸款本身旨在資助資本與設備之購置或興建工廠,對象僅限於民營工業。貸款人對所貸款金額平均需付10.3%年息,較當時向私人借貸利息要低2倍以上。當時,民營企業擴展規模的主要障礙就在資金缺乏,此項貸款無疑是向民營中小企業雪中送炭、向中小企業輸血,使中小型工業得以迅速成長起來。從1954年～1958年共舉辦美元貸款6次,貸出美金總額為734.2萬元;臺幣貸款5次,貸出美援臺幣金額9,711萬元。享受美援小

型民營工業貸款的中小型企業有食品、飲料、手工藝、皮革等20多個行業，約400家工廠。1952年～1958年，美援在民營企業的資金來源中，平均約占28.7%。美援占臺灣資本形成毛額的比重，從1952年～1961年平均約占40%（詳見表2）。

表2　1950年代美國經援占臺灣資本形成額的比重

年份	台灣資本形成額（百萬新台幣）(1)	美國經援（百萬新台幣）(2)	比重 (2)／(1)
1952	2 642	1 057	40.0
1953	3 224	1 190	36.7
1954	4 041	2 111	52.2
1955	3 998	1 298	32.5
1956	5 524	2 366	42.8
1957	6 355	2 111	33.2
1958	7 898	3 487	44.2
1959	9 786	4 473	45.8
1960	12 587	4 698	37.3
1961	13 887	4 952	35.7

資料來源：《重修臺灣通志‧卷四‧經濟志‧經濟成長篇》，第398頁。

美援對1950年代臺灣經濟基礎設施的改良與建設也有很大的作用。據有關資料統計，從1950年臺灣接受美援開始至1959年止，臺灣運用在電力發展方面的援款達9,600萬美元、新臺幣14億元。用這些援款修建了一批水力火力發電廠，改良了一些配電工程系統；用於交通運輸建設的美援資金4,900萬美元、新臺幣9.8億元，進行了鐵路設備及線路維修、公路橋樑修建，有效地改善了能源緊張和交通擁擠狀況，為企業經營創造了較好的投資環境。

1950年代初，由於土地改革的成功、物價水平的相對穩定和美援的輸血，臺灣工業生產呈現穩定快速成長的趨勢。從1952年～1961年，工業生產指數大約成長了173%，尤其是製造業和公共事業的成長幅度更大。製造業大約成長了200%，公共事業生產則成長了246%。

（三）四年經建計劃與工業保護政策

臺灣鑑於經濟恢復在1952年已基本結束，工農業生產主要經濟指標已達到或超過戰前最高水平。因此，從1953年開始，實行以4年為期的經濟建設計劃。

1950年代共實施兩期，1953年～1956年為第一期，1957年～1960年為第二期。第一期4年經濟建設計劃，原名是《臺灣經濟四年自給自足方案》，後改名為《臺灣經濟建設四年計劃》。這個計劃實際上是為申請美援的計劃，希望能借美援之助加快工農業建設，在4年內能達到經濟上自給自足的目標。在這個計劃裡，臺灣提出「以農業培養工業，以工業發展農業」的方針，重點發展肥料、電力、食品、紡織等內需消費品工業，以替代進口消費品。計劃實施結果甚有成效，其中電力建設雖遇到1953、1954年旱災，但仍從14億度增加到24.74億度，裝置容量自32.9萬千瓦增加至52萬千瓦；煤產量從170萬噸增加至253萬噸；新興工業，如平板玻璃等亦紛紛崛起。

第二期四年經建計劃的總目標是繼續開發能源、增加農業生產、加速發展工礦事業、拓展出口貿易，以提高國民所得、增加人民就業、平衡國際收支。計劃目標在農業方面，除了訂定每年增產稻米1億斤外，重點發展高價值的經濟作物，並協助非農業部門的發展；工業方面，臺灣提出6項發展原則：1.兼顧輕工業與大規模工業，不使二者偏廢；2.儘量開發和利用臺灣資源；3.鼓勵輸出和發展出口工業；4.提高生產力，以改進品質、降低成本；5.謀求農工業之間及各個工業之間的密切配合，保持整個經濟平衡發展；6.促進區域間的合作。第二期四年經濟計劃期間，雖遇到「八七」特大水災影響，電力設施損失2,110萬元，民間工業損失1,430萬元，臺糖公司損失8,928.7萬餘元，但工業產品除肥料未能達到計劃目標外，其餘均超過目標。

兩期四年經濟建設計劃的實施，使臺灣工業生產迅速發展。工業生產淨值如以1953年新臺幣29.80億元為基期，則至1961年工業生產淨額達113.50億元，為1953年的1.22倍，平均每年成長10.5%。如將公營、民營經濟進行對比，則經過「進口替代」時期的發展，公民營經濟不論在生產總值、企業數和僱傭員工、產業結構上均發生巨大變化，民營經濟在整個臺灣經濟中已初步確立了主體地位。從1953年～1963年，民營企業工業生產成長5倍，年增率為14.76%；公營企業工業生產成長2.47倍，年增率為8.03%。在製造業部門中，生產淨值由1952年的新臺幣15.79億元增至1963年的66.79億元，成長3.23倍。其中民營製造業成長近6倍，年增率達19.6%；公營製造業成長2.26倍，年增率為8.7%。公民營企業產

值的比重，由1952年的56.6：43.4轉變為1963年的44.8：55.2。其中礦業民營占80.9%，公營占19.1%；製造業民營占59.4%，公營占40.6%。

1950年代臺灣實施的工業保護政策，也給臺灣企業的發展提供了有利的環境。這個時期的工業保護政策主要有：

第一，設廠限制。主要包括暫停接受設廠申請、工廠設廠輔導標準與工業自制率規定等。最早開始於1953年。當時，臺灣橡膠、肥皂、火柴、燈泡及麵粉等產業擴充過速、市場已飽和，所以公告限制設廠。但後來由於各方反對呼聲甚大，因此，至1958年乃取消限制設廠規定。此外，對個別工業也制定了若干臨時性的管制辦法，直接間接地對工業產生了保護作用。例如，1958年臺灣「行政院」制定的《公務汽車管制辦法》規定，「凡國內（指臺灣，下同）工廠可生產者，應儘量採購國內產品」；1961年公布《發展國產汽車辦法》規定，「各機關購置新車應採用國產產品」等等。這些辦法均針對當時臺灣唯一汽車製造廠——裕隆汽車公司，給予直接的保護。

第二，關稅保護。1950年代，臺灣為發展進口替代工業，限制進口、節省外匯、保護臺灣市場，對進口工業品採取高關稅政策。1955年平均名目關稅率達47%，1959年平均名目關稅率仍達38.8%，除進口關稅外，尚有附加防衛捐與港工捐。港工捐，自國民黨遷臺時即已開徵，稅率為依完稅價格徵收2%，1958年底改為3%。防衛捐，自1953年9月開徵，稅率為按進口結匯加徵20%，1955年改為按基本匯率加徵20%。

第三，進口管制。1953年臺灣管制和禁止進口的工業品共有213項，占當時工業品進口項目507項的42.0%；1960年管制和禁止進口的工業品項目增加到414項，占當時工業品進口項目942項的43.9%。1960年9月，臺灣外貿協會制定《貨品管制進口準則》，規定臺灣製造業可申請停止外國貨品的進口，但必須具備下列條件：1.產品品質經檢驗合於國家標準或國際標準者；2.產品廠價不高於同類貨品進口成本的25%者；3.產品進口原料等所需外匯，不超過其生產成本的70%者。此種管制進口，對當時臺灣產業，尤其是農產加工業、紡織業、農藥及化肥工業，產生了相當有效的保護作用。

第四，優先核配外匯及複式匯率。1950年臺灣成立「產業金融小組」，負責審定輸入結匯的優先順序。當時所定的第一優先為生產所需的原料、肥料及器材，第二優先為重要生活必需品，第三優先為次要的必需品。另外，1953年8月施行《民營工業原料核配辦法》，由當時臺灣生產事業管委會金融小組專案核配外匯，供民營工業進口原料之需。1950年代初，臺灣複式匯率不僅有二元複式匯率，還有多元複式匯率。外匯價格除「官價」、「結匯證價」外，尚有商業銀行的結匯證價格、美元外匯折算價等。此種複式匯率無形中給相關工業以一種隱蔽性的補貼，對企業發展有極大的刺激。

二、發展概況

在上述有利的社會經濟環境背景下，進口替代時期的臺灣企業如魚得水，獲得良好發展的機遇，不僅公營企業規模迅速壯大，而且民營企業如雨後春筍般地成長。1949年臺灣曾訂定並施行臺灣工業登記實施辦法，1957年又重新研討修訂並制定《臺灣小型工業登記辦法》同時實施，將資本額在10萬元新臺幣以下、使用動力與馬力10匹以下，或平時僱傭工人30人以下者稱為「小型企業」，並交由縣市政府逕行核准開設和發證。根據工廠登記資料，1951年以後，臺灣大型、小型工廠成長如表3所列。

表3　進口替代時期臺灣工廠成長概況

單位：家

年底	大型工廠	小型工廠	合計
1951	2137	3485	5622
1952	3215	6751	9966
1953	4691	7484	12175
1954	5126	9266	14392
1955	6088	10066	16154
1956	6517	11335	17852
1957	6963	11811	18774
1958	1972	10318	12290
1959	3005	13978	16983
1960	3523	15267	18790
1961.6	3712	15877	19589

註：1958年以後，因重新蒐證關係，統計數字大減，事實上不斷增設。資料來源：《臺灣文獻輯覽（三）》，第18頁。

這時期工廠分布以中部較為普遍，唯大工廠多建於臺北市郊、高雄市和新竹縣。前者因距臺北近，後兩者則因資源充足，屬於新興工業城市。中部大多由於農產豐富，農產加工廠為多。1952年～1961年登記工廠行業分布如表4。

表4　1952年～1961年登記工廠行業分布概況

單位：家

年底	總計	食品工業	紡織工業	化學工業	製材及木製品工業	陶業	金屬工業	機械器具工業	印刷及裝訂工業	其他
1952	9966	4232	942	866	485	1103	198	794	174	1172
1953	12175	5405	1228	1031	552	1224	184	1026	215	1310
1954	14392	6633	1323	1305	671	1376	236	1278	278	1290
1955	16154	7358	1514	1530	773	1473	314	1510	319	1363
1956	17852	8101	1556	1757	844	1615	392	1729	405	1453
1957	18774	8448	1599	1888	911	1701	427	1856	438	1506
1958	12289①	5859	772	1402	520	1022	698	1280	307	429
1959	16983	7836	1072	1861	991	1455	886	1798	499	585
1960	18788	8467	1185	2093	1128	1632	912	2082	562	727
1961	20646	9277	1249	2454	1253	1772	1001	2269	603	768

註：重新登記數字，故數字大減。資料來源：《Tmwan Statistical DataBook》（1986年），第102頁。

從表4可知，1952年～1961年，臺灣工廠登記由9,966家增加到20,646家，成長1.07倍，平均每年約成長8.4%。其中金屬工業工廠成長最快，為4.06倍，其次是印刷及裝訂業工廠，成長2.47倍；機械器具業工廠成長1.86倍；化學業工廠成長1.83倍；製材及木製品業工廠成長1.58倍；食品業工廠成長1.19倍。成長最

慢是紡織業工廠，僅成長33%。登記工廠的規模按資本額劃分，以1～5萬元者最多，占全部登記工廠半數以上。1960年規模結構如下：

資本額	家數	所佔比重%
1 萬元以下	2303	11.76
1 萬－5 萬元	13604	69.84
5 萬－10 萬元	1071	5.47
10 萬－50 萬元	1775	9.06
50 萬－100 萬元	564	2.88
100 萬－500 萬元	222	1.13
500 萬－1000 萬元	23	0.12
1000 萬－5000 萬元	15	0.08
5000 萬－1 億元	2	0.01

資料來源：《臺灣文獻輯覽（三）》，第23頁。

1960年全省登記工廠總資本額為新臺幣42.17億元（糖、菸酒公賣未列），其中獨資16,067家，占80.02%；合夥2,412家，占12.31%；公司組織1,100家，占5.67%；公營事業120家，占全省0.61%；民營占99.39%。

如按工廠使用動力分析，則其結構如下：

使用馬力（匹）	家數	所佔比重%
1－5	7900	40.35
5－10	8317	42.48
10－50	2163	11.05
50－100	801	4.09
100－500	323	1.65
500－1000	64	0.33
1000－5000	11	0.06

至於工廠使用員工人數6～10人的工廠最多，約占全部登記工廠總數的48.54%。其具體結構如下：

使用員工人數（人）	家數	所佔比重%
1－5	3722	19.01
5－10	9504	48.54
11－50	5104	26.07
51－100	950	4.85
101－500	241	1.23
501－1000	49	0.25
1001－5000	10	0.05

資料來源：同上，第27頁。

從公司登記情況來看，至1961年底止，公司登記總家數5,064家，為光復時的22倍多，資本總額達新臺幣119.03億元。在五種公司中，以「股份有限公司」所占家數最多，計3,613家，資本額111.73億元；「有限公司」僅次於股份有限公司，計1,385家。就地區分布來說，以臺北市所占家數最多，計有3,088家，約占全數60%，資本額為95.36億元，約占資本總額80%；其次為臺北縣，計有346家，資本額為3.55億元；再次為高雄市，計有272家，資本額為6.21億元。就業別而論，以製造業1,971家為最多，資本總額74.26億元；其次為商業，計1,710家，資本額8.51億元。詳見表5。

表5　1961年底公司登記（按業別分）概況

業　　別	登記公司數（家）	登記資本額（億元新台幣）
農業漁牧業	251	4.52
礦物及土石採集業	126	5.13
製造業	1971	74.26
建築業	215	0.82
電器煤氣自來水及衛生服務業	2	20.05
商業	1710	8.52
運輸倉儲及通訊業	431	3.24
服務業	268	1.03
其他經濟活動業	90	1.48
合計	5064	119.03

1952年～1961年公司登記家數、類型及資本額發展狀況如表6。由表中可知，這10年無限公司、兩合公司呈停滯或萎縮狀態，而有限公司、特別是股份有限公司卻發展迅速，表示企業組織形態日益向現代企業組織形態轉變。

臺灣除了工廠登記、公司登記外，還有商業登記，用以登記商業行號。所謂「商業行號」係指工廠、公司形態以外的企業組織，其種類複雜。按國際標準分類，可分為買賣業、賃貸業、製造及加工業、印刷業、出版業、技術業、兌換金錢及資金業、擔承信託業、勞作或勞務之承攬業、設廠所以集客業、倉庫業、典當業、運送及攬運業、行紀業、居間業、代辦業等等。其中買賣業即商品買賣，

包括項目廣泛，其經營方式分為批發業、零售業、批發兼零售業、零售兼批發業、商品仲介業5種。1946年4月1日～1947年12月底止，臺灣全省共有商業行號60,758家，1950年增至74,799家，至1960年止，全省共有商號184,130家，較1950年增加一倍多。依地區分：臺北市23,054家最多；次為彰化縣，計有16,467家；臺北縣12,036家；嘉義縣10,986家；臺南縣、高雄市、雲林縣均各為9,000多家；最少者為澎湖縣、陽明山，各僅1,000家左右。依行業分，最多者為買賣業，計有99,010家；其次為製造及加工業，48,743家；設廠以集客業19,489家；勞作或勞務承攬業6,084家；技術業4,934家；運送及承攬運送業1,118家；其餘各業均在千家以下，最少者為承擔信託業僅4家。

單位：家／億元新臺幣

表6　公司登記家數、類型、資本額歷年統計表（一）

年底	總計			無限公司			兩合公司		
	公司數	分公司數	資本額	公司數	分公司數	資本額	公司數	分公司數	資本額
1952	1224	278	14.75	39		0.03	37		0.02
1953	1321	292	26.98	36		0.05	37		0.03
1954	1620	344	30.53	37		0.12	37		0.04
1955	1912	367	62.80	41	1	0.13	35		0.05
1956	2249	395	63.53	44	1	0.13	28		0.04
1957	2655	408	72.89	48	1	0.14	31		0.04
1958	3095	443	78.02	41	1	0.19	28		0.05
1959	3646	452	89.88	41	1	0.19	28		0.05
1960	4540	460	110.26	40	1	0.19	26		0.05
1961	5064	472	119.03	40	1	0.19	26		0.05

表6　公司登記家數、類型、資本額歷年統計表（二）

單位：家／億元新臺幣

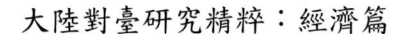

年底	有限公司			股份有限公司			外國公司	
	公司數	分公司數	資本額	公司數	分公司數	資本額	分公司數	資本額
1952	236	2	1.07	912	240	13.62	36	
1953	265	2	1.29	983	250	25.61	40	
1954	359	2	2.09	1187	298	28.28	44	
1955	430	3	2.50	1406	310	60.12	53	
1956	488	3	4.42	1689	328	58.94	63	
1957	587	6	4.71	1989	333	68.00	68	
1958	772	9	5.45	2254	361	72.33	72	
1959	967	10	6.10	2610	366	83.54	75	
1960	1234	11	6.69	3240	372	103.33	76	
1961	1385	11	7.06	3613	383	111.74	70	

綜上所述，進口替代時期，臺灣企業不論是公營或民營企業，在有利的社會經濟環境下，均獲得很快的成長，並奠定了企業出口擴展、進入國際市場的基礎。

臺灣高科技產業與兩岸產業合作趨勢

李非

21世紀初期，臺灣高科技產業的發展在經歷了1990年代的繁榮期後，開始進入全面調整時期。一方面，受全球網路泡沫經濟破滅的影響，國際市場需求大幅萎縮，臺灣高科技產業面臨嚴重衰退；另一方面，在海峽兩岸相繼加入WTO世界貿易組織等利多消息的帶動下，臺灣廠商紛紛到中國大陸投資設廠，開闢新的發展空間，促進第三波臺商投資中國大陸熱潮持續升溫。在新的情勢下，臺灣高科技產業對中國大陸投資表現出新的發展趨勢。

一、臺灣高科技產業的發展

臺灣高科技產業主要以電子資訊技術產業為龍頭，從1980年代開始出現，進入1990年代後得到迅速發展。尤其是電子資訊產業「一枝獨秀」，連續10多年出現超高成長，1986年～2000年，平均成長率高達26%，與其他傳統產業，如紡織、石化等持續低迷形成鮮明的反差。2000年臺灣電子資訊產業的發展達到頂峰時，產值一度達473億美元（包括海外），其中臺灣電子資訊硬體產值為232億美元；2001年總產值回落至427億美元，下降10%，其中臺灣產值為200億美元，僅占47.1%。透過國際分工與產業區域合作，臺商已有一半以上（52.9%）的資訊產品由海外工廠生產，其中更有36.9%是由臺資的中國大陸工廠生產。據臺灣「經濟部技術處」公布的「2001年全球前三大的臺灣產品」中，臺灣高科技產品共有40項擠進世界前三名，其中18項產品產值居全球之冠，包括芯片代工、筆記型電腦等；14項產品排名世界第二；8項產品排名世界第三。首度擠入全球前三大排名的產品，包括LCD監視器、無線區域網絡（WLAN）、ADSL數據機、動態隨機存取記憶體（DRAM）和電動自行車等5項；PC-Camera則從第二名進到第一名。以半導體、個人電腦等為主導的、具有世界競爭力的資訊技術相關產業的不斷擴張，有力地帶動了臺灣經濟的發展，並使其在1990年代後期，一度成為繼美國、日本之後的世界第三大資訊技術產品生產地。臺灣總體經濟與對外貿易因受惠於電子資訊產品外銷的暢旺，在1990年代一直保持中速成長趨勢。

作為電子資訊產業的主要聚集地——新竹科學園區，也是臺灣經濟發展的亮點。無論是引進高科技廠商的數量，還是吸引投資的數額，或是區域內企業的營業額，均呈超速成長趨勢。至2001年底，進入園區的廠商共計312家，其中臺灣公司258家，外國公司54家，從業員工近10萬人，總營業額達6,625億元新臺幣（下同，註明美元除外），約近200億美元。累計實收資本8,590億元，其中臺資占93%，外資占7%。園區廠商主要從事電子資訊、通訊光電、精密機械、生物科技等相關領域的生產與製造。其中較著名的國際級企業有宏碁、台積電、聯電、華碩、威盛等。科學園區是繼加工出口區之後1990年代臺灣經濟發展的亮點。

臺灣資訊技術產業之所以快速發展，主要是由於1990年代，世界資息技術

產業的不斷擴張而帶來的國際市場需求高漲。2000年國際市場需求旺盛時，對臺灣電子資訊產品的採購額高達376億美元，占臺灣企業總產出的78%。其中美國市場對臺灣的採購就達296億美元，占全部國際採購的78%。臺灣出口成長主要集中於電子資訊及相關產品，新增加的外銷訂單中有一半以上屬於資訊技術產品。全球1／3的桌上型電腦和一半以上的筆記型電腦產自臺灣。除了加工、組裝出口外，臺灣電子廠商也從美、日等先進國家進口電子資訊的原材料、關鍵零組件與技術。2000年臺灣已成為僅次於美國的第二大半導體設備進口市場，採購金額達94億美元，占世界總銷售額的近2成，占臺灣電子資訊產品進口總額（276億美元）的34%。

其次，臺灣資訊技術產業在代工方面具有較大的成本競爭優勢，且主要集中於訂貨方品牌銷售的產品生產（OEM），以及訂貨方品牌銷售的產品設計和生產（ODM），而不以自有品牌產品生產（OBM）為主。2001年，臺灣電子資訊產業OEM和ODM的產值比重達2／3左右。與OBM相比，OEM和ODM生產主要在降低生產成本上下功夫，無需投入大量資金用於研發與市場行銷。由於在電子資訊產業鏈上的所有環節，臺灣都有許多高度靈活性的中小型供應商，全球資訊技術行業的「康采恩」幾乎都選擇臺灣作為公司本土之外的生產地。康柏桌上型電腦的25%、IBM電腦的40%、戴爾電腦的60%都是在臺灣生產的。臺灣電腦生產能力的3／4用於為日本和美國的名牌廠家生產電腦。2001年臺灣筆記型電腦的總出貨量達1,400多萬臺，全球市場占有率達55%。

其三，臺灣資訊技術產業具有一定的整合能力，尤其在芯片代工領域，臺灣廠商已從原先附加價值低的主流製程生產，發展成為全球半導體產業製程驅動提升的關鍵性角色。臺灣是全球電子資訊產品的生產重鎮，而半導體積體電路（IC）是電子產品的關鍵零組件，其產業關聯效果大、附加價值高，屬資本與技術密集型產業。經過10年發展，半導體產業已成為臺灣電子資訊產業的生產主力。臺灣具備較強的國際競爭力和完整的產業分工體系，初步形成以科學園區為核心的產業供應鏈，並發揮電子資訊產業的群聚效應。尤其1990年代後期，在美國資訊技術熱潮的推動下，臺灣半導體廠家迅速擴充生產設備。2000年鼎盛時，臺灣最大的2家IC公司——「集成電路」和「聯華電子」投資總額達58.6億

美元,生產能力提高了1倍,產量占全球的10%,前者的銷售額達1,663億元,後者則為1,051億元,合計2,714億元(約85億美元);整個半導體業產值達8,074億元(約250億美元),產量占全球的30%。2001年臺灣IC設計業產值1,192億元,仍維持5.9%的成長率,全球市場占有率達25.9%。目前臺灣的IC設計公司共有180家(25家已上市上櫃),數量僅次於美國,是全球第二大IC設計地區。產品主要集中在PC芯片組、消費性IC及網路芯片組等。

表1　世界前十大國家和地區電子資訊硬體產值統計

2000年排名	國家或地區	1999年產值（億美元）	2000年產值（億美元）	增長率（%）
1	美國	951.62	1034.41	8.7
2	日本	440.51	454.68	3.2
3	中國	184.55	255.35	38.4
4	台灣	210.23	232.09	10.4
5	德國	132.85	138.77	4.5
6	英國	118.42	124.88	5.5
7	韓國	88.62	99.25	12
8	新加坡	88.06	82.18	-6.7
9	墨西哥	75.83	81.46	7.4
10	馬來西亞	75.36	80.84	7.3
前十大合計		2366.05	2583.91	9.2

資料來源:根據臺灣《兩岸經貿》2000年12期,第30頁整理編算。

在電子資訊產業快速發展的帶動下,臺灣製造業逐漸趨向生產勞動密集度較低、資本密集度較高和技術密集度高的產品,產業結構向中、高層次調整。反映在出口商品結構上,臺灣高勞力密集度產品占總出口的比重逐年下降,1989年為43.45%,2001年跌至33.49%,下降近10%;而中、低勞力密集度產品則從37.75%、18.8%分別略升至42.93%和23.58%,各約上升5%,這說明臺灣製造業產品的勞動成本含量已有相當程度的下降,中、低密集度的產品已占2／3。同期臺灣低資本密集度產品的出口比重大幅下降,從22.68%跌至8.43%,下降14.25%;中、高資本密集度產品則從50.73%、26.59%分別提高到60.53%、31.04%,各約上升9.8%和4.45%,這說明製造業產品的資本含量已有一定程度的提高,達到中、高水平。從技術人力密集度看,高技術密集度產品占總出口的比重從24.25%增至46.20%,大幅提高了22%;中技術密集度產品的出口比重大致維持在40%左右,僅略增近1%;低技術密集度產品的出口比重從37.65%跌至

125

14.99%，大幅下滑22.65%，這說明製造業產品的技術含量已有明顯提高，高科技產業得到確立。

從臺灣高科技產業的發展水平看，出口商品結構接近先進國家和地區。2001年臺灣重化工業產品出口占總出口的比重達69.17%，非重化工業產品的出口比重則為30.83%，出口結構與美國、歐盟等大致相當，比日本落後16.69%。臺灣高科技產品出口占總出口的比重達54.01%，略高於歐盟，比美國、日本等先進國家落後5%～15%；非高科技產品的出口比重則為45.99%，略低於歐盟，高於美國、日本等先進國家。可見，臺灣高科技產品的出口結構已向先進國家和地區靠近，但高技術人力密集度的出口比重與先進國家和地區的水平相比，還有較大差距，大致落後15%～20%；中、低技術人力密集度的出口比重還超過50%，而先進國家則在40%以下。

表2　臺灣出口商品結構按要素密集度分

單位：%

年度	勞力密集度 高	勞力密集度 中	勞力密集度 低	資本密集度 高	資本密集度 中	資本密集度 低	技術人力密集度 高	技術人力密集度 中	技術人力密集度 低
1989	43.45	37.75	18.80	26.59	50.73	22.68	24.25	38.10	37.65
1990	41.02	38.30	20.68	28.95	50.54	20.51	26.73	38.57	34.70
1991	40.10	38.73	21.17	29.82	50.98	19.20	27.23	38.52	34.25
1992	39.57	40.01	20.42	29.12	52.74	18.14	29.36	38.81	31.83
1993	38.95	41.14	19.91	28.99	54.70	16.31	31.33	40.34	28.33
1994	38.68	39.75	21.56	31.13	54.91	13.96	32.49	41.87	25.64
1995	37.43	39.77	22.79	31.86	56.73	11.41	35.88	42.04	22.08
1996	36.37	41.78	21.84	31.20	58.39	10.42	37.99	40.88	21.13
1997	35.02	43.00	21.98	30.38	60.52	9.10	39.61	41.13	19.27
1998	34.55	44.20	21.25	29.50	62.09	8.41	40.91	40.56	18.53
1999	35.61	43.54	20.85	28.53	63.61	7.86	41.89	41.09	17.02
2000	37.75	41.05	21.20	28.22	64.24	7.53	42.33	43.27	14.40
2001	33.49	42.93	23.58	31.04	60.53	8.43	46.20	38.81	14.99
增減	-9.96	5.18	4.78	4.45	9.80	-14.25	21.95	0.71	-22.65

資料來源：張隆宏《全球化趨勢下臺灣製造業結構之調整與升級努力》，《臺灣經濟研究月刊》，2002年第6期，第36頁。

表3　臺灣出口商品結構的國際比較

單位：%

國家或地區	重化工業	非重化工業	高科技產品	非高科技產品	高技術人力密集度	中、低技術人力密集度
台灣	69.17	30.83	54.01	45.99	46.20	53.80
美國	67.95	32.05	59.00	41.00	61.84	39.16
日本	85.86	14.14	69.29	30.71	63.61	36.39
歐盟	61.79	38.21	50.58	49.42	60.64	39.36

註：臺灣、日本為2001年資料，美國、歐盟為2000年資料。資料來源：同表2，第37頁。

二、臺灣高科技產業的調整

臺灣高科技產業主要集中在電子電器業。近10年來，製造業在吸引僑外投資和對外投資中，電子電器業所占比重都相當高。1991年～2001年，臺灣製造業核准的僑外投資從10.5億美元增至17.7億美元，累計達155.35億美元，其中電子電器產品所占比重從54.37%增至59.62%，增加了5.25%，11年平均比重為51.62%，1999年最高峰時一度達66.99%，這說明該產業一直是外商投資臺灣製造業的重點。製造業核准的對外投資同期，從8.9億美元增至17.7億美元，累計達96.49億美元，其中電子電器產品所占比重從23.63%增至81.99%，大幅提高了58.36%，11年平均比重為47.48%，說明該產業的產品生命週期短，相當部分接近成熟的產品在臺灣已無競爭力，向外轉移的趨勢不斷加快。製造業核准的對中國大陸投資，從1.7億美元增至25.1億美元，累計達181.62億美元，其中電子電器所占比重從18.24%增至49.91%，上升了31.67%，11年平均比重為30.27%，說明該產業也逐漸成為臺商投資中國大陸的重點。可見，電子電器業作為臺灣製造業的支柱產業，無論是資本輸入，還是資本輸出，都扮演主導性角色。

表4　臺灣製造業核准僑外、對外、對中國大陸投資情況

年度	僑外投資 金額(億美元)	僑外投資 電子電器所佔比重(%)	對外投資 金額(億美元)	對外投資 電子電器所佔比重(%)	對中國投資 金額(億美元)	對中國投資 電子電器所佔比重(%)
1991	10.49	54.37	8.86	23.63	1.73	18.24
1992	8.17	39.58	3.78	34.67	2.46	14.03
1993	6.73	33.68	8.81	11.83	29.52	15.08
1994	9.19	32.23	5.57	51.97	8.85	17.74
1995	19.76	62.81	5.77	33.79	9.90	21.69
1996	8.91	49.76	6.50	38.71	11.15	24.82
1997	22.93	41.23	9.66	54.42	39.06	22.40
1998	18.65	64.64	10.37	49.68	18.31	41.46
1999	15.44	66.99	9.77	75.55	11.66	46.12
2000	17.38	62.89	9.70	66.04	23.84	61.44
2001	17.70	59.62	17.70	81.99	25.14	49.91
累計/平均	155.35	51.62	96.49	47.48	181.62	30.27

資料來源：《臺灣僑外投資、對外投資、對中國大陸間接投資統計月報》，臺灣「經濟部投審會」2002年6月。

正是由於臺灣的高科技產業相對集中於電子資訊技術領域，臺灣的製造業形成了極易受最大消費地——美國經濟景氣左右的畸形結構。21世紀伊始，在美國經濟減速的影響下，臺灣高科技產業開始進入調整期。美國資訊技術產業的蕭條，使國際市場對半導體的需求量減少，進而使臺灣半導體企業全面調整設備投資和生產計劃，而且開始拖臺灣經濟的後腿。2001年臺灣電力及電子機械器材產值為26,799億元，較前一年下跌14.08%，其中半導體業產值5,589億元，衰退30.78%；光電材料及組件業產值與前一年基本持平，為139億元，僅衰退0.67%；只有被動電子組件業一枝獨秀，產值達1,577億元，反而成長22.59%。就貿易額而言，電子產品出口金額為236.1億美元，進口213億美元，分別衰退25.5%和22.9%。臺灣半導體廠家的經營業績也迅速惡化，排名第一的臺灣集成電路製造公司和排名第二的聯華電子公司的銷售額大幅下降，跌幅達3成之多。臺灣一些高科技產品在世界的排名跌出前三名。據臺灣「經濟部技術處」ITIS計劃統計，2001年原來名位世界前列的產品，如發光二極體、印刷電路板、掃描儀、監視器和PVC等，均退出全球前三名的位置。

由於臺灣經濟的龍頭——電子資訊產業的迅速衰退，2001年臺灣整體經濟發展出現「三低二高」現象。一方面，經濟成長率持續走低，為負1.91%，是臺灣自1952年開始統計經濟成長率以來的首次負成長，也是近50年來最低的一

次；貿易業績大幅下滑，進出口分別衰退23.4%和17.1%，雙雙創下歷年最大減幅；股市連遭重挫，從近萬點跌破4千點，民眾及企業財富大幅「縮水」，嚴重影響臺灣高科技企業的集資能力。另一方面，臺灣失業率不斷攀升，民眾痛苦指數居高不下。由此可見，受高科技產業大幅衰退的影響，臺灣經濟確實「病得不輕」。

臺灣高科技產業發展出現的問題，從非經濟層面看，主要是臺灣政黨紛爭、政局不穩以及兩岸關係持續緊張造成的。民進黨上臺以來，著力於政治爭鬥，面對經濟問題，行政決策和辦事效率低下，只做諸如召開「經發會」之類的表面文章，拿不出來實質性的解決方案和措施。臺灣民眾當前最希望的是求和平、謀發展，儘快改善經濟現狀。而臺灣當局卻置民意於不顧，強於推行得不到大多數民眾認同的政治理念，進行「臺獨」施政，從而導致臺灣社會秩序持續動盪、政局不穩，民眾對臺灣當局和經濟發展前景缺乏信心。在兩岸關係上，臺灣當局遲遲不開放直接「三通」，並採取種種政策限制兩岸經濟關係的發展。尤其是陳水扁上臺執政以來，不但一直拒絕接受「一個中國」原則，否認兩會有「九二共識」，致使兩會協商與談判不能恢復，而且變本加厲地拋出「一邊一國」論，從而使兩岸關係持續緊張的根源無法消除，不能為臺灣高科技產業發展提供良好的社會經濟環境，臺灣海外投資者也望而卻步。

從經濟層面看，除了世界經濟不景氣影響臺灣經濟的復甦外，臺灣投資不斷減少，也是造成經濟景氣趨緩的重要原因。2001年臺灣重大投資案縮水近一半，大型投資項目相繼停擺，經濟綜合指標先行指數連續下挫。由於臺灣經濟發展後勁明顯不足，臺灣多家經濟研究機構，如「臺灣經濟研究院」、「中華經濟研究院」等，不得不連續下調經濟成長預計指標，這在很大程度上影響臺灣投資者的信心。另一方面，臺灣外來投資也不斷減少。據臺灣「經濟部投審會」的數據顯示，在全球經濟不景氣、臺灣投資環境每況愈下的情勢下，2001年核准海外來臺投資金額51.29億美元，較前一年大幅減少32.59%。

相較於臺灣投資不斷冷卻，對外投資，尤其是對中國大陸投資卻日趨熱絡。由於臺灣政經情勢不斷惡化，臺灣市場持續不景氣，國際競爭力日益減弱，臺灣

企業經營壓力明顯增大，紛紛外移。在傳統產業的帶動下，臺灣高科技產業也掀起了新一輪的出走風，不斷到中國大陸、東南亞和中美洲等地投資設廠，並成為帶動出口貿易以致經濟成長的主要因素。臺灣「經濟部投審會」公布的數據顯示，2001年，臺灣核准對外投資（中國大陸以外）項目1,388件，金額44億美元，累計（1952年～2001年）8,205項，金額313億美元，占總額的61%。其中對英屬中美洲投資109億美元，對美國投資65億美元，對東南亞投資63億，對香港投資12億美元，對其他國家和地區投資64億美元。上述投資約有相當一部分間接轉往中國大陸。當年臺灣核准對中國大陸投資項目1,186件，金額28億美元，累計（1991年～2001年）24,160項，金額199億美元，占總額的39%，若含透過英屬中美洲等地中轉的投資，則在50%以上。近年臺灣對英屬中美洲地區，包括維爾京群島、百慕達等的投資成長尤其迅速，其中絕大部分都轉往中國大陸，特別是一些高科技產業等臺灣當局禁止或限制前往中國大陸投資的項目，大都將資金匯至第三地，然後轉往中國大陸投資。2002年1月～9月，臺商對中國大陸間接投資繼續大幅成長，投資金額達26.82億美元，較前一年同期成長26.38%；對外投資（中國大陸以外）為23.21億美元，呈大幅下降趨勢。值得注意的是，臺灣對中國大陸間接投資首次超過對外投資，占整體海外投資金額（50億美元）的比重已達53.19%，顯示兩岸經貿依存關係日益密切。

臺灣有限的經濟資源和空間，要求其將視野擴大到海峽西岸，透過融合並吸納中國大陸的人力、物力、技術等資源，拓展臺灣經濟的發展空間，為產業升級與經濟轉型開闢一條新的出路。據統計，2002年前3季，臺灣最賺錢的前20家電子上市公司，有7成是靠設在中國大陸的企業營利，包括鴻海、廣達、華碩、明電、仁寶、達電等13家。其中鴻海、達電、光寶科等，已有約8成以上的生產基地設在中國大陸，臺灣母公司幾乎全靠中國大陸工廠賺錢。尤其是臺達電子高達87%的獲利來自中國大陸，比例居冠。達電、光寶科、鴻海、精英等電子企業，在臺灣只留下「花錢」的機構，如研發設計、營運總部、管理培訓以及後勤支援等，賺錢的生產部分完全靠設在中國大陸的企業。

表5 臺灣對外投資和對中國大陸投資情況

年 度	對外投資 件數（件）	對外投資 金額（億美元）	對中國投資 件數（件）	對中國投資 金額（億美元）	合計 件數（件）	合計 金額（億美元）
1952～1988	—	—	—	—	—	—
1989	405	5.93	—	—	405	5.93
1990	153	9.31	—	—	153	9.31
1991	315	15.52	—	—	315	15.52
1992	364	16.56	237	1.74	601	18.30
1993	300	8.87	264	2.47	564	11.34
1994	326	16.61	1262（8067）	11.40（20.28）	9655	48.29
1995	324	16.17	934	9.62	1258	25.79
1996	339	13.57	490	10.93	829	24.50
1997	470	21.65	383	12.29	853	33.94
1998	759	28.94	728（7997）	16.15（27.20）	9484	72.29
1999	897	32.96	641（643）	15.19（5.15）	2181	53.30
2000	774	32.69	488	12.53	1262	45.22
2001	1391	50.77	840	26.07	2231	76.84
2002.1～6	1388	43.92	1186	27.84	2574	71.76
	428	15.30	611	15.36	1039	30.66
累計	8633	328.78	24771	214.23	33404	543.01

註：（ ）部分為補辦申請許可案件的件數或金額。資料來源：《臺灣僑外投資、對外投資、對中國大陸間接投資統計月報》，臺灣「經濟部投審會」2002年6月。

三、兩岸高科技產業合作趨勢

海峽兩岸高科技產業合作趨勢，主要表現為以資訊技術產業為代表的臺灣高科技產業。為降低代工生產成本，積極進行對中國大陸投資，不斷轉移生產基地，擴大在臺灣以外的生產，從而掀起繼1980年代後期和1990年代初期，兩次投資熱之後的第三波臺商投資中國大陸高潮。根據中國大陸外經貿部公布的數據顯示，至2002年8月，臺商在中國大陸的投資累計達53,000項，600億美元，實際到資310億美元。21世紀初期，臺灣高技術產業對中國大陸投資趨勢主要表現在以下幾方面：

（一）電子資訊產業加速登陸步伐，繼續成為高科技產業投資的主流

除了電腦及周邊設備與零配件項目投資加快外，臺灣半導體廠商也突破臺灣當局的政策限制，開始紛紛到中國大陸投資設廠，其中最具代表性的是臺灣宏仁

集團董事長王文洋,與中國大陸合作在上海張江科學園區投資16億美元興建8吋芯片廠,台積電也積極部署投資計劃。此外,行動電話、數位相機、資訊家電等產業,開始向中國大陸轉移,軟體、網路以及電子商務等投資也發展迅速。據臺灣一項調查顯示,臺灣高科技廠商已有四成到中國大陸投資,有85%計劃在未來一年內前往中國大陸投資。臺灣「投審會」的統計數據顯示,2002年1月～9月,臺商赴中國大陸投資仍以電子電器製造業為主,金額占投資總額的41.60%,投資地區則主要集中於江蘇一帶,金額占50.71%。從電子資訊廠商外移項目看,技術成熟度高的產品生產基地的外移,主要是以降低生產成本為競爭手段;技術成熟度低,仍靠研發以保持競爭優勢的產品生產基地的外移,主要是出於市場布局的考慮。臺灣的研發基地正加速向中國大陸轉移,神達、明棋、仁寶、大眾、華邦、廣達等,臺灣知名高科技企業紛紛在中國大陸籌設研發中心、IC設計中心及軟體開發基地,利用中國大陸軟體高級人才,開發設計新產品。

表6　臺商在中國大陸投資統計比較

年度	台灣統計數據			中國統計數據			
	件數（項）	核准金額（億美元）	單項規模（萬美元）	件數（項）	協議金額（億美元）	單項規模（萬美元）	到資額（億美元）
1991	237	61.74	73	1335	13.90	104	4.72
1992	264	2.47	94	6430	55.43	86	10.53
1993	9329	31.68	33	10948	99.65	91	31.39
1994	934	9.62	103	6247	53.95	86	33.91
1995	490	10.93	223	4778	57.77	121	31.62
1996	383	12.29	321	3184	51.41	161	34.75
1997	8725	43.34	50	3014	28.14	93	32.89
1998	1284	20.34	158	2970	29.82	100	29.15
1999	488	12.54	257	2499	33.74	135	25.99
2000	840	26.07	310	3108	40.42	130	22.96
2001	118	27.84	235	4214	69.14	164	29.79
累計	24160	198.87	82	50838	547.30	108	291.39

資料來源:臺灣數據源於「經濟部投審會」統計;中國大陸數據源於外經貿部統計。

(二)臺灣高科技大型廠商逐漸主導投資格局

隨著臺商高科技企業投資中國大陸的規模不斷擴大,先行一步投資的臺資中小企業,主要是中下游企業,提升了對臺灣生產原材料及半成品的需求,從而促進供應原材料的臺灣中上游工業生產企業。主要是生產如半導體等關鍵零組件的

大企業，也前來中國大陸投資設廠，提供配套、連鎖的生產與服務。臺灣「經濟部工業局」2000年起，有條件開放臺灣電腦廠商以專案審查方式赴中國大陸投資，臺灣許多大型電腦廠家已在中國大陸生產電腦等相關產品。例如，生產桌上型電腦的神達、宏碁、大同、大眾；生產主機板的鑫明、華碩、技嘉、微星、精英；生產掃描儀的旭麗、虹光、致伸、鴻友、力捷；生產光碟機的興建、英群、廣宇、明碁、建碁；生產監視器的冠捷、源興、美濟、仁寶等大型電子資訊企業，分別在上海、蘇州、東莞、中山、順德、福州等地投資設廠。上述五大類產業的外移比例分別高達42%、56%、88%、74%、58%。值得注意的是，2002年，臺灣有限度地相繼開放筆記型電腦、8英吋芯片廠等高科技項目「登陸」後，臺灣電子大廠，包括廣達、仁寶、明電、華碩、台積電、聯電等大企業將全員聚集上海，並帶動相關配套企業在上海周邊地區形成產業鏈，從而形成大企業主導投資的新格局。

表7　臺灣電子資訊技術廠商在中國大陸設立生產據點情況

產業類別	外移比例（%）	各產業外移前五大廠商
台式電腦	42	神達（順達）、鑫明（深圳）、宏碁（中山）、大同（上海）、大眾（深圳）
主機板	56	鑫明（深圳）、華碩（蘇州）、技嘉（東莞、黃江）、微星（深圳）、精英（深圳）
掃描儀	88	旭麗（東莞）、虹光（清溪、上海、蘇州）、致伸（東莞）、鴻友（東莞）、力捷（蘇州）
光盤機	74	興建（東莞）、英群（東莞）、廣宇（東莞）、明基（蘇州）、建基（東莞）
監視器	58	冠捷（福州、北京）、明基（蘇州）、源興（東莞）、美濟（黃江）、仁寶（昆山）

資料來源：臺灣《經濟日報》2000年8月24日，第30版。

（三）臺灣高科技產品在中國大陸生產的比重進一步加大

臺灣電子資訊硬體廠商在產品低價化的趨勢下加速向中國大陸轉移，從而促進中國大陸電子資訊硬體產值大幅成長，使兩岸電子資訊硬體工業規模消長產生結構性變化。據臺灣「資策會市場情報中心（MIC）」統計，2000年臺灣電子資

訊硬體產值為232億美元，僅成長10%；而中國大陸電子資訊硬體產值達255億美元，大幅成長38%，首度超過臺灣，其中有185.7億美元是由臺灣廠商在中國大陸的企業所生產，其對中國大陸電子資訊硬體產值的貢獻率達72.8%。臺灣在中國大陸所生產的電子資訊硬體產值，大約是臺灣廠商海內外總產值（481億美元）的38.6%，比1995年（14%）和1999年（33.2%），分別提高了24.6%和5.4%。其中滑鼠在中國大陸生產比重最高，達95%；電源供應器（90%）、鍵盤（86%）、掃描儀（85%）也占較高比重；其他如機殼、光碟機、監視器、主機板等產品，在中國大陸生產的比重在40%～70%之間；剛起步的數位相機，在中國大陸生產的比重也高達34%。2000年中國大陸高科技產品出口成長達50%，總金額為370億美元，其中90%屬於加工出口，80%以上的產品由外商（包括臺商）所生產，53%的產品出口美、日、歐等先進國家。臺灣電子資訊企業之所以不斷擴大在中國大陸的投資與生產，主要是由於其經濟效益較為明顯。根據臺灣「經濟部」的調查資料，在中國大陸的臺灣電子資訊企業的收益，要優於全部在中國大陸的臺資企業，也優於全部在海外的臺灣企業。臺灣MIC估計，2001年臺灣主機板業已有53%的產能委託中國大陸生產，未來還將進一步提高。隨著臺灣電子廠商外移速度加快，中國大陸企業為臺灣母公司的貢獻，將由目前的4成拉高到5成以上，超過臺灣本地，成為臺灣電子企業最大的獲利來源。尤其是臺灣筆記型電腦積極在中國大陸布局，生產規模將超越臺灣。2002年筆記型電腦的龍頭廠商——廣達公司，自中國大陸出口金額將突破500億元新臺幣，是2001年的10倍。預計2003年，全球筆記型電腦市場將再成長20%以上，業者紛紛擴充中國大陸產能，提升接單能力。其建廠速度、規模及未來成長空間，十分可觀。

（四）在中國大陸的臺資高科技企業本地化趨勢越來越明顯

根據臺灣「經濟部」的調查，中國大陸臺商生產所需要的半成品、零組件及原材料，有逐漸「就地取材」的趨勢。1999年由臺灣提供的原材料比重，由前一年度的50.3%降至43.2%，首次低於臺商在當地就地取材的比重達44.7%（其中當地臺商與當地非臺商各占一半比重）。這顯示，臺商在中國大陸投資設廠後，為因應市場激烈競爭的需要，越來越多採取原料供應本地化的策略，以降低產品生產成本。雖然臺灣仍是中國大陸臺資企業生產所需原料或零組件的主要供應

地,但是,臺商對臺灣原材料或零組件的供應依賴度逐年下降,尤其是高科技企業由當地提供所需原料的比重已超過對臺灣的依賴。臺灣電子零部件廠商投資內地主要集中在華南及華東兩地,其中深圳、東莞、惠州、廣州、中山等華南一帶約有65%的廠商;上海、崑山、蘇州、吳江、嘉定等華東一帶約有30%的廠商,投資規模都在持續成長中。臺灣芯片業雙雄——「台積電」和「聯電」,相繼選中蘇州為投資中國大陸的灘頭陣地。可見,臺灣高科技企業生產原料本地化的趨勢越來越強,並成為臺商在中國大陸經營與發展投資企業的重要策略之一。

表8　臺商對外投資企業原料進貨來源比重*

原料進貨來源		台商對外投資企業	香港地區台資企業	中國地區台資企業
當地供貨來源	小計	42.2	21.4	44.7
	當地台商提供	19.2	10.7	22.6
	當地非台商提供	23.0	10.7	22.1
原料進口來源	小計	57.8	76.6	55.3
	自台灣進口	43.9	53.7	43.2
	自其他地區進口	13.9	24.9	12.1
合計		100.0	100.0	100.0

資料來源:數據源於臺灣「經濟部」,引自《兩岸經貿》2001年第5期,臺灣「海基會」編印,第30頁。*1999年統計數據。

(五)臺灣高科技產業對中國大陸投資的熱點地區發生變化,從過去以華南沿海地區為「主戰場」轉向華東沿海地區,並將進一步向環渤海灣經濟圈北移

臺商對珠江三角洲和閩東南的投資步伐明顯放緩,投資重心轉向以上海為中心,蘇南、浙北為兩翼的長江三角洲,包括蘇州、無錫、常州、杭州、寧波等地。尤其是近年的電子資訊產業投資主要集中在這些地區,占80%以上。原先在中國大陸東南沿海地區投資的臺灣電子資訊廠商,在新一波的「增資熱」中,紛紛將生產據點北移,不僅是為了擴充產能,更重要的是進行全方位的市場布局,以搶占兩岸加入WTO後的新商機、新市場。21世紀初期,臺商投資熱潮將繼續

向北延伸,逐漸發展到以京、津地區為中心,山東半島和遼東半島為兩翼的環渤海經濟圈。目前,臺商在北京的投資重點主要集中在高科技領域,包括通訊、電子、電腦、軟體、網路等產業,其中涉及電子通訊設備製造、電腦應用服務和專用設備製造等高新技術項目的有400多個,直接投資數億美元。從長遠趨勢看,未來臺灣高科技廠商對中國大陸的投資,將在環中國大陸沿海外凸弧形地帶的基礎上,進一步由東向西、由沿海向內陸輻射,形成「遍地開花」的全方位發展格局。

臺灣二板市場與香港創業板市場比較研究

戴淑庚

　　二板市場(Second Board)亦稱創業板、另類股票市場、新市場、成長型股票市場等,是相較於主板市場(Main Board)即第一板市場而言的。從廣義來說,是指與大型成熟企業的主板市場相對應,面對中小企業的股票市場。從狹義來說,指協助高成長的新興創新企業,尤其是高科技企業籌資的市場,具有較強的針對性。二板市場是世界證券市場發展的新一輪制度創新,其全新的制度設計使它帶給證券市場的不僅僅是擴充,不僅僅是提供了一個新的投融資管道,更在於它展示出一個真正的、規範的、高效率的股票市場的運行模式。正是其制度創新所帶來的特質,才成功地孕育了許多中小型創新企業,成為世界高科技企業的搖籃。因此,二板市場自1970年代誕生於美國以來,獲得迅速發展,各國各地區紛紛成立類似美國NASDAQ的二板市場。加拿大成立了CDN(1991),歐洲成立EASDAQ(1995.5.1),日本成立JASDAQ(1991),韓國成立了KOSDAQ(1996.7),臺灣成立店頭市場(1994),香港推出創業板市場(1999)等。本文擬對臺灣二板市場和香港創業板市場作一比較研究,試圖探討其共同性與特殊性。

　　臺灣二板市場是櫃臺買賣中心(OTC),由臺灣店頭市場發展而來,2000年

5月更名為TAISDAQ。香港「創業板市場」（Growth Enterprise Market，簡稱GEM）是香港第二板市場的正式名稱，是香港交易和結算所（原香港聯合交易所）於1999年11月推出的，旨在為中小高科技企業提供融資，主要由風險投資者參與的全新的、獨立的股票市場。

一、演進與發展比較

（一）臺灣二板市場的演進和發展

臺灣的櫃臺股票買賣早在1951年就已經非常發達，1954年，作為農業改革規劃的一部分，臺灣當局將四大公營公司（水泥、造紙、農業和礦業）轉為民營，把這四大公司的債券和股票分給地主，以償付為推行「耕者有其田」政策而徵收的土地的價款。當時分發的證券數額很大，股票有臺幣5.4億元，債券達臺幣12.6億元，一時店頭交易十分盛行。但是由於沒有制定相應的法規，在股市交易中時常出現糾紛，使一些投資者蒙受損失。有鑑於此，臺灣於1961年10月成立了「證券交易所」，並於次年2月正式營業以集中股票交易，禁止集中交易市場之外的證券櫃臺交易，店頭市場隨之關閉。而到了1968年，臺灣正式成立「證管會」，並頒布「證券交易法」，此外還採取一系列措施，諸如股東的36萬臺幣以內的股息所得免稅，以及投資收益從1976年起也免稅等，以加強股票市場的管理和促進集中交易市場的形成，並明令已公開上市的公司不得再進行場外交易。在這種情況下，店頭市場到1970年代中期已經幾乎結束了。直到1982年，臺灣當局考慮為公開發行但尚未上市的公司發行的股票開拓流通管道，以便於其籌措資金同時活躍政府債券買賣，重新設立以買賣債券為主的店頭市場，而後於1988年又成立股票店頭市場。1994年臺灣成立證券櫃臺買賣中心，以取代1988年臺北市證券商業同業公會成立的「櫃臺買賣服務中心」；1995年又推出了加權股價指數。如果說在此之前，臺灣當局主要是從資本追逐資本的角度設立店頭市場，那麼，1994年11月臺灣正式成立櫃臺交易所（Over the Count），以

及OTC於1995年11月推出加權股價指數,則主要是從資本追逐高科技產業、追逐人才這個角度,從提高產業競爭力、促進產業升級這個角度進一步深化及完善了櫃臺交易市場,店頭交易市場遂成為中小企業的孵化器,從此獲得加速發展。上櫃公司總數由1994年的14家增加到2004年(2004年4月)的453家,成長了32倍多,股票總市值達15,852億元新臺幣。可見,臺灣OTC市場已具一定規模。

為了順應世界經濟發展潮流,2000年5月,臺灣將櫃臺買賣中心更名為TAISDAQ。2000年3月1日,為進一步方便中小企業融資,促進產業結構升級,臺灣櫃臺交易中心參考美國NASDAQ市場、日本新興成長公司市場及香港創業主板市場,實施第二類股票制度——「臺灣創新成長企業類股」(TIGER, Taiwan In-novative Growing Entrepreneurs),形成一個新的中小創新企業市場,也稱為第二類股票交易市場。通常,將TAISDAQ以及第二類股票交易市場看作是臺灣為中小企業提供融資的二板市場。

(二)香港「創業板市場」的醞釀和設立

香港「創業板市場」早在1986年就開始醞釀,經過12年斷斷續續的探索和研究後,終於在1999年11月15日正式成立。到2004年4月,在創業板上市的公司數達192家,股票總市值達790億港元。因此,較之與臺灣店頭市場而言,香港創業板市場的設立時間晚了許多。

二、市場定位和運行模式比較

(一)臺灣二板市場的市場定位和上市條件

1.臺灣二板市場的市場定位

臺灣的證券市場自1982年重開店頭市場之後,始有集中市場與店頭市場之分。前者供規模較大的產業股票流通;後者是提供規模較小的產業股票及政府公債、公司債券、金融債券的流通。兩個市場性質相同,地位相當,只是上市標準

不同。臺灣政府對店頭市場的規定是將店頭市場定位於集中交易的市場之下，作為其預備市場的一個「準市場」而言的。

從產業領域來說，OTC的產業定位不同於美國的NASDAQ市場、歐洲的二板市場和香港的創業板市場。美、歐二板市場以及香港創業板市場的上市公司，主要以高科技電子、互聯網站類公司為主；而臺灣的店頭市場在主要扶持高科技類公司上市的同時，也側重傳統行業的發展。1998年11月，在臺灣店頭市場上市的企業總數為157家，其中資訊電子業為58家，占總數的40%；證券類行業有17家，占11%；機械電器類有18家，占12%；鋼鐵類為9家，占6%；金融保險類有7家，占4%。由此可見，臺灣店頭市場上市公司中高科技類公司占的比重較大。除此之外，還包括證券、電機、鋼鐵、保險、營建運輸、化學等多達16類行業公司。臺灣OTC的這種產業定位有利於分散市場風險，對高科技股泡沫化具平抑功能。這在美國高科技股泡沫化發生之後，臺灣OTC市場所受影響甚小即是很好說明。

2.臺灣二板市場的上市條件

臺灣店頭市場的上市條件：

（1）在OTC上市的公司必須是臺灣本土的中小型公司，包括新成立的公司。

（2）上市實繳資本額達新臺幣5,000萬元以上，並須經兩家以上的證券商書面推薦。

（3）至少有3年的業務記錄，公用事業和科技事業股不受限制。決算營業利益及稅前純利占實收資本額的比率，在最近年度達4%以上，且最近一會計年度決算無累計虧損者；或最近3年平均達2%以上，且最近一年度的獲利能力較前一年度為佳者。

（4）上市前兩年內，每年的合併全年收入及除稅前純利必須為資本總額的2%，但符合資格的高科技類公司不受此條限制。

（5）要求公布季報告，及時披露股價敏感的重大消息，並遵守一系列有關

維持上市地位數值的標準。

（6）持有股份1,000股到50,000股的記名股東不少於300人，且所持股份總額占發行總額的10%以上或500萬股以上。

至於臺灣第二類股票市場，其上櫃條件比一般的上櫃股票為低（表）。具體要求是：公司股票公開發行，有推薦證券商輔導滿6個月；實收資本在新臺幣3千萬元以上，且無累積虧損，科技事業不受無累積虧損的限制；設立年限滿1個完整的會計年度；獲利能力無限制；在股權分散方面，持有1,000股以上的記名股東必須在300人以上。

（二）香港創業板市場的市場定位和運行模式

1.以「成長潛力」為定位主題，上市門檻較低

創業板市場以成長型公司為目標，注重公司成長潛力及業務前景，為香港及內地乃至國際間的具有成長潛力的企業提供融資場所，不限上市行業及規模，但偏重於高科技企業。

由於成長型公司，尤其是新興的中小型高科技公司，其業務記錄、盈利以及資本規模等方面，都難達到香港聯交所主板市場的上市要求，因而不具在主板市場上市的資格。創業板市場就是為特別填補這種空白而設。創業板市場對上市公司的過往營業記錄、業績、規模等各個方面都比主板市場要求低，但對公司未來業務規劃方面則有更高要求。具體而言，香港創業板上市的基本要求是：

（1）公司要有2年活躍經營記錄，但不設最低盈利要求。

（2）最低公眾持股量為3,000萬元或已發行股本的10%（以較高者為準）。

（3）上市時主要股東至少應持有公司已發行股本的35%，受出售股份的限制，上市兩年內不可出售股份；兩年期屆滿後，也不可在連續6個月內出售超過25%的名下股份（以直線基準計算）。

（4）公司在上市時的市值最少須有4,160萬港元。

（5）上市時公司只可向公眾發行新股，因為設立創業板市場的宗旨在於為

新興公司提供集資管道，滿足其業務發展和拓展的需要，而不是為公司發起人提供可立即將投資套現的途徑。

（6）公司上市時，公眾股東不得少於50名，且每一名公眾股東所持有的該公司已發行股本不得超過10%。

2.準獨立運行模式

1997年香港聯交所就成立第二板市場的可行性進行研究時，將「第二板市場」改稱為「創業板市場」，旨在表現新的市場與現行主板市場無主次之分，二者地位相同。是一個介於完全獨立運作模式和附屬市場運作模式之間的市場。與擁有獨立的交易系統和市場規則的完全獨立運作模式的市場，如NASDAQ相比，香港創業板市場其獨立性較弱些，雖擁有獨立的上市規則和運作權限管理體系，但與主板市場擁有同樣的交易系統；與附屬市場即除上市標準不同外，與主板市場擁有相同的交易、監管系統和規則的二板市場相比，其獨立性又較之強。儘管它與主板市場同屬於香港聯交所，但創業板擁有自己的機構和專職人員，擁有獨立的前線管理及市場監管，使它的營運獨立於主板市場。因此，創業板市場並非是一個次於主板市場的低級市場，也不是一個培育公司上市再轉為主板市場的「跳板」，而是一個可與主板市場分庭抗禮的融資市場。

三、監管制度的比較

（一）臺灣二板市場的監管制度

臺灣店頭市場屬於自律監管，並由證券及期貨管理委（員會）直接監管。另外，臺灣對股票實行集中保管制度。董事、監管人及持有公司已發行股份總數10%以上股份的股東，必須將其持股總額按櫃臺市場買賣中心規定的比率委託指定機關集中保管。自股票在櫃臺買賣之日起2年內不得出售，取得的集中保管的證券憑證不得轉讓或質押。2年期滿後，集中保管的股票允許按櫃臺市場買賣中心規定的比率分批領回，每6個月最多可出售所持股份的20%。

至於第二類股票市場，雖然其上櫃條件比一般的上櫃股票為低，但在監管和訊息披露方面的要求則相對嚴格。第二類股票規定了嚴格的推薦券商制度，推薦券商除特殊事由外，在所推薦股票掛牌未滿三年內不得辭任，且必須在有關股票上櫃後持續督促發行公司的訊息披露。推薦商還有充當做市商，進行持續報價以維持流動性的義務。其他與一般類股的差別還有，第二類股票初次掛牌和掛牌後增資時，均不得對外公開承銷等等。

（二）香港「創業板市場」實行「買者自負」和強調「訊息披露為本」的監管理念

1.「買者自負」的運作理念

在創業板上市的新興公司一般基礎比較薄弱，它們要在一些可能是未經證實可行的領域內發展，失敗的風險較大。另外，由於上市公司規模較小，鮮為人知，也無人能保證在創業板買賣的證券將有一個流通的市場，所以，上市公司的股票交易量相對較低，股價波動更為劇烈。加上，創業板市場的上市要求較低，易產生逆向選擇和道德風險。這些因素，使投資於創業板市場的投資者所需承擔的整體風險大為增加。對此，創業板採取「買者自負」的運作理念，一切風險由投資者自行承擔。所以，創業板市場適合能承擔高風險，並能有效迴避風險的熟悉投資技巧的投資者。

2.對訊息披露的要求

創業板是一個高風險市場，為了將風險降至最小，聯交所對其監管比主板更嚴。監管的主要途徑是監督公司的訊息披露，確保上市公司經常及時地披露資訊。披露的內容是過去的業務歷史以及未來的業務計劃，尤其是未來的業務計劃。聯交所規定，上市之後，在最初的兩個財務年度內，上市公司必須每隔6個月將其實際業務進展與業務計劃作一比較。除半年及年度帳目外，上市公司亦必須公布其季帳目，比主板的呈報規定更為頻密。為了減少訊息披露的成本，在創業板上市的公司，訊息披露不要求一定在付費的報章發表，只要求在創業板網頁上發放。

創業板市場除嚴格的訊息披露外，對保薦人和公司管治都有嚴格要求。

3.對保薦人的要求

香港聯交所規定,每家公司必須聘請一名保薦人負責進行首次申請上市的工作,並在公司上市後的兩個完整財政年度內提供專業協助。保薦人必須誠實守信,並具備較高的專業水平,符合一定的資格準則。在所要求的資格準則中,其中有一條是必須具備不少於1,000萬港元,且必須全年沒有產權負擔的資產;或者保薦人出具由其所屬集團的公司或銀行提供的不少於1,000萬港元的無條件及不可撤銷擔保(擔保形式必須為聯交所接受)。

4.公司管治規定

香港聯交所規定,發行人在上市後必須設立強有力的公司管治基礎,以促使其遵守上市規則及符合相應的商業守則,實行「精英管治」的理念;上市公司必須委任董事,而該董事必須具備適合擔任一家上市公司董事的個性、經驗及誠信,並能證明其具備足夠的才幹勝任該職務;委任至少兩名獨立非執行董事;聘任一名全職及合格的會計師來監督財務、會計及內部監控的事宜;指定一名招待董事為監察主任,以促使公司及其董事遵守創業板上市規則;成立審核委員會,審查年度、季及半年度財務報告及內部監控程序。

四、交易制度和方式比較

臺灣第二類股票市場、OTC市場與香港創業板綜合比較

	台灣第二類股票市場	台灣OTC市場	香港創業板市場
市場目的（發行對象）	本地中小型公司、包括新成立的公司	本地中小型公司、包括新成立的公司	有主營業務的成長性公司，行業類別及公司規模不限
業務記錄	滿一個完整的會計年度；新台幣三千萬元以上且無累積虧損，科技事業不受無累積虧損的限制。	零至三年，視業務性質而定；資本額超過5000萬新台幣	須顯示公司有兩年從事（活躍業務活動）的紀錄及未來兩年業務目標及達成計畫
盈利要求	無	在上市前兩年內，每年的合併全年收入及稅前純利必須為資本總額的2%，合資格的科技公司則不收歸限	無要求
最低市值	不詳	不詳	股票：無具體規定，但實際上在上市時不能少於4.6千萬港元 期權、權證或類似權利：上市時市值須達六百萬港元
管理層及主要股東的最低持股量	不詳不詳	上市十大股東及管理層股東必須共同持有不少於公司已發行股本的35%	
股東出售股權限制	不詳	主要股東於公司上市後兩年內不得出售股權，兩年後每六個月最多可出售20%	持有5%或以上的管理層股東（包括控股股東）不能在上市後頭兩年內出售股權；持有5%或以上的外部股東不能在上市後六個月內出售股權

續表

	台灣第二類股票市場	台灣OTC市場	香港創業板市場
公眾最低持股量	持有1000股以上的記名股東必須在300人以上	最低為10%或500萬股,並最少須有公眾股東300名	上市時不少於3000萬港元,任何時候公眾持股量須佔發行股本的20%(若有超額認購須提升至25%);上市時公眾股東不少於100名
業務公布	年報	及時披露股價敏感/有關的事項。年報、中報、季報、月報、臨時報告(重大事件)	季報、半年報、及年報
投資保障	披露規定	披露規定	披露規定
市場管理	自律監管、並由證券及期貨管理委員會直接監督	自律監管、並由證券及期貨管理委員會直接監督	由香港聯交所直接監督
推薦券商家數	由2家以上資本總額超過20億元的綜合券商推薦	由2家以上券商書面推薦	
輔導期限	6個月	公開發行後推薦商至少輔導一年	

資料來源:「臺灣證券櫃臺交易市場」,http://www.bvcc.com.cn(2003年8月25日),http://www.hkgem.com;張景安:《風險投資與二板市場》,中國金融出版社2000年5月第1版,第97頁。

　　臺灣櫃臺交易制度除保留原自營商營業部議價制度外,自營商或經紀商接受客戶委託可使用臺灣證券櫃臺買賣中心電腦自動成交系統買賣上櫃股票。交易方式有三種:一是券商營業部議價,即指採用傳統的議價方式進行交易。二是電腦電腦自動成交,包括自營及經紀買賣,採用電腦撮合,成交單位為千股,每筆委託量應在50萬股以下。三是零股交易系統;即每筆委託量在999股以下的股票交易,也採用電腦自動成交系統。

　　香港創業板市場採取混合交易制度,即競價制度和做市商相結合的交易模式。香港創業板市場目前仍屬於委託驅動市場,可以透過自動對盤系統、盤外交易、暗盤買賣進行交易。香港創業板市場目前採用的是第三代自動對盤及成交系統(AMS/3),在採用該系統的同時引進了做市商計劃,對部分股票進行做市商試驗。香港創業板市場把交易委託方式稱為落盤指示,共有六種方式:限價盤、增強限價盤、特別限價盤、平均價盤、單一價格競價盤和單一價格競價限價盤。香港創業板市場的市場穩定措施,主要是對於股價異動的處理,香港創業板

市場允許賣空和股票借貸，但對兩項行為作了嚴格的限定。

五、進一步的分析和結論

不論是臺灣的二板市場，還是香港的創業板市場，它們都具有國際上二板市場所具有的共同特點，即具有比較合理的市場定位和寬鬆的上市環境、嚴格的訊息披露制度和嚴格的監管制度，以及先進的電子交易系統等特點。它們都是準獨立運行模式的市場，但它們各自又具有自身的特色。臺灣的OTC市場採用的是集合議價制度，而香港創業板市場實行的是混合交易制度。

香港創業板市場的規模與臺灣店頭市場的規模尚存較大差距。2002年，香港創業板的股票市值僅占GDP的4.25%，而臺灣OTC市場的股票市值占GDP的比重達9.49%，僅為臺灣的1／2左右；香港創業板的上市家數僅為臺灣OTC市場的42%。此外，在上市公司的行業方面也存在較大差別。

臺灣二板市場的上市公司雖然偏重資訊電子類高科技企業，但並不僅局限於此；還包括證券、電機、鋼鐵、保險、營建運輸、化學等多達16類行業公司。之所以形成這種格局，主要有以下幾方面的原因：

（1）從經濟政策和戰略角度看，臺灣十分重視以高科技產業為核心的產業結構調整，積極推動高科技產業的發展。1978年～1996年，臺灣當局召開了5次由學術界、企業界及官方三方代表參加的科技會議。其中於1982年的第二次會議，在重新修訂「科學技術發展方案」時即確定：光電、軟體、材料應用、能源節約、生物技術、高級感測、產業自動化與資源開發等八大技術為重點高科技。而在1986年的第三次會議，則明確提出發展高科技產業。尤其值得一提的是，臺灣於1998年頒布了「科技基本法」，透過立法以促進高科技產業的發展。同時，專門制定了高科技產業發展的一系列重大措施。如，制定了「培養小微軟計劃」；將資訊、生物技術和航空航天確定為臺灣高科技產業群；1997年提出，把臺灣建成「科技島」的方針政策，使臺灣形成臺北、臺中、臺南三大核心科技

園為主幹、擁有多個技術性工業區的「科技島」。這些經濟政策對臺灣證券市場產生了積極的連動效應。如1983年頒布的「風險資本條例」中，對投資於高科技領域的風險資本提供大量的稅收減免和補貼的規定。此外，二板市場的良好制度設計等，都對高科技企業上市產生了促進作用。因而，反映到二板市場上，資訊電子類高科技企業所占的比重較大。

（2）臺灣重視中小企業的發展。臺灣中小企業占據臺灣企業總數的90%以上。中小企業的發展，直接關係到臺灣經濟的未來。由於中小企業數量眾多，競爭激烈，各企業為求生存、圖發展，更注重產業轉型升級，尤其重視發展技術密集度高的產業。中小企業另一個優點是對市場變化反應敏捷、經營靈活，能根據市場需求進行快速反應、迅速調整，緊跟技術發展的前沿。相較於大企業而言，更適合發展生命週期短、風險性大的高科技產業。但是，中小企業面臨的最大問題是融資難，因此，臺灣在不斷完善中小企業融資體系。從店頭市場的重開到櫃臺買賣中心的設立，以及第二類股票市場的推出，反映了臺灣對中小企業的扶持。正因為如此，才會出現除了資訊電子類高科技企業以外，多達16類常規產業的中小企業上櫃。

（3）在積極推動高科技產業發展的同時，臺灣也注重基礎型、重工型企業的發展。從其常規產業上櫃即可見一斑。由於其二板市場的產業定位具有綜合性，因而受東南亞金融危機衝擊較小。

客觀地說，臺灣根據臺灣情況和經濟發展狀況，對二板市場進行了比較符合實際情況的制度設計，因而成為中小企業的孵化器，並獲得加速發展。同時，使臺灣高科技產業出現了前所未有的發展趨勢，產業升級狀態達到新的層面。

至於香港創業板上市公司的行業，則主要集中在互聯網、電腦軟硬體和電信等高科技產業。從2000年的數據來看，互聯網和電腦電信等行業，已經占據了主導地位。在已上市的26家公司中，有15家公司屬於高科技產業，所占比例超過70%。其中9家為互聯網公司，4家電信業公司，3家電腦軟硬體公司。其他上市公司分屬於醫藥、化工、資訊家電、農業和公用事業等5大行業。之所以如此，是因為香港設立創業板市場是配合香港特區政府「科技興港」戰略的重要步

驟。特首董建華曾強調:「現在要做的就是加強對科技發展的支援,儘量匯聚優秀的科技和創業人才。」為此,香港一方面透過建立「數位港」;另一方面設立創業板市場,雙管齊下,以促進高科技產業發展。由於香港確定高科技為其發展目標,而高科技產業又具備高成長特點,因此,創業板上市的成長型公司主要是高科技企業。這點與臺灣的差別較大,從而在某種程度上留下了制度隱憂,即當美國高科技股泡沫化破滅的時候,香港的創業板市場受到了較大的衝擊。

第三篇　臺灣經濟政策與立法研究

臺灣經濟「全球戰略布局」評析

石正方

一、臺灣經濟「全球戰略布局」的提出：現實背景的考察

（一）臺灣經濟「全球戰略布局」的現實背景

臺灣經濟「全球戰略布局」是臺灣當局針對加入WTO後兩岸經貿關係新情勢，為提振臺灣經濟競爭力、確保臺灣「國家安全」所建構的兩岸經貿關係「新思維」。作為臺灣當局處理兩岸經貿關係、掌握臺灣經濟發展方向的總體綱領，臺灣經濟「全球戰略布局」有其特殊的社會政治、經濟背景。

1.新世紀初，臺灣經濟罕見衰退，使民進黨臺灣當局面臨臺灣經濟發展定位問題

新世紀伊始，在全球經濟不景氣的背景下，臺灣經濟經歷了50年來罕見景氣衰退：自2000年12月景氣信號轉為「藍燈」後情勢急轉直下。2001年除第一季為正成長外（僅0.91%），後三季均為負成長，全年成長率為-2.18%，其後持續下挫。第2季為-2.35%，第3季為-4.21%，創26年來單季最低紀錄，相伴而來

的是工業生產和進出口貿易下降；股市、匯率走低；民間投資、外資投資劇減；失業率攀升；金融機構逾放比升高；財政赤字迅速膨脹等現象。總之，臺灣經濟出現了自金融面到實質面、從宏觀經濟到微觀經濟的全面惡化，臺灣經濟和民眾生活遭受到前所未有的衝擊。民進黨臺灣當局的財經能力因此受到在野黨、業界及民眾的輿論指責。面對「臺灣經濟發展史上最艱難的時期」，臺灣經濟將何去何從，一時間，成為臺灣「朝野」關注的焦點。「救經濟」、解決臺灣經濟的發展定位問題，成為臺灣當局不容迴避的課題。

2.兩岸經貿對於臺灣經濟重要性的日益顯現，使臺灣當局不能不審慎思考、制定兩岸經貿關係新原則。

在面對臺灣經濟嚴重衰退壓力的同時，臺灣當局還受到兩岸經貿關係日益緊密的「挑戰」。海峽兩岸自開展間接貿易、投資以來，中國大陸就以其廉價的資源優勢、日益優化的投資環境，以及兩岸間的文緣優勢，對臺灣產業資本形成巨大的市場「磁吸」作用。除個別年份外，臺資對中國大陸投資都保持了持續成長的趨勢。據臺灣「經濟部投審會」統計，1999年臺灣對中國大陸投資占其對外投資總額的比重已達38.32%，2000年更高達51.35%。即使在景氣下挫的2001年，因股市價格下跌、籌集資金困難而導致臺灣對外直接投資金額比2000年減少13.5%的情況下，臺灣對中國大陸的投資額仍然成長了7%，投資件數增加40%。投資提升貿易，與投資成長並行的是臺灣對中國大陸年貿易順差的不斷加大。據臺灣「國貿局」估算，截至2001年底，臺灣對中國大陸貿易順差已達823.4億美元，自2001年11月起，中國大陸已取代美國成為臺灣最大貿易順差來源地。在世紀之交國際經濟頹勢中，臺資企業在中國大陸所賺取的利潤和所創造的貿易順差，更是支撐臺灣經濟的重要動力。

兩岸經貿對於臺灣經濟的重要性實際上是不辯自明、顯而易見的。然而，臺灣當局出於自身政治利益的考慮，對兩岸經貿往來一直採取限制政策，不但進行諸如「臺資赴中國大陸投資可能導致臺灣產業空洞化、經濟邊緣化」的政治宣導，而且多次推動「南向政策」以疏離兩岸經貿關係，遲遲不開放兩岸「三通」。此波經濟衰退中，臺灣學界、業界以及民眾，對儘快實施「三通」、開放

兩岸直接經貿以挽救臺灣經濟頹勢的呼聲更加高漲。「防堵」還是「分工」成為臺灣當局不容迴避的課題。此外，面對兩岸先後加入WTO的現實，「戒急用忍」的原則無法適應兩岸經貿關係新情勢，也極待制定新原則加以調整。

　　3.內、外部政治生態惡化，促使臺灣當局重構其政治、經濟安全理念。

　　臺灣當局一直以「積極」的態度在國際社會拓展其所謂的「國際空間」：一方面不放棄任何在國際舞臺與「中共」較量的機會，如屢屢提出加入UN、WHO等國際組織，以提升自己的「政治」地位等；一方面注重透過經濟途徑達成政治成果，如限制兩岸經貿發展以減少對中國大陸經濟依賴，為「臺獨」保留經濟上的可操作空間；推行「南向政策」，分散對中國大陸投資以疏離兩岸經貿關係；謀求加入東盟一體化，以期把兩岸關係納入地區多邊框架等。然而，中國大陸改革開放的不斷深化，經濟的持續高速成長，綜合國力的大幅度提升，以及在地區事務中樹立起「負責任的大國」形象，使其在國際社會「一超」格局下的多元化發展趨勢中，成為一個對第三世界頗具影響力、號召力的政治大國。中國大陸國際地位的提升，對於改善中美關係，促進中國和平統一都具有積極的意義，但對於奉行「去中國化」意識形態的臺灣當局而言，不啻是一種政治威脅，使其感到「國際空間」被壓縮的危機。臺灣當局的「政治臺獨」在國際社會頻頻受挫，促使其重構「國家安全」理念：更加注重運用經濟手段謀求「政治」成果，透過「經濟安全」保障「政治安全」。

　　臺灣當局在臺灣也面臨政治生態惡化的危機。主要原因是民進黨臺灣當局，以「意識形態治政」，堅持「分離主義路線」，以「少數政府」專行獨斷，造成與在野黨之間紛爭不斷的動盪局面。民進黨在財經政策方面所表現出來的施政方向不明、政策搖擺不定、決策連連失誤，也大大折損了民眾信心。特別是在兩岸經貿關係上，臺灣社會對臺灣當局的「積極開放不足，有效管理有餘」和遲遲不開放「三通」，抱怨之聲越來越高。總之，臺灣的社會政治環境因臺灣經濟衰退、兩岸關係不明，而越來越向不利於民進黨臺灣當局的方向演化。陳水扁要爭取連任、要實現其政治企圖，就必須「救」經濟以「保」政治。

　　透過上述社會經濟、政治現實背景的考察，我們可以看出，臺灣經濟「全球

戰略布局」的提出，一是要解決臺灣經濟發展定位問題，一是要解決兩岸經貿關係原則問題。這兩個問題關係到臺灣經濟和兩岸經貿未來走向，更關係到民進黨的政治前途。這樣就要求臺灣經濟「全球戰略布局」，既能「救經濟」又要有助於民進黨臺灣當局實現「臺獨」政治理想。於是，從一開始，臺灣經濟「全球戰略布局」就被賦予了「政治期望」，注定了其具有「臺獨政治」的劣根性。

（二）臺灣經濟「全球戰略布局」的主要內容

在上述政治、經濟背景下，臺灣當局提出「全球戰略布局」，並在2001年8月「臺灣經濟諮詢委員會」上達成共識。臺灣經濟「全球戰略布局」主要涉及兩岸經貿關係和臺灣經濟發展定位兩方面問題，但其主要出發點在兩岸經貿關係。對此，臺灣當局提出了「臺灣優先，全球布局，互惠互利，風險管理」的基本原則，即：①未來兩岸經貿政策調整要以臺灣利益為第一考量，要確保臺灣利益；②透過推動企業全球布局，將兩岸經貿關係納入全球市場網絡，從整合競爭優勢和全球布局角度規劃兩岸產業分工的新模式，以改善臺灣產業結構，提升臺灣競爭力；③為因應全球化，特別是兩岸加入WTO後經貿發展新挑戰，必須掌握臺灣在全球經貿體系中的關鍵地位，也必須突破「戒急用忍」代之以「積極開放、有效管理」，在確保臺灣經濟自主性的前提下，達成兩岸「互惠互利」；④把兩岸經貿關係提高到影響「國家安全」的高度，為確保臺灣安全與經濟利益，必須加強「風險管理」。至於臺灣經濟發展定位，則是要「深耕臺灣，布局全球」。正如臺灣「行政院副院長」林信義在其題為「新世紀、新思維、新經濟」的演講中所闡述的那樣：「深耕臺灣」就是在全球競爭中，突顯臺灣本土化的「獨特性、主體性與不可取代性」，掌握相對優勢，確立自己的角色，配置自有技術能力，建構研發、設計、製造、行銷兼備的產業發展環境，跳脫以往代工模式，向上提升。「布局全球」就是在加入WTO後，面對全球競爭，必須具備全球宏觀視野，善用本身既有之優勢，整合區域及全球資訊，創造臺灣獨有的競爭利基；規章制度與企業經營環境，必須與世界接軌，與全球同步發展。

臺灣經濟「全球戰略布局」，能夠順應全球化潮流而強調臺灣經濟的國際化，能夠體認兩岸經貿關係對於臺灣經濟的重要性而主張以「積極開放，有效管

理」取代「戒急用忍」；以「主動」的經濟安全觀取代「保守」的經濟安全觀。體現了經濟向度上合理的、積極的一面。但其中把兩岸經貿關係納入「風險管理」的主張，為臺灣當局在兩岸經貿關係上實施「政治設限」預留了操作空間，從而也暴露了臺灣經濟「全球戰略布局」的「政治劣根性」。

二、臺灣經濟「全球戰略布局」評析：理論視角的分析

臺灣經濟「全球戰略布局」在臺灣經濟發展定位問題上存在理性思考的一面，具有一定的積極意義。但在兩岸經貿關係原則上，由於存在「隱性臺獨」的政治劣根性，決定了其「積極開放、有效管理」的兩岸經貿原則，不可能從根本上跳脫「戒急用忍」的思想窠臼，也不可能得到徹底貫徹執行。臺灣當局在「全球戰略布局」實施上推行「假開放真管理」的事實，充分證明了這一點。

1.在臺灣經濟發展定位問題上體現了理性思考

民進黨當政伊始就遭遇了臺灣經濟50年來最嚴峻的衰退，使其面臨經濟景氣回升乏力的困局。究其原因，有全球經濟下滑的衝擊，有臺灣政局動盪、臺灣當局財經政策不力的影響，但從根本上看，還是臺灣經濟隱患長期積聚、比較優勢黯然流失的結果。在戰後發展歷程中，臺灣經濟高速成長的動力相繼來自廉價的勞動力、土地等靜態比較優勢，以及不斷增強的資金、技術等動態比較優勢。然而，隨著新舊要素優勢在經濟發展與產業升級、轉型中的投入與消耗，特別是受到東盟、中國大陸等後進經濟體的競爭，臺灣經濟的靜態比較優勢已不復存在。與此同時，由於內生性技術創新不足、投資環境惡化等因素的影響，後來積聚的動態比較優勢也漸呈疲弱之態，無法為經濟成長注入強勁動力。因此，面對要素優勢的全面弱化，臺灣經濟將何去何從？於此，臺灣經濟「全球戰略布局」提出要「深耕臺灣」，也就是要在全球競爭中突顯臺灣本土化的獨特性、主體性與不可取代性，從而掌握相對優勢，確立自己的角色，配置自有技術能力，建構研發、設計、製造、行銷兼備的產業發展環境，跳脫以往代工模式，向上提升。

要實現這一發展目標，則要「布局全球」：「臺灣經濟發展已進入轉型階段，面對全球化、科技化的新時代，以及兩岸加入WTO的新情勢」，臺灣經濟「必須建構總體經濟新戰略，本於『臺灣優先』原則，改善臺灣投資環境，強化科技實力，並鼓勵企業進行全球布局，向外延伸實力，厚植臺灣作為全球化經營及資源整合者的條件」。也就是說，要透過企業全球布局和吸納外部投資整合全球市場、資源為臺灣經濟所用。實際上，這也是拓展臺灣經濟的市場和腹地、建構多元化的經濟網絡、改造臺灣經濟的市場「偏在性」，從而降低臺灣經濟受全球經濟波動影響的程度、提高抗全球化衝擊能力的必然選擇。

兩岸經貿對於臺灣經濟發展具有越來越重要的意義，臺灣經濟發展定位不能不考慮兩岸經貿關係。特別是中國大陸正在成長為「世界工廠」，加上加入WTO後開放幅度加大，將吸納更多外資進駐，成為全球資本利益角逐的市場平台。因此，缺失中國大陸這塊具有全球意義的市場，臺灣經濟「全球布局」就失去了完整性。於此，臺灣經濟戰略布局，雖然沒有給予足夠重視，但能夠檢討「戒急用忍」思維，提出「積極開放，有效管理」的兩岸經貿新原則，並主張把中國大陸投資作為企業力量向全球市場延伸的中繼站，把中國大陸市場作為企業生根臺灣、布局全球的一部分，透過「策略性開放中國大陸投資，來擴大企業在兩岸及全球運籌發展的境界」。這些原則、主張背後雖然隱含著透過全球經濟互賴機制「制衡」兩岸經貿關係，以保障臺灣安全的政治考量，但與過去一味的「政治封堵」相比，畢竟有了態度上的明顯轉變。

臺灣經濟「全球戰略布局」在臺灣經濟發展定位問題上，能夠客觀、理性地評估臺灣經濟的歷史基礎、現實地位和發展優勢，從全球——兩岸——臺灣經濟互動的角度加以考量，並提出了比較切合實際的發展戰略，具有一定的積極意義。但出於「政治」需求，其在兩岸經貿關係問題上依舊存在認識盲點：沒有把兩岸經貿關係提高到臺灣經濟「全球戰略布局」關鍵環節的高度加以強調，不能正視兩岸經貿對於臺灣經濟發展的特殊重要意義。實際上，是欲以「全球布局」淡化兩岸交流。

2.對兩岸經貿關係原則和臺灣安全理念作了調整，認識上有所進步，但「風

險管理」主張暴露了其「政治劣根性」。

（1）「積極開放，有效管理」——從現實主義與自由主義的整合角度設計兩岸經貿關係。

國家與市場、政治與經濟的關係，是國際政治經濟學的核心議題。從不同理論出發點對其進行的不同邏輯闡釋，衍生了「現實主義（新重商主義）」、「自由主義」等主流學派。自由主義從以市場為核心的自由主義政治經濟學基本原理出發，認為國家不僅在國內經濟發展問題上應該實行自由放任，而且對於國家間的經濟往來也不能干預，即對外實行自由貿易。自由貿易不僅能夠增加一個國家的財富，而且能夠擴大國家間的互利互惠，鞏固彼此間合作關係，有利於世界的和平與發展。現實主義的理論出發點則是政治——國家中心主義，即把對國際政治權利的分析放在首位，強調國家安全利益的重要性；認為經濟與政治的密切聯繫，在於其不過是國家政治權利的重要手段，任何對內對外經濟政策，都應服從於國家的政治和安全戰略。以上述理論視角考察臺灣當局的兩岸經貿關係原則，可以發現，李登輝的「戒急用忍」是以臺灣的「國家安全」利益為第一考量，限制兩岸經貿正常發展，以防兩岸經貿過度緊密，造成臺灣經濟對中國大陸經濟的過分依賴，使臺灣在經濟上成為中國大陸的「人質」，進而危及臺灣安全，其邏輯思維屬於現實主義範疇。與之相較，陳水扁提出的「積極開放，有效管理」，則體現了對自由主義與現實主義的整合。「積極開放」可以理解為對兩岸以市場為導向的經貿往來的「政治鬆綁」；「有效管理」則是要有效發揮政府管理功能，既不「自由放任」也不「橫加干預」，而是要在「大膽西進」和「根留臺灣」之間尋求平衡點，以達到既能夠取利於兩岸經貿往來，又能夠不受制於兩岸經貿關係的目的。

臺灣民進黨整合現實主義與自由主義思維，提出「積極開放，有效管理」的兩岸經貿指導原則，較之現實主義的「戒急用忍」，在認識上有所進步，實際上也推行了一些開放措施，對於兩岸經貿關係的發展也有所促進。但由於「臺獨政治」的劣根性，臺灣在經濟上的「強本西進」，必然因其「政治安全」訴求而搖擺不定。

（2）從「互賴主權」、「全球治理」觀念出發建構「新安全理念」，體現了其借助「全球互賴」制衡兩岸經貿關係的思維。

臺灣「經濟部長」林信義，在其〈國家經濟發展的新思維——臺灣經濟地位的國際化即是國家安全的最佳保障〉一文中，提出臺灣經濟地位國際化政策，以及把中國大陸市場及資源納入臺灣產業全球布局環節的主張，同時特別強調，臺灣應從過去「保守的防衛安全觀」調整為「積極強化體質的主動安全觀」，認為「臺灣經濟地位的國際化，即是國家安全的最佳保障」。其後，這一思想被陳水扁概括為「深耕臺灣，布局全球」，成為臺灣當局的「新安全理念」。

實際上，在「國家安全」與兩岸經貿關係議題上，臺灣一直存在兩種不同的觀點：一種是傳統保守的現實主義安全觀，即主張減少接觸，避免造成臺灣經濟對中國大陸經濟的依賴而危及「國家安全」，其典型樣本莫過於「戒急用忍」；另一種則屬於積極、主動的觀點，認為在全球化、資訊化時代，應該以「互賴主權」以及「全球治理」的觀念對待兩岸經貿關係，建構全新的「國家安全」觀念。如主張臺灣除了不斷提升自身的軍事和科技配備外，「還必須要與中國大陸積極接觸、積極互動，使兩者發展成一種共生共榮的依存關係，只要當中國大陸和臺灣兩者的依存關係到了密不可分之時，臺灣的國家安全才算真正有保障」。也就是說，「臺灣必須透過以中國大陸作為載體，去面向全球經濟體系；另一方面，臺灣也必須透過以全球經濟體系和區域經濟發展作為載體，與中國大陸互賴共榮」。不難看出，這種觀點與臺灣當局的新安全理念，在內容和理論邏輯方面均有相當的契合之處。

「互賴主權」與「全球治理」觀念，是後冷戰時代，全球經濟一體化潮流催生的國際關係新思維。在後冷戰時代，經濟全球化給國際社會帶來了以下幾方面的深刻變革：①地緣經濟取代地緣政治，居於國際關係的主導地位；②「經濟主權」、「資訊主權」、「科技主權」等觀念，逐漸改變了傳統國家主權的政治內涵；③國際團體、組織和跨國公司的大量湧現，及其活躍於國際社會的事實，改變了以往國際行為主體的單一化，形成了包括國家、國際組織和跨國公司在內的國際關係行為主體的多元結構；④國家間經濟互賴性大大增強，形成你中有我，

我中有你的「全球市場」。上述變革在經濟層面意味著，國家政府主導經濟的能力逐漸弱化，而國家內的團體和個人在全球體系內的作用增強了；在政治層面意味著，傳統國家主權被削弱，以多元國際行為主體互動為架構的「互賴主權」逐漸上升到主導地位；在社會層面則意味著，由獨立民族國家組成的傳統意義上的國際社會，逐漸演化以「互賴主權」為支撐的「全球社會」，而「全球社會」強調「全球治理」——從全球角度建立和維持全球秩序。

從「互賴主權」與「全球治理」思維出發解讀臺灣經濟「全球戰略布局」，可以發現，其欲借助全球、區域經濟互賴保障臺灣安全的思路：①「深耕臺灣」：積極強化臺灣的經濟體質，使臺灣有能力「將自己由傳統地緣政治學上的蕞爾小國角色，提升到科技大國、經貿大國；可以讓自己由地理位置上的『邊陲』，一躍而成為全球舞臺上的『中心』」，以便以「中心」姿態逐漸在全球體系中建立自己的「揮灑空間」；②「全球布局」：透過鼓勵企業進行全球布局，向外延伸實力，獲得臺灣作為「全球化經營及資源整合者」的條件，使臺灣成為全球體系中的「多元化」中心，以便充分掌握臺灣在全球經濟體系的關鍵地位，成為「全球體系」中「動靜觀瞻」的重要角色；③「把中國大陸市場和資源納入臺灣產業全球化布局的一環」：把兩岸經貿納入「全球互賴」的經濟網絡之中，使兩岸經濟互賴成為全球經濟互賴的組成部分，從而使中國大陸無法用傳統的國家主權觀念對臺灣加以「拘束」，以便在「互賴主權」的構架中消弭來自中國大陸的威脅，在「全球治理」的模式中提升臺灣的政治地位。

上述分析表示，受「後冷戰」時代「合作代替衝突，談判代替冷戰，均勢代替遏制」的國際關係潮流，以及地緣經濟思想的影響，臺灣對於兩岸關係有了新的認識，並且由消極防衛的「兩岸政經對立」轉而追求「全球互賴」框架內的「兩岸經濟合作」，其目的在於借重全球互賴機制在經濟上，進而在政治上制衡中國大陸，以確保其所謂的「國家安全」。總而言之，出於振興經濟目的的臺灣經濟「全球戰略布局」，由於摻加了臺灣當局過多的政治考量，其終結點又回到了「臺獨政治」。不難看出，臺灣經濟「全球戰略布局」，實際上演繹的是臺灣當局的「兩岸經濟——政治學」。

（3）「風險管理」：暴露了臺灣當局「經濟服務於政治」的兩岸關係原則。

臺灣經濟「全球戰略布局」提出對兩岸經貿關係進行「風險管理」，將兩岸經貿往來提高到影響「臺灣安全」的高度，這就意味著其所謂的「積極開放」是有條件的開放，而「有效管理」是「風險」級別的管理，如此一來，開放的空間和管理的尺度，就具備了很大的彈性操作空間。透過我們對這一戰略提出的背景及其理論基礎的剖析可以看出，作為迫於情勢的權宜之計，臺灣當局所關注的焦點並不是這一戰略的經濟實效，而是能否有助於其擺脫「政治生態」惡化的危機。事實證明，臺灣當局的「積極開放」績效不彰，但「風險管理」卻成果卓著。「拚經濟」的「聲勢」「大噪」之後，「假開放、真管理」的本相，就逐漸暴露出來了。

臺灣經濟「全球戰略布局」，和民進黨當政以來制定的，諸如「綠色矽島」、「全球運籌計劃」等一系列經濟振興戰略一樣，「包裝」都很漂亮，在邏輯推理上也有其可取之處，但多半都是「雷聲大、雨點小」，沒見什麼實效。原因之一是，臺灣當局熱衷於「拚政治」，不會踏踏實實「拚經濟」，但最關鍵的是「臺獨政治」劣根性的存在。事實證明，臺灣經濟競爭力能否有效提升，關鍵在於能否儘快實現與中國大陸市場整合，在於能否有效推進兩岸經濟一體化。但臺灣當局總是優先考慮其政治利益，為政治利益不惜犧牲經濟利益。這種經濟服務於政治的原則，決定了其最終難以正確對待兩岸經貿關係，難以正確定位自身在全球分工體系中的角色，進而制定出切合實際的發展戰略。從這個意義上說，「臺獨政治」是臺灣經濟的致命傷。

三、消除「臺獨政治」劣根性，務實推進兩岸經濟一體化

兩岸經濟一體化，是中國大陸和臺灣之間經濟整合最終融為一體的過程，不

僅意味著兩岸在貿易、投資、產業分工合作諸方面相互聯繫的、日益緊密和經濟互賴程度的日益增強，而且意味著，以貿易、投資協定或其他組織形式為規範的制度框架的建構和完善。不但是功能性一體化的拓展，而且是制度性一體化的推進。就經濟向度而言，臺灣經濟「全球戰略布局」的最大盲點在於，沒有充分重視兩岸經貿關係對於臺灣經濟發展的重要性。實際上，臺灣經濟要實現真正意義上的「全球布局」，推進兩岸經濟一體化是其最佳的選擇。首先，兩岸經濟一體化是臺灣經濟「全球布局」的重要組成部分。目前，兩岸經貿往來在臺灣「對外」經濟交流總量中已占有相當重要的地位。據統計，兩岸間接貿易額至2002年底累計達2,679.3億美元，中國大陸已成為臺灣最大出口市場和最大的貿易順差來源地。另據臺灣「經濟部投審會」數據顯示，至2002年底，臺灣對中國大陸投資累計達23,274件，237.45億美元；2002年臺商對中國大陸投資項目為1,490件，金額達38.59億美元，分別成長25.6%和38.6%，占臺灣整體海外投資金額的比重為55%，中國大陸首次成為臺灣最大的海外投資地。此外，隨著1980年代中後期、1990年代初中期，以及21世紀初期，先後掀起的三次臺商投資熱潮，中國大陸吸納的臺資迅速向中、上游產業範圍擴展。特別是第二、第三次投資熱潮，分別以石化工業、電子資訊工業為主，帶動了資金和技術密集型產業向中國大陸的轉移；投資目的也由最初的追求廉價生產和出口競爭優勢，逐漸轉變為利用中國大陸內需市場和產業鏈集群優勢，甚至出現整個生產供應鏈連同研發機構一起進駐中國大陸的現象。由此，兩岸產業出現了「垂直」兼具「水平」的混合分工特徵。上述兩岸經濟關係的現實，一方面說明了兩岸經濟已經呈現出明顯的功能性一體化；另一方面，說明兩岸經貿關係已經成為臺灣「對外經貿」關係的主體，兩岸經濟一體化是臺灣經濟「全球布局」不可或缺的重要組成部分。其次，兩岸經濟一體化，有利於促進臺灣經濟「全球布局」。鼓勵企業進行全球布局，利用全球資源與市場，提升臺灣經濟實力，這是臺灣經濟「全球戰略布局」的主要思維。新世紀以來，中國大陸已經成為全球吸納外資最多的地區，客觀上為全球資本、技術、管理模式的對接提供了廣闊的平台，成為跨國資本集聚的具有全球意義的市場。臺灣經濟要實現「全球布局」，就應該加速與中國大陸經濟的整合，借助兩岸經濟一體化：一方面獲得中國大陸腹地的有力支

撐，打造臺灣企業競爭力；一方面獲得在中國大陸市場與全球資本競爭獲利的機會，利用中國大陸市場平台有效拓展經濟空間。最後，兩岸經濟一體化是臺灣經濟「全球布局」的便捷通道。目前，區域化與全球化浪潮推動下，世界經濟版圖在WTO框架規範和全球化整合的背景下，呈現出以區域為單位的板塊分化趨勢。區域經濟一體化，是以國家為結構單元的板塊整合，要求主權國家的談判功能。因而，作為非主權國家的經濟體，臺灣將難以加入中國——東盟自由貿易區等區域性經濟合作組織。這種情勢下，臺灣經濟的最佳選擇，應是借重兩岸經濟一體化管道。互利互惠、你中有我、我中有你的兩岸經濟一體化發展格局，能夠保障臺灣企業在有中國大陸參與的區域一體化板塊中享有與中國大陸企業相同的「國民待遇」。否則，在高築的區域壁壘面前，臺灣經濟「全球布局」勢必困難重重。

迄今為止，兩岸的經貿往來雖然達到了可觀的規模，兩岸的產業分工也已經初步形成，但是這些「功能性」經濟一體化的成果，是在兩岸沒有締結任何正式的經濟協議，沒有直接暢達的經貿溝通管道，而臺灣當局又加以政治封堵的情勢下取得的，是市場經濟繞過政治壁壘頑強成長的結果。然而，政治僵局給予兩岸經濟合作的自然成長空間畢竟是有限的，而且中國大陸與臺灣作為兩個獨立關稅區，其經濟一體化「功能性」的進一步提升，必然遇到「關稅協調」等問題，需要由兩岸臺灣當局談判達成制度性框架協議加以解決。事實證明，雖然民間團體和企業組織能夠在促進兩岸經濟合作方面發揮一定的作用（兩岸經濟合作的既有成果，多半是臺灣企業突破臺灣當局政治封堵而後獲得臺灣當局默許的既成事實），但兩岸經濟關係的離合，最終還是受兩岸臺灣當局主導的政策大環境的制約。因此，兩岸經濟合作的深入發展，對兩岸經濟「制度性」一體化提出了迫切要求。

兩岸經濟一體化由功能性向制度性的深化發展，不但是兩岸經貿關係進一步發展的要求，而且是臺灣經濟實現「全球布局」的必要保證。為臺灣經濟的未來考慮，臺灣當局就應該順應市場規律，根除其「全球戰略布局」的政治劣根性，實施「真」開放和「適度」管理，把政府職能放在矯正競爭扭曲、完善市場法規方面，以保障兩岸經濟能夠在高效率的制度框架內實現整合，使兩岸經濟一體化

成為臺灣企業全球布局的載體和橋樑。

政治制約經濟，經濟影響政治，現實社會正是在政治與經濟的相互作用中發展演進著。由於歷史的原因，兩岸經濟關係問題歷來就不是純經濟問題，而具有政治屬性。臺灣經濟「全球戰略布局」能否收到實效，關鍵在於兩岸經濟一體化的深化發展，這是一個經濟命題，但其關鍵不在「經濟」而在「政治」。

近年來臺灣經濟立法評析

彭莉

除法律自主性的因素外，近年來，影響臺灣經濟立法的因素主要有以下方面：第一，國際經貿環境的力量。進入21世紀後，經濟自由化、全球化出現了加速發展的趨勢，為適應這一客觀潮流，積極與國際經貿規則接軌，世界上許多國家或地區，尤其是發展中國家或地區，紛紛調整其經濟立法，自由化則為這些國家和地區法制變革前所未有的共同趨向，臺灣也不例外。第二，政黨輪替後，臺灣日益惡化的經濟情勢。2000年陳水扁執政後，由於全球經濟不景氣，臺灣產業結構性調整步伐緩慢，以及陳水扁臺灣當局在執政中始終以政治為優先考量，提不出促進經濟發展的可行措施等原因，臺灣經濟情勢急劇惡化。在就業方面，不但失業率節節升高，2001年後，臺灣失業率持續維持在5%上下，而且非自願性及長期性失業人數不斷擴增，結構性失業問題嚴重。在投資方面，不論民間投資成長率、政府投資成長率，還是僑外投資成長率，均呈大幅下滑趨勢。投資的大幅度衰退，致使臺灣經濟步入黑暗期，2001年度的經濟成長率出現有史以來的負成長。第三，政治力量的介入。政黨輪替以來，為解決經濟衰退與失業等政治經濟問題，落實所謂「拚經濟」的承諾，臺灣當局於2001年召開了「經濟發展諮詢委員會議」，朝野雙方就攸關經濟的各項問題進行了分組討論，並達成362項共識，這些共識在一定程度促成了其後部分相關經濟法案的制定和修改。在上述因素的共同作用下，近年來，臺灣經濟立法在總體上延續1990年代

發展軌跡的同時，呈現出一些新的特點。本文擬就此作粗淺分析。

一、自由化、國際化仍是臺灣經濟立法的主軸

臺灣的經濟自由化、國際化政策是1980年代提出來的。然而，由於「總動員法制」於1987年才正式結束，因此，臺灣經濟立法的自由化、國際化，直至1980年代末、1990年代初才真正展開。世紀交替以來，臺灣經濟立法延續了這一發展趨勢，進一步放寬管制，積極與國際規則接軌，為這一時期臺灣經濟立法重要的內容之一，並主要表現為以WTO等國際規則為依據，大幅調整了部分貿易、投資、知識產權、企業制度，乃至勞動等方面的立法。

經濟自由化、國際化，對臺灣經濟法制的影響，在涉外經濟立法領域表現得尤其明顯。近年來，特別是2002年初臺灣正式成為WTO成員後，臺灣涉外經濟立法呈現進一步自由化、國際化的發展趨勢。臺灣當局在降低關稅、擴大市場准入、保護知識產權、改進投資環境等方面加快了革新步伐。

（一）知識產權法制的調整

基於美國政府長期巨大的壓力及加入WTO的洗禮，臺灣知識產權法在加入WTO前與國際公約間的距離有明顯縮小，但仍然存在著部分與WTO下的《與貿易有關的知識產權協議》等知識產權國際公約不相吻合的規定。為此，在成為正式WTO成員後的近兩年時間裡，臺灣當局對其著作權法、專利法、商標法等知識產權立法再一次進行了調整，以期使其進一步國際化。在這一波的知識產權法國際化浪潮中，引起臺灣社會各界甚至是美國關切的《著作權法》的修訂，尤其值得注意。2003年7月，臺灣當局對其《著作權法》進行了較大規模的修訂，此次修法共涉及54條條文，其中修正40條，增訂14條。最主要的議題之一，即變更原有部分與TRIPS要求不符的條文，同時配合世界知識產權組織（WI-PO）1996年所通過的兩個條約，也就是WIPO著作權條約（WI-PO Copyright Treaty，WCT）及WIPO表演及錄音物條約（WIPO Performances and Phonograms Treaty，

WPPT）的生效所作的修正，使著作權法能夠對網路利用有所規範。

（二）關稅法制的調整

為履行對外關稅減讓承諾，近年來臺灣當局多次修訂《海關進口稅則》。經過多年調整，臺灣工業產品的平均名目稅率，已自1992年（諮商基期年）的6.52%調至2000年的6.03%；2002年（加入WTO年）進一步調為5.78%；2004年（降稅期程完畢年）將降為4.15%，降稅幅度達31.18%。農產品的平均名目關稅，亦自加入WTO前的20%調降至2002年的15.2%，並將分年調降到12.9%。此外，《海關進口稅則》還配合其他加入WTO承諾進行了積極的修訂。如2003年「稻米進口改採關稅配額之海關進口稅則修正案」，即為配合加入WTO承諾，將稻米自2003年1月1日起，由限量進口模式改為關稅配額方式。

（三）涉外投資法制的調整

WTO規則及臺灣加入WTO，承諾對臺灣涉外投資法制的影響，主要體現在《僑外投資負面表列——禁止及限制僑外人投資業別項目》所表列的禁止僑外投資人投資項目的範圍不斷縮減上。「僑外投資負面表列」是臺灣涉外投資支柱性立法——《外國人投資條例》及《華僑回國投資條例》最重要的配套子法之一，也是現階段臺灣當局仍然保留管制僑外投資的主要方式之一。2003年2月及2004年4月，臺灣當局兩度修訂了「僑外投資負面表列」。前一次修訂主要是為履行加入WTO世界貿易組織的承諾，開放外國人投資酒類製造而進行的，修訂重點包括：（1）原列禁止項目的「農藝及園藝業」、「畜牧業」及「漁業」，改為限制類；（2）原禁止投資的「酒精製造業」改列限制類；（3）刪除原為禁止類的「個人經營小貨車貨運」及原屬限制類的「鐵路運輸」、「混合廢五金」與「醫療保健服務業」等項目；（4）「不動產買賣」、「不動產租賃」和「土地開發」，由限制項目中刪除。「僑外投資負面表列」的後一次修訂幅度較小，主要是將「陸上運輸業」、「租賃業」由原來的禁止投資改為准許華僑投資。經過上述兩次檢討、調整，現行「僑外投資負面表列」對僑外投資的投資方向限制已大幅放寬。

受國際經濟自由化潮流的衝擊，以及解嚴後一連串政治結構重整所釋放出來

的龐大社會壓力的影響，1990年代後，自由化經貿法律體系在臺灣開始成形，並日漸成為近10餘年來臺灣經濟立法尤其是涉外經濟立法的主軸。由於經濟全球化、自由化，為當今世界經濟發展不可逆轉的潮流，為此，今後臺灣經濟立法將繼續以自由化、國際化為重要取向，並仍將以與WTO接軌為主要內容。因為1990年代中期後，臺灣當局雖然對經貿法規中與世貿組織規則及其加入WTO承諾不相吻合之處作了全面的調整，修正了大量相關法案，但任何一個國家或地區經濟立法與WTO等國際經貿規則的接軌都不可能一蹴而就，必須歷經一個由相通到接軌的進程。加上WTO等國際經貿規則自身也處於不斷發展之中，因此，未來的臺灣經貿立法，仍有一個進一步與作為國際經濟貿易規則核心組成部分的世貿組織規則接軌的過程。

二、經濟指導法在臺灣經濟法體系中依然占據重要地位

現代國家或地區調節社會經濟，除採用強制干預方式對市場競爭進行規制，和採用「國家」參與方式直接投資經營外，還大量採用引導促進方式，即對社會經濟活動給予指導、鼓勵，提供幫助和服務，它主要是針對市場的盲目性和滯後性缺陷所採取的調節方式。與此相關的立法，中國大陸一般稱之為「宏觀調控法」，在國外則多被歸類為「經濟指導法」或按其所涉及內容分別稱為計劃法或各種經濟政策法等；臺灣部分學者亦使用「經濟指導法」、「經濟指導與管理法」的概念。長期以來，臺灣當局始終注重對臺灣經濟活動的干預，早期更採「政府主導型」宏觀經濟管理模式，以直接限制及管理人民經濟活動之經濟管制法令為核心。1990年代後，隨著自由市場經濟體制的發展，《公平交易法》開始成為臺灣經濟法的主要內容，但這一時期，臺灣當局仍然注重利用經濟指導法來宏觀調控經濟秩序，並通過了一系列經濟發展計劃與政策。近年來，臺灣經濟立法延續了這一發展軌跡，在積極邁向自由化、去管制化的同時，經濟指導法仍然在臺灣經濟法體系中占據重要地位。

首先，臺灣當局除了提出以「綠色矽島」為臺灣未來發展方向與遠景目標外，還陸續提出了《知識經濟發展方案》、《「挑戰2008」六年發展重點計劃》、《全球運籌發展計劃》等行政性政策規劃與經濟計劃，以求透過這種非正式法律文件來宏觀調控社會經濟資源。《知識經濟發展方案》的基本目標，是在未來10年內，研發經費占GDP的比例達3%，技術進步對經濟成長的貢獻率達75%以上；知識密集型產值占GDP的比例達60%以上，寬頻網路配置率及使用費與美國相當。《「挑戰2008」六年發展重點計劃》包括10項內容：培育e時代人才、發展文化創意產業、建設國際創新研發基地、產業高值化、觀光客倍增、數位臺灣建設、營運總部建設、全島運輸重點建設、水與綠建設、新故鄉社區營造。該計劃還規定，至2007年六年計劃完成時，要達到7個目標：至少有15項產品居世界第一、經濟成長率超過5%、研究發展經費達到GDP的3%、寬頻到家的普及率超過600萬戶、來臺觀光旅客由262萬人次增至500萬人次、創造70萬個就業機會、失業率由5%下降到4%以下。《全球運籌發展計劃》則旨在協助企業發展全球運籌管理，使臺灣成為國際產業供應鏈的重要環節，並運用臺灣製造業優勢，推動全球布局，全力提升臺灣的物流、資訊流、金流效率，協助企業整合跨區域資源，發展高附加價值運轉服務。

其次，經濟政策法和各種作為調節手段運用的經濟立法，是這一時期臺灣經濟立法的主要內容之一。近年來，臺灣當局相繼制定或修改了對外經貿政策、產業政策、財金政策、勞動政策等一系列法令，以達到宏觀調控的目的。以產業政策為例，長期以來，臺灣最重要的產業立法是《獎勵投資條例》，1990年後改以《促進產業升級條例》來達到實現產業政策的目的，2000年以來仍然如此。2000年以前，臺灣當局強調的獎勵對象，除「新投資創立」及「增資擴展」外，主要包括促進研究發展、節約能源或利用新及潔淨能源的機器設備或投資於該類技術的研發運用、對經濟發展有重大效益、風險性高且急需扶植的新興重要策略性產業之創立或擴充。2002年、2003年，臺灣當局兩次修訂《促進產業升級條例》，對於投資網際網路及電視功能、企業資源規劃、通訊及電信產品、電子、電視視訊設備及數位內容產制等，提升企業數位資訊效能的硬體、軟體及技術，以及運用全球資源、進行國際營運總部的公司給予特別獎勵。此外，臺灣

「行政院」還於2001年11月核定通過了《新興重要策略性產業屬於製造業及技術服務業部分獎勵辦法》修正案，新辦法將適用獎勵產品的項目，從原來的134項增加為155項，其中包括新增智慧IC卡設備或系統等21項、局部修正數位監視系統等16項、研發服務及智慧財產服務業等10項。凡公司投資計劃生產新興重要產品或提供技術服務，均可享受股東投資抵減或5年免稅二擇一的租稅獎勵，其中個人股東抵減率於2002年起降為9%。

第三，2003年臺灣當局先後通過了《公共服務擴大就業暫行條例》和《擴大公共建設振興經濟條例》。這兩個具有「特定時期及特定目標」性質的法案，既充分反映了政黨輪替以來臺灣惡化的經濟情勢對經濟立法所產生的影響，也是這一時期臺灣「經濟指導法」的典型體現。《公共服務擴大就業暫行條例》純粹為解決高失業率問題的應急物，實施期限為1年。條例共計15條條文，主要針對主管機關、工作項目、推動方式、執行單位、計劃執行期間、進用人員、重複領取之禁止、經費等事項作了規定，其立法目的是希望由「政府」運用200億的追加預算作為來源，提供暫時性工作機會，以暫時紓緩失業問題，性質上是一種類似於「以工代賑」的失業救濟性法律。《擴大公共建設振興經濟條例》共有14條條文，主要規定了擴大公共建設計劃之範疇、計劃的編列及審議、計劃的經費來源、經費額度、支出方式及地方分擔比例等問題，其目的在於，用特別法的方式讓臺灣當局在經濟低迷狀況下得隨時提出公共建設計劃，以「提振經濟景氣，促進就業。」

1990年代以來，在漸進演變中，臺灣逐漸建立起了自由市場經濟體制，在立法上則表現為開始注重與國際規則接軌，重視有關市場規製法律規範的制定。其標誌性立法即1992年提出的《公平交易法》，這部有著「經濟憲法」之稱的法令的制定，象徵著臺灣當局進行市場干預理念上的轉變。但經濟立法理念實務上一定程度的轉變，並不意味著臺灣「政府角色」已走向英美的「服務性」模式。這一時期，臺灣當局仍然透過如《「國家」六年建設計劃》、《亞太營運中心計劃》等一系列經濟發展計劃與策略，在兩岸經貿交流問題上，「政府干預」性立法的跡象更為明顯。近年來，臺灣經濟立法沒有擺脫原有的發展軌跡，經濟指導法仍然在臺灣經濟法體系中占據重要地位。民進黨執政後，陳水扁臺灣當局

在經濟發展中的角色已發生了明顯變化,臺灣當局在制定經濟政策與規劃時,已不以經濟建設而以政治爭鬥為主要考量,因此,所提出的一系列政策、規劃的效用也極為有限。「且不談這些規劃的內容如何,僅就其一項尚未開始認真執行,新的一項又已提出的事實,就可以說明,陳水扁臺灣當局並無誠意落實這些規劃,甚至還將發展規劃作為工具,為其選舉政治服務。」雖然如此,但基於「政府」角色的定位,今後臺灣當局對經濟的干預仍將一定程度存在,尤其是在產業方面。「晚近之經濟政策,鼓勵投資民間參與公共建設,鼓勵投資於新及潔淨能源之設備及技術之開發,以及提升企業數位資訊效能之硬體、軟體及技術之開發,並鼓勵在臺灣建立國際營運總部,料將持續,」為此,「經濟指導法規在今後經濟法之發展中仍將占有一席重要地位。」

三、以租稅優惠為主的補貼法制有強化的趨勢

行政補貼法制,長期以來一直是臺灣當局干預經濟的方式之一。臺灣的補貼法制開始於1960年代,是臺灣當局為配合經濟發展策略由「進口替代」轉為「出口擴張」,大力鼓勵民間投資、促進經濟發展而採行的重要法律措施之一。1990年代後,由於中小企業及勞工階層等弱勢團體,對偏重於大資本家的補貼法制不滿的反彈越來越烈,臺灣原有的補貼法制有縮減、弱化的傾向。然而,從近年來,臺灣經濟法變動內容來看,以租稅優惠為主的行政補貼法制似乎有強化的趨勢,除相關稅法的調整外,更表現在以下方面:

(一)產業法制方面

為促進產業升級、健全經濟發展,臺灣當局於1990年12月制定了《促進產業升級條例》。近年來,臺灣當局對《促進產業升級條例》進行了多次修訂,其核心內容,即調整原有租稅優惠,主要包括:(1)鼓勵發展新興重要策略性產業,營利事業或個人持有股票時間達3年以上,個人股東投資抵減的初始抵減率為10%;鼓勵企業自行從事研究發展及人才培育,將其抵減率上限由現行的20%

提升為25%；公司研究發展或人才培訓之支出，如超過前兩年度支出之平均數者，超過部分得按50%抵減營利事業所得稅；公司得在投資於研究與發展及人才培訓支出金額一定限度內，抵減當年度應繳納營利事業所得稅。（2）鼓勵國際企業在臺投資以提升國際競爭力，在臺灣設置一定規模且具重大經濟效益之營運總部者，其管理服務或研發所得、自國外關係企業獲取權利金、投資收益及處分利益，得免徵營利事業所得稅；外國企業或在臺的分公司設立物流配銷中心，從事儲存、簡易加工，並交貨物給國內客戶，所得將免徵營利事業所得稅。（3）增訂第9條之二，對2002年1月1日起至2003年12月31日止，凡新創立或增資擴展之製造業及其相關技術服務業，投資全新機器、設備或技術者，得就投資計劃新增所得享有五年免徵營利事業所得稅之優惠。由上述可見，隨著「產升條例」的不斷調整，臺灣的租稅優惠呈現日趨擴大的趨勢，除了強化新興策略性產業、高科技產業及企業從事研發的稅收優惠，強化工業區土地出租優惠措施，還提供一般製造業及其相關技術服務業新增投資享有所得稅優惠。其目的在於，激勵製造業及其相關技術服務業增加投資，並藉由其關聯效果，紓解基層勞工失業問題、創造就業機會，同時擴增關鍵性產業之生產能量與競爭力，進而帶動經濟成長，鼓勵業者根留臺灣，並吸引更多外商來臺投資。

（二）金融法制方面

為因應全球金融市場的發展與變遷，並解決自身金融體系面臨的不良債權持續攀高、結構性問題調整不力、基層金融機構隱患明顯等諸多問題，陳水扁執政以來，大力推動金融改革，通過了「金融六法」等一系列與金融改革有關的法令，希望能透過建構一套完善的金融法制，為臺灣金融改革與經濟發展提供法源。臺灣當局近年來頒行的一系列金融法規的特點之一，即頻繁送出租稅優惠的大紅包。以《不動產證券化條例》為例，其所確立的稅捐優惠有：（1）依法發行或交付的受益證券，其買賣或經受託機構依信託契約之約定收回者，免徵證券交易稅；（2）依規定分配之信託利益，為受益人之所得，按利息所得課稅，不記入受託機構之營利事業所得；利息所得於分配時，應以受託機構為扣繳義務人，依規定之扣繳率扣繳稅款分離課稅，不併記入受益人之綜合所得稅總額或營利事業所得額。

（三）企業併購法制方面

　　就公司法制的規範理念而言，立法對企業併購行為不應設置鼓勵性條款或限制性條款，而應採提供企業多類併購選項的中立立場。「在企業集團內部的關係企業組織調整之外，尚基於產業政策觀點，積極鼓勵企業進行併購時，即生有背離其原本不鼓勵、不妨礙，尊重私法自治、市場機制的規範理念之虞。」近年來，臺灣當局對《公司法》及《企業併購法》的修改與制定，即在一定程度上違背了公司法制的上述理念。2001年修訂實施的《公司法》，在立法過程中，基於「鼓勵公司進行合併」的理由，追加第317條之3，給予企業合併各種租稅獎勵措施。2002年提出的《企業併購法》共分總則、合併收購與分割、租稅措施、金融措施、公司重整之組織再造及附則等6章，其主要立法目的即在於秉持簡化手續、排除障礙及提供適當優惠措施的原則，就有關公司分隔、合併等問題予以規範。換言之，併購障礙之排除與併購誘因之提供是《企業併購法》的兩大重點內容。在併購誘因提供方面，則主要包括提供靈活、彈性的勞動法制員工權益之誘因，及租稅免徵或緩課相關之印花稅、契稅、證券交易稅及營利事業所得稅等種種租稅優惠誘因。

　　綜上分析可知，從《促進產業升級條例》到《自由貿易港區設置管理辦法》；從《公司法》到《企業併購法》；從《金融機構合併法》到《不動產證券化條例》等一系列金融立法，在在體現臺灣當局為鼓勵投資、促進公司合併、實現金融改革目標、刺激經濟景氣而強化租稅優惠的立法意圖。無疑，適當的行政補貼作為政府干預經濟的手段之一，有助於特定經濟政策的實現，但過於浮濫的租稅優惠，則容易造成市場機制的扭曲。尤其是在《公司法》、《企業合併法》等私法領域，更有「不理解公司法制規範理念、不尊重私法自治」之嫌。此外，大量租稅優惠也容易造成巨額的稅收損失。以「產升條例」為例，隨著該條例租稅優惠的不斷擴大，近年來，臺灣相關產業依法所抵減的稅額也不斷增加，其中2002年高達653億元，預期2003年已突破千億元，嚴重傷害了臺灣的財政狀況。為此，一些團體、人士紛紛呼籲「產升條例」期限屆滿後不再延長實施，而應朝建立「公平、效率、簡化」的稅制改革努力。然而，由過去經驗可知，《獎勵投資條例》自1960年開始實施，一延再延持續實施了30年，最後在不得已的情況

下,才換個名目由「產升條例」接手;如今「產升條例」又重蹈覆轍,一再延展契約立法屆滿期限,未來幾年如果臺灣經濟情勢沒有根本性好轉,民間投資意願依舊低迷,「產升條例」要在2009年底順利取消,並不樂觀。

四、自由化的例外——兩岸經貿關係立法始終堅持「開放與管制」並存原則

基於加入WTO及兩岸經貿往來日趨密切的壓力,近年來,臺灣當局被迫對原有中國大陸經貿政策法規進行了一定程度的調整,但與其他經貿立法以自由化為主要發展取向不同,臺灣當局在兩岸經貿關係立法上始終堅持「開放與管制」並存原則。

在2001年8月,「經發會」達成362項共識,將實施多年的「戒急用忍」的兩岸經貿政策調整為「積極開放,有效管理」的基礎上。2001年12月,臺灣「陸委會」又公布了開放兩岸直接貿易等加入WTO後兩岸經貿政策調整的七大範圍。上述政策調整事項,大多涉及法令規章的修訂。為此,近年來,臺灣當局除2002年4月、2003年10月兩度修訂《臺灣地區與中國大陸地區人民關係條例》,一定程度上放寬了兩岸投資、貿易、金融交流等領域的限制外,還全面調整了「兩岸人民關係條例」的配套子法,以縮小其與WTO規範間的差距,改變兩岸經貿互動方式。在貿易方面,主要表現為:(1)以《臺灣地區與中國大陸地區貿易許可辦法》第7條第1款為依據,不斷擴大開放中國大陸物品進口項目。(2)修訂《臺灣地區與中國大陸地區貿易許可辦法》(2002年2月、2003年4月)及相關規定,開放兩岸貿易商直接交易。(3)制定《中國大陸地區物品勞務服務在臺灣從事廣告活動管理辦法》(2003年12月),開放中國大陸物品勞務服務在臺從事廣告活動。在投資方面表現為:(1)修訂《在中國大陸地區從事投資及技術合作許可辦法》(2002年4月、2002年7月)、《在中國大陸地區從事投資或技術合作審查原則》(2001年11月)等法規,除開放臺商對中國大陸直接

投資外，還放寬了投資領域的限制，簡化了投資審查程序；（2）提出《中國大陸地區人民在臺灣取得設定或移轉不動產物權許可辦法》（2002年8月），為開放陸資赴臺投資不動產建立初步法律架構。在金融方面，則多次修訂了《臺灣地區與中國大陸地區金融業務往來許可辦法》（2001年11月、2002年8月），放寬兩岸金融業務往來的限制，以配合兩岸貿易、投資關係迅速發展的需要。為配合2003年10月「兩岸人民關係條例」的最新變動，2004年初，臺灣「財政部」再次發布了新修訂的《臺灣地區與中國大陸地區金融業務往來許可辦法》，以及《臺灣地區與中國大陸地區保險業務往來許可辦法》、《臺灣地區與中國大陸地區證券及期貨業務往來許可辦法》，並訂定了《民眾攜帶人民幣出入境限額規定》等法令。

　　從上述「兩岸關係條例」及其子法大幅的、頻繁的變動來看，民進黨執政後的兩岸經貿政策法規似乎有較大鬆動。然而，由於陳水扁臺灣當局根深蒂固的「臺獨」意識與自信的不足，其中國大陸經貿政策立法實質上並沒有太大的改變，臺灣當局在修改兩岸經貿關係法時，始終堅持「開放與管制」並存原則。首先，臺灣當局一方面開放了兩岸直接貿易、臺商對中國大陸直接投資，放寬了兩岸金融往來和人員往來限制；另一方面，也設置了一般性防禦條款、平衡稅及反傾銷稅條款、農產品特別防衛措施、中國大陸物品特別防衛機制等，限制兩岸貿易往來的措施，建立了所謂「動態調查機制」和「專案審查機制」等，阻礙臺商中國大陸投資的制度，這些新規定，隨時可能對臺商中國大陸投資形成新的壁壘。在陸資赴臺投資方面，目前，臺灣當局僅就開放陸資從事土地及不動產訂定了配套子法，而且其已完成立法程序的土地及不動產立法，從陸資准入、陸資營運等環節對陸資重重設限，明顯違背了「非歧視待遇」原則。在「三通」方面，雖然新「兩岸人民關係條例」中，18個月內必須擬定兩岸通航許可辦法的「三通條款」，被認為對民進黨臺灣當局企圖拖延兩岸「三通」具有一定的制約作用，但該條款本身便具有拖延的意味。上述限制性措施，充分顯示臺灣當局雖然在政策上宣示鬆綁「戒急用忍」，但實際上並沒有放棄「戒急用忍」；其次，「兩岸人民關係條例」仍然存在大量「授權條款」。大量的「授權條款」是「兩岸人民關係條例」的一貫特色，新修訂後的條例依然如此。臺灣當局廣泛「授權

立法」的目的，除了便於依照兩岸經貿關係不斷變化，及配合整體中國大陸經貿政策調整需要隨時修法，而不必動輒變動「母法」的考量外，還在於便於以子法來達到實質上限制兩岸經貿關係的目的，這在開放陸資問題上表現得尤其明顯。2002年8月、2003年10月，臺灣當局兩度修訂「兩岸人民關係條例」，開放了陸資對臺投資不動產及其他產業，但由於相關子法或過於嚴苛或付之闕如，因而收效甚微。

臺灣投資相關法規的演變及其趨勢分析

彭莉

1950年代以來，為因應各個時期經濟發展戰略的需要，臺灣當局提出了一系列的投資法令，形成了一個較為完善的投資法規體系。在這些立法中，主要以規範臺灣海外投資者在臺投資行為為主要內容，若以適用對象為依據，可做如下分類：第一，專門適用於僑外投資者的立法，主要有《華僑回國投資條例》、《外國人投資條例》；第二，適用於臺灣海外投資者的立法，主要有《促進產業升級條例》、《加工出口區設置管理條例》、《科學工業園區設置管理條例》、《自由貿易區設置管理條例》；第三，專門適用於中國大陸投資者的立法，主要有《臺灣地區與中國大陸地區人民關係條例》部分條文，及正在擬定中的「陸資對臺投資許可辦法」。近10餘年來，由於臺灣海外政治經濟環境的快速變化，上述立法大都歷經了次數不一的調整，臺灣投資法呈現出新的發展趨勢。

一、影響臺灣投資法調整的主要因素

（一）經濟全球化下國際投資法的自由化發展趨勢

1990年代以來，隨著分工的深入和市場的擴大，科學技術的飛速進步，以

及跨國公司的迅速發展,經濟全球化的浪潮洶湧澎湃。與此同時,為了更有效地調整跨國投資關係,推動全球經濟合作,國際投資法律也處於不斷的調整和轉變之中。在國際法制層面,主要表現為全球雙邊投資條約日趨完善,區域性國際投資法制迅速發展,全球性國際投資法制正在建立;在一國或一地區法制層面,主要表現為世界上許多國家或地區,尤其是發展中國家或地區,為適應經濟全球化這一客觀發展潮流及WTO一攬子協議的達成,紛紛調整其外資立法。自由化趨勢,則為這些國家和地區修改外資法前所未有的共同趨向。具體而言,主要表現在以下幾個方面:(1)允許外資進入的行業或部門逐漸開放;(2)允許外資進入的條件逐漸放寬;(3)提高外資的待遇標準。面對國際投資立法領域的上述新趨勢,晚近,臺灣當局對其涉外投資立法也做了一定程度的調整。1997年,臺灣當局對《華僑回國投資條例》、《外國人投資條例》,即僑外資條例進行了修訂。此次修法的主要原因之一即為「符合有關投資之國際規範」,使僑外投資條例向「更自由化、國際化趨勢邁進」。此外,為因應加入WTO的需要,臺灣當局還對《加工出口區設置管理條例》及《科學工業園區設置管理條例》進行修訂,取消了區域內與補貼協議等WTO要求不相適應的規定。

(二)臺灣投資環境日漸惡化

近10餘年來,臺灣內外經濟情勢逐漸改變,臺灣勞力與土地成本偏高,基礎設施不足,致使臺灣的投資環境日漸惡化,不僅造成臺灣產業大量外移,也使僑外投資者赴臺投資呈現遞減趨勢。2000年民進黨執政後,由於全球經濟不景氣,臺灣產業結構性調整步伐緩慢,以及陳水扁臺灣當局在執政中始終以政治為優先考量,提不出促進經濟發展的可行措施等原因,臺灣經濟情勢更急劇惡化,臺灣海外投資意願不斷下滑。政黨輪替後,臺灣民間投資成長率由2000年的15.70%滑落至2001年的-29.17%,創歷史新低,至2002年度仍呈-0.34%的負成長;「政府」投資成長率由-4.70%滑落至-4.77%,至2002年更再度下滑至-10.07%;僑外投資年成長則由79.8%驟然滑落至-32.6%,2002年再下降到-36.2%,臺灣經濟由此步入黑暗期。臺灣投資環境日漸惡化,既是1997年臺灣當局調整其僑外投資條例的另一重要原因,也是近年來臺灣《產業升級條例》頻繁變動,租稅優惠不斷擴大的重要原因。

（三）加工出口區逐漸轉型，自由貿易港區正式啟動

臺灣加工出口區在歷經了1960年代～1970年代的快速發展後，由於國際競爭加劇，臺灣工資水平快速上揚，傳統勞力密級型產業生存環境不斷惡化。到了1980年代，開始面臨如何轉型問題。1990年代後，臺灣當局進一步加速推進加工出口區轉型的規劃。1995年1月，臺灣「行政院」院會通過發展臺灣成為「亞太營運中心」計劃，放寬了加工的功能限制，賦予加工區更自由化、多元化的經營方向。為配合這一發展戰略，臺灣「經濟部」還制定了加工區轉型計劃，決定全面調整加工區的功能，設置倉儲轉運區，推動加工區成為亞太地區科技產業研究中心及倉儲發貨服務業的轉運中心。此外，為因應全球化浪潮，協助臺商全球布局並鼓勵企業將臺灣作為營運總部，臺灣當局提出了「挑戰2008」重點計劃書，將推動全球運籌中心列為第七計劃，期望藉由提供具有誘因的租稅減免及土地取得優惠，輔以完善的行政服務和軟硬環境，營造臺灣成為臺商與跨國企業營運總部的最佳選擇。晚近，《加工出口區設置管理條例》的修訂和《自由貿易區設置管理條例》制定，與上述背景有著密切的關係。

（四）兩岸投資關係由「單項」轉向「雙向」

近20多年來，海峽兩岸的經貿關係有了長足的發展，但是，長期以來，臺灣當局頑固堅持「單向、間接」、「戒急用忍」的中國大陸政策，在海峽兩岸經貿往來方面設下了許多限制與障礙，致使兩岸間的經貿關係深受政治因素的影響，一直無法正常發展。其規範兩岸關係的基本法《臺灣地區與中國大陸地區人民關係條例》，更明確以立法的形式將「間接、單向」的中國大陸經貿政策法律化。在這種不合民意與潮流的政策法規的管制下，兩岸間的經貿往來並沒有體現WTO自由、平等與公正的原則。尤其是在投資關係方面，基本上是臺灣方面的人、物、資金等生產要素單向流入中國大陸，而中國大陸廠商則不能進入臺灣投資設廠。海峽兩岸加入WTO後，基於臺灣外的種種壓力，臺灣當局不得不在2002年4月及2003年10月兩度修訂了「兩岸人民關係條例」，一定程度上開放陸資對臺灣投資。

二、臺灣投資法調整的主要內容分析

（一）僑外投資「立法」的調整

僑外投資條例頒行於1950年代中期，是臺灣當局最早提出的投資法令之一。1997年11月，基於改善投資環境、提高外國人投資意願，同時為因應臺灣加入WTO世界貿易組織，推動臺灣成為亞太營運中心的需要。臺灣當局對兩條例進行了較大幅度的調整，修訂重點包括：（1）修訂華僑及外國人投資出資種類。按照原條例規定，華僑及外國人以現金出資的，不包括直接以新臺幣出資，僅限於匯入或攜入外匯構成之現金。由於僑外人投資之管理首重身份，加上外匯管制放寬後，以往藉由華僑、外國人投資獲取外匯的目的已不復存在。因此，新條例將僑外投資人直接以新臺幣出資亦納入管理；（2）明令禁止或限制外國人投資之事業項目應符合國際化、自由化發展趨勢。參酌GATT及OECD國際投資宣言基本精神，新條例規定：除投資經營之事業有害於「國家安全」、公共秩序、善良風俗與國民健康及法律有禁止外國人投資之規定外，原則上對華僑、外國人的投資不加以禁止，至於禁止或限制投資之範圍，仍以負面表列訂定。與舊條文相比，新規定准許僑外投資之範圍有所放寬；（3）刪除結匯權限制，以符合國際規定。經過此次調整，臺灣僑外投資條例進一步邁向了自由化、國際化方向。

為保證僑外投資條例的實施，長期以來，臺灣當局制定了一系列的配套子法。近年來，對僑外資影響最大的當屬《僑外投資負面表列——禁止及限制僑外人投資業別項目》1999年5月和2003年2月的兩次修訂。1999年「僑外投資負面表列」的修訂，主要是為加入WTO世界貿易組織而進行的。修訂重點有：（1）基於政策考量，「個人經營小貨車營運」不宜開放外國人投資經營，因此增加禁止投資類；（2）因臺灣當局特許「有線廣播電視及衛星廣告電視業」有條件開放僑外人士投資，遂將上述兩項業別由禁止投資類改為限制投資類；（3）「小客車租賃業」等項目自限制投資類中刪除；（4）在限制投資類「航空運輸及相關服務業」項下增列「空廚業」；（5）限制投資類的細則業別中所列的「期貨經紀商業」修正為「期貨業」。2003年「僑外投資負面表列」的修訂，主要是

為履行加入WTO世界貿易組織的承諾,開放外國人投資酒類製造而進行的。修訂重點有:(1)原列禁止項目的「農藝及園藝業」、「畜牧業」及「漁業」,改為限制類;(2)原禁止投資的「酒精製造業」改列限制類;(3)刪除原為禁止類的「個人經營小貨車貨運」及原屬限制類的「鐵路運輸」、「混合廢五金」與「醫療保健服務業」等項目;(4)「不動產買賣」等由限制項目中刪除。經過上述兩次全面檢討、調整,現行「僑外投資負面表列」對僑外投資的方向限制已大幅放寬,其中禁止類項目僅餘18項,限制類項目雖仍有61項,但多屬相同類目。

(二)促進產業升級條例的調整

為促進產業升級,健全經濟發展,臺灣當局於1990年12月制定了《促進產業升級條例》,「產升條例」頒布迄今,共歷經6次修訂。近年來較為重要的修訂有1999年12月、2002年1月及2003年2月,主要內容包括:(1)鼓勵發展新興重要策略性產業,營利事業或個人持有股票時間達3年以上,個人股東投資抵減的初始抵減率為10%,自2000年起,每隔2年降低一個百分點;鼓勵企業自行從事研究發展及人才培育,將其抵減率上限由現行的20%提升為25%,公司研究發展或人才培訓支出,如超過前兩年度支出之平均數者,超過部分得按50%抵減營利事業所得稅;公司得在投資於研究與發展及人才培訓支出金額一定限度內,抵減當年度應繳納營利事業所得稅;(2)鼓勵國際企業在臺投資,凡在臺灣設置一定規模且具重大經濟效益之營運總部者,其管理服務或研發所得、自國外關係企業獲取權利金、投資收益及處分利益,得免徵營利事業所得稅;外國企業或在臺的分公司設立物流配銷中心,從事儲存、簡易加工,並交貨物給臺灣客戶,免徵營利事業所得稅;(3)增訂第9條之二,對2002年1月1日起至2003年12月31日止,凡新創立或增資擴展之製造業及其相關技術服務業,投資全新機器、設備或技術者,得就投資計劃新增所得享有5年免徵營利事業所得稅之優惠;(4)活絡工業區土地使用,放寬工業區土地使用限制及出售對象,將工業區域內生產事業用地面積下限由60%降至50%;(5)基於「產升條例」實施多年來所產生的經濟效益,將原本應於1999年底適用期限屆滿的條例再延長10年;

由上述可見，臺灣「產升條例」的變化呈現出租稅優惠日趨擴大的趨勢。除強化了新興策略性產業、高科技產業及企業從事研發的稅收優惠，強化工業區土地出租優惠挑戰措施，還提供一般製造業及其相關技術服務業新增投資享有所得稅優惠，其目的在於激勵製造業及其相關技術服務業增加投資，並藉由其關聯效果，紓解基層勞工失業問題，創造就業機會；同時擴增關鍵性產業之生產能量與競爭力，進而帶動經濟成長，鼓勵業者根留臺灣，並吸引更多外商來臺投資。

　　（三）特殊經濟區「立法」的調整

　　晚近，為因應加入WTO的需要，配合加工區轉型及產升條例的實行，落實「全球運籌發展計劃」，提升服務效能，臺灣的特殊經濟區立法有較大的變動。

　　1997年5月年及2002年5月，臺灣當局先後對《加工出口區設置管理條例》進行了調整，內容涉及：（1）將原先出口導向之政策目標，改以推廣國際貿易代之；消除於區域內設立事業之限制，並擴展區域內事業之範圍及深度，包括貿易、諮詢、研究發展及技術服務，以鼓勵投資；（2）取消內銷比例限制，同時對銷售至區外臺灣市場的區域內產品課徵關稅，將以出廠時形態之價格，扣除區域內製造或加工之附加價值為基礎；（3）刪除廠商進口機器設備銷售供區域內事業時，其已課稅者不予退稅之規定，以避免鼓勵購買區域內的機器設備。

　　與「加工區條例」相比，《科學工業園區設置管理條例》近年的變動更為頻繁，但其核心內容可歸納為兩方面：一是取消實施20餘年的科學工業園區廠商可享受5年免稅及4年免稅的優惠。園區域內的高科技產業新的投資與傳統產業一樣，必須符合產升條例有關新興重要策略性產業的條件，才可享受免稅優惠；一是提升服務效能，調整作業規定，因應行政程序法的有關規定。

　　提出於2003年7月的《自由貿易區設置管理條例》，是陳水扁臺灣當局為實現「全球運籌發展計劃」的重要立法政策。該條例共分8章43條，分別為總則、自由港區之規劃與管理、貨物自由流通、自由港區事業自主管理、租稅措施、人員入出許可及罰則等。重點內容包括：（1）自由貿易港區將視為「境內關外」，進入港區之貨物得在港區域內或港區間自由流通，進行倉儲、轉運、加值等作業，並享有貨物免除關稅、營業稅、簡化關務行政及通關申報手續等優惠；

（2）外籍商務人士進出自由貿易港區，除依一般之簽證、免簽證、落地簽證或申請旅行證入境外，得經自由貿易港區事業，代向自由貿易港區管理機關申請核轉許可，於抵達臺灣時申請簽證。

（四）兩岸投資關係「立法」的調整

如前所述，基於兩岸經貿關係日趨熱絡及WTO非歧視待遇的壓力，臺灣當局被迫加入WTO後頻繁調整兩岸經貿關係立法，一定程度上開放了陸資對臺投資。

2002年4月，臺灣當局對《臺灣地區與中國大陸地區人民關係條例》進行了加入WTO以來的第一次修訂，其中有關開放陸資投資臺灣土地及不動產一項，新條例第69條，將原來的「完全禁止」，修正為「中國大陸地區人民、法人、團體或其他機構，或其於第三地區投資之公司，非經主管機構許可不得在臺灣取得、設定或移轉不動產物權」。以該條文為依據，臺灣「內政部」於2002年8月提出了《中國大陸地區人民在臺灣取得設定或移轉不動產物權許可辦法》。「不動產物權許可辦法」，就中國大陸地區人民、機構或於第三地區投資的公司，申請取得或設定不動產物權的資格、許可條件及用途，以及申請程序、申報事項、應備文件、審核方式、違規使用的處理等事項作了具體規定。2003年3月，臺灣當局又訂定了《中國大陸地區土地及營建專業人士（乙類）來臺從事不動產相關活動審查作業要點》，將中國大陸人士每年在臺停留時間，由最長1個月延長至4個月。「兩岸關係條例」、「不動產物權許可辦法」及相關配套子法的修正和制定，為開放陸資赴臺投資不動產建立了法律架構。

2003年10月，臺灣當局再次修訂「兩岸關係條例」，這是該條例近10年來歷經的最大規模的一次調整，內容廣泛涉及兩岸協商、人員往來、文教交流、經貿交流等諸方面。其中最值得關注的變動之一，即參照僑外投資核准制度，適度開放陸資對臺投資。按照新「兩岸關係條例」第73條等條文的精神，今後中國大陸人民、法人、團體或其他機構，或其於第三地投資之公司，經相關主管許可，得在臺灣從事投資行為。

三、臺灣投資法的發展趨勢

（一）僑外商對臺投資的限制將進一步解除

1980年代以來，由於臺灣外匯管制不斷放寬，僑外投資條例中有關僑外投資人結匯權的限制逐漸縮小，臺灣相關立法有關僑外投資的管制性規範日趨集中於兩方面：一是投資方向限制，另一是審核限制。晚近，隨著僑外條例等法規的多次修訂，僑外對臺投資的投資方向限制和審核限制雖不斷放寬，但現有的限制仍有進一步解除的必要。首先，放寬對外資的管制，將是今後各國或地區外資法努力的方向，臺灣亦無法例外。就目前臺灣對僑外資投資方向和審核的限製程度而言，與發展中國家或地區相比雖屬寬鬆，但與先進國家或地區相比卻仍顯嚴格。在美國，除了按國際通行做法，在國防、金融、通訊、廣播等一些領域對外資有一定限制外，外資進出自由，無須經過政府審核。美國既沒有頒布外資必須登記的法規，也沒有外資審核的法令，外資流入無論是直接投資還是間接投資均自由開放。再如日本，日本早期雖然對外資一直實行嚴格的管制，但自1960年代中後期開始，逐漸放寬管制；1980年代後已基本實現外資准入自由化。1980年，日本政府修訂了《外匯與貿易管理法》，並廢止了《外資法》。按照新《外匯法》規定，外國直接投資入境一般實行自由許可，外資進入僅須申報，無須逐一審核，對外資僅有一些國際慣例常見的「投資方向限制」。其次，1997年臺灣當局修訂僑外投資條例的主要目的之一，即排除法規及行政上所形成的投資障礙，完成投資及貿易自由化，改善投資臺灣環境，鼓勵僑外人赴臺投資。但從近些年條例實施的情況看，結果並不令人滿意，雖然2003年僑外對臺投資為正成長，但2001年及2002年均大幅衰退。基於上述原因，未來臺灣當局將進一步放寬對僑外投資的限制，以改變僑外對臺投資日趨遞減的趨勢。據悉，目前臺灣當局正研擬對僑外投資條例進行新一輪修訂，臺灣「經濟部」已於2002年完成了對兩條例的修正草案，修正草案重點之一，即廢除實施多年的僑外投資負面表列制度，同時進一步簡化僑外人對臺投資的投資程序。

（二）《產業升級條例》難以順利廢除

1990年12月，在臺灣實施了30年之久的《獎勵投資條例》功成身退。考慮到當時的臺灣正處於產業升級階段，加上臺灣企業幾十年一直受「獎投條例」等法規政策的保護，形成了一定的依賴性，一下失去這些保護將難以適應。臺灣當局於1990年底匆匆推出了「產升條例」，以承擔「獎投條例」的後續任務。與「獎投條例」一樣，「產升條例」以10年為適用期限，也就是說，按原計劃，該條例應1999年適用期屆滿。但基於該條例對產業結構的調整、生產力的提升以及新興產業的促成，皆產生相當大的效果的考量，1999年臺灣當局修訂條例時，決定再延長10年，即延遲至2009年期滿。「產升條例」實施10多年來，對臺灣經濟無疑有一定貢獻，但也造成了大量的稅收損失。尤其是民進黨執政以來，為刺激經濟景氣，大幅強化「產升條例」的租稅優惠，使得依照條例所抵減的稅額不斷增加，其中2002年高達653億元，預期2003年將突破千億元，對臺灣財政傷害甚大。為此，一些團體、人士，紛紛呼籲條例實施屆滿不再延長實施，並朝建立「公平、效率、簡化」的稅制改革方向努力。然而，由過去經驗可知，「獎投條例」自1960年開始實施，一延再延持續實施了30年，最後在不得已的情況下，才換個名目由「產升條例」接手；如今「產升條例」又重蹈覆轍，一再延展契約立法屆滿期限，未來幾年，如果臺灣經濟情勢沒有根本性好轉，民間投資意願依舊低迷，「產升條例」要在2009年底順利取消，並不樂觀。

　　（三）自由貿易港區的相關子法將陸續配套

　　《自由貿易港區設置管理條例》為自由貿易港區提供了最基本的法律依據，但港區的設置和運行還有賴於具體制度的確立。「貿易港區條例」內含大量授權條款，必須配合條例擬定的相關法規有：自由貿易港區申請設置辦法、自由貿易港區貨物通關辦法、自由貿易港區事業設立及撤銷辦法、自由貿易港區人員、車輛及物品入出與居住管理辦法、自由貿易港區管理機構收費標準、自由貿易港區協調委員會設置辦法等等。目前，除「經建會」已正式公布「自由貿易港區申請設置辦法」外，「自由貿易港區貨物通關辦法」等也已完成草案，還有一部分子法正由各相關機構協調確認。短期內，自由貿易港區的配套子法將全面完善，並將可能對其他特殊經濟區法制產生一定影響。

（四）兩岸投資關係立法面臨持續修訂的壓力

加入WTO後，臺灣當局先後修訂了「兩岸關係條例」第69條、73條等條文，並提出了「不動產物權許可辦法」，臺灣當局限制性的兩岸投資政策法規有了一定程度的鬆動。但是，從總體上看，臺灣當局對中國大陸的投資壁壘依然森嚴。隨著加入WTO後，兩岸經貿關係持續發展，臺灣現行各種對中國大陸投資壁壘勢必被迫進一步解除，兩岸投資立法面臨持續修訂的壓力。臺灣當局長期以來頑固推行的「單項」中國大陸投資政策，而造成的有關陸資入臺方面法律規範方面的不完善，將是其中最重要內容之一。如界定准許、禁止或限制陸資對臺投資的產業目錄，規範陸資對臺投資的核准程序，開放中國大陸人士可以在商務目的下短期進出臺灣、在臺居留，甚至長期居留等等，都將制定出具體的許可辦法。

中國臺灣的創業投資機制及對中國大陸的啟示

戴淑庚

創業投資（venture capital），亦稱風險投資。從廣義來說，泛指一切具有高風險、高潛在收益的投資。狹義的創業投資是指以高科技和知識為基礎，生產與經營技術密集型的創新產品或服務的投資。創業投資既是投資又是融資。把訊息、技術、管理、資金和人才，透過一套完善的機制結合在一起；把「訊息流」、「資金流」、「勞動力流」、「物質流」四者有機結合在一起。它具有投融資理念創新、技術創新、管理創新、企業制度創新的綜合特點，是一種具有積極主動特點的資本，它的出現是融資市場上的一個創舉。創業投資作為投融資方式上的一種創新，最早出現於19世紀末20世紀初的美國，1980年代以後成為席捲全球的國際浪潮。臺灣雖然在創業投資上起步較晚，但由於摸索出了一套具有自身特色的、高效的創業投資機制，發展比較迅速，目前成為僅次於美國，與以色列並列第二的地區。因此，本文擬探討臺灣創業投資的機制，這對於完善中國大陸的創業投資機制具有重要的理論意義和現實意義。

一、臺灣創業投資的機制

雖然臺灣第一家創業投資公司成立於1976年，但其創業投資的真正起步卻是1984年，由宏碁公司領先成立宏大創業投資公司。但開始時發展緩慢，即使在臺灣當局提供創業投資的租稅優惠（1986年），以及由「行政院」開發基金與交通銀行出資共同投資於創業投資事業（1985年、1991年）的帶動下，也只有小幅成長。1984至1994年間，每年增加的創投除1990年為7家，以及1989年為4家外，其餘均在3家以下。直到1996年，由於科技產業興起、科技類股票市場熱絡，以及過去創業投資有顯著回收成效的刺激下才大幅成長。至2003年3月底，臺灣共有197家核准的創業投資公司，其中1996年～1999年就成立了126家。就投資金額而言，由1990年代不足100億元新臺幣猛增到2002年1,512.88億元新臺幣，13年間成長了15倍之多。可見臺灣創業投資事業發展比較迅速。另外，尤值得一提的是，它在改善金融中介品質、提供科技產業發展之股權融資進而促進科技產業發展、提升資本市場的資金效率等方面績效顯著。之所以如此，歸功於比較健全的創業投資機制。

（一）管理運作機制

從國際上來看，風險投資公司的管理運作機制主要有公司制、信託基金制和有限合夥制。美國以有限合夥制為主，而臺灣的風險投資機構大都採用信託基金這一管理運作機制。其具體形式：一是不設經營團隊，委託一家管理顧問公司管理投資；二是不設經營團隊，委託另外一家自行擁有經營團隊的創業公司管理投資。據臺灣的創業投資商業同業公會統計，在2002年總計194家創業投資公司中，自行管理的只占12.86%，委託管理的占85.05%，委託其他創業投資（基金）公司管理的占2.06%。並且自1996年以來，委託管理的比重由57.4%增加到85.05%，自行管理則由29.79%下降為12.89%。總的來說，這種機制由投資者設立的創業投資公司（基金），採用委託管理方式，將其基金委託給某家管理顧問公司管理和經營。管理公司由有經驗的管理人團隊組成，負責為投資公司選擇、推薦投資項目，並受託管理項目，但不具有投資的最終決策權；而創業投資公司

（基金）則不參與管理公司的工作，但享有最終決策權。信託基金制對有限合夥制中「資本＋人」的一體組合分離成「資本」＋「人」，兩個實體間簽訂委託管理合約，承擔各自的法律義務。雖然分離成兩個獨立的實體會降低一部分效率，但吸收了有限合夥制中專家理財的優點，且兩個實體分工明確、相互制衡，有效地降低了因法制和信用缺乏所帶來的風險。這樣一來，在充分發揮基金管理人的「專家管理優勢」的基礎上，又輔之以董事會的必要監督，就能更好地發揮創投基金初期發展的功效。

（二）資金形成機制

臺灣風險投資的資金形成機制，採行的是私募制度。由於創業投資公司一般並非上市或上櫃公司，因此較不可能依據臺灣「證券交易法」的規定，從有價證券集中市場或店頭市場向投資大眾募集資金。換言之，創業投資公司一旦有增資的需求，原則上僅能依其「公司法」的規定，以由股東或員工認股或洽特定人認購的方式，增資發行新股。另外，由於2000年臺灣新修正的公司法亦設有私募公司債制度，故理論上，如符合私募公司債的條件，亦可向少數人或特定金融機構私募公司債。

至於臺灣創業投資的資本結構，與美國風險投資資金來源相似處是資金來源多元化、機構化。臺灣創業投資基金來自個人、臺灣當局政府機構、公營銀行、臺灣民營銀行、信託、投資、開發公司、保險、其他法人機構，還有來自海外的銀行、保險公司、投資機構等，呈現多元化的特點；而且法人機構占絕對優勢，占資金來源比例的80%以上（見表1）。

就臺灣法人機構而言，（1）產業界投入的資金一直是創業投資資金的主要來源。自1993年～1996年間雖有起伏，但大多在總資金的半數以上；唯1994年略低，只有49.2%。這與美國創業投資資金以養老金為主的資金結構迥異，臺灣創業投資公司還未有養老金加入。（2）臺灣當局政府機構、公營銀行資金所占比例均呈下降趨勢，由1993年的10.5%下降到1996年的5.05%，而保險公司自1994年之後，呈上升趨勢。（3）臺灣民營銀行資金比例，雖自1995年後逐漸上升，但所占比例很低，主要原因是加入較晚，尚處在學習中。就海外法人機構而

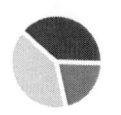

言，外國投資於臺灣創業投資事業以投資機構為主，銀行和保險公司所占比例均較低。由表1可知，外國資金比例呈明顯下降趨勢。之所以下降，是因為臺灣當局開放法人機構加入創業投資資金以及民間產業界的資金投入增加。

單位：%

表1　臺灣創業投資公司資金來源（1993～1996年）

資料來源	1996 年	1995 年	1994 年	1993 年
個人	15.93	17.74	18.1	16.5
法人機構	84.07	82.26	81.9	83.5
政府機構	0.44	1.47	9.7	10.5
公營銀行	4.61	7.95		
省內民營銀行	0.77	0.62	7.3	5.4
信託、投資、開發公司	—	1.30		
省內投資機構	13.04	—	—	—
省內保險公司	4.36	3.16	2.5	0.0
其他法人機構（產業界）	57.21	60.10	49.2	54.3
省內退休基金	0.00	0.00	0.0	0.0
省外銀行	0.72	0.33	13.2	13.3
省外保險公司	0.30	0.96		
省外投資機構	2.62	6.37		
省外退休基金	0.00	0.00		
省內法人	77.42	74.60	63.8	64.0
省內個人	15.58	17.74	18.1	16.5
其他	—	—	5.0	6.3

資料來源：創業投資（通報第18、16、15號），創業投資產業調查報告專刊1997，1996，1995。

　　總的來說，臺灣創業投資的資金來源呈多元化、機構化的特點。這種特點隨著時間的推移而日益突顯，且創業投資的資金總量驟增。2002年，臺灣創業投資資本總額猛增到1,512.88億元新臺幣，其中，政府機構占3.31%、銀行占6.14%、金融控股公司占1.97%、保險公司占9.72%、法人公司占38.8%、投資機構占19.08%、證券公司占1.69%、個人占17.91%、其他占1.38%。也就是說，臺灣創業投資的資金來源中，產業法人機構占的比例仍然最大，達38.8%。之所以如此，主要是因為：一是1990年代以來，隨著臺灣當局漸次開放法人機構投資創業投資事業，如1994年、1995年分別開放保險公司、民營銀行加入創業投

事業，法人機構的資金比例在逐漸增大，也拓寬了創業資本的來源管道；二是臺灣一般加工製造業和科技產業發展強勁，許多企業在創業投資支持下成功上市後，又將募集的部分資金投入創業投資基金，從而使創業投資資本總額猛增。

（三）投資機制

投資機制主要包括投資對象和投資階段兩方面。臺灣創業投資的投資對象主要在科技產業，且為臺灣當局所訂定的十大新興工業與「國科會」之12項重點科技。1999年創投事業共投資4,493家廠商，投資金額達947億元，97%的資金投資於科技產業，包括半導體業（投資金額占全部投資金額的20.52%）、資訊工業（占18.22%）、電子工業（占13.79%）、通訊工業（占12.18%）以及光電產業（占10.33%）等，其餘各行業之投資金額皆不及6%。從投資結構看，以資訊電子業為主，其中原因在於臺灣的稅收激勵機制。臺灣當局採行降低課稅額或稅率或給予投資抵減等措施，這就使得資本的使用成本降低，從而促進企業投資增加。臺灣於1983年修訂獎勵投資條例時，即對於創業投資事業及其投資人採取諸多稅收優惠措施，以鼓勵投資人投資創業投資事業。其中較為重要者，如公司投資於創業投資事業者，其投資收益的80%可免予計入所得額課稅。又個人或營利事業原始認股或應募創業投資事業，因創立或擴張而發行的記名股票，可以以其取得該股票之價款20%限度內，抵減當年度應納綜合所得稅額或營利事業所得稅額；且如果當年度不足抵減時，得在以後5年內抵減之。

1996年以前，臺灣創業投資主要投資於高科技產業的擴展期和成熟期，尤以擴展期為重。1992年～1994年間，擴展期投資額比重約50%，1996年高達55.18%。這主要是由於臺灣風險投資的發展，從一開始就有很強的戰略考慮，同時也由於缺乏通曉技術和金融的風險投資人才，所以從控制風險的角度加大了後期投資的比重。而美國風險投資業最初主要投入創新企業的初創階段和成長階段。這是因為美國風險投資業創立的目的就是為經濟注入新鮮血液，及推動新生的、有創意的、有潛在市場的中小高科技企業服務。值得注意的是，1996年以後，臺灣創業投資有階段投資的改變（見表2），創業投資在創建期的投資比重提高；不過，擴展期的投資仍為各階段之冠，這種情況與歐洲各國投資於較後階

段的情形相似。之所以創業投資在創建期的比重提高,是因為臺灣當局對此進行政策導向的緣故。至於仍以擴展期為多,表示有過度規避風險之嫌。

表2　臺灣1996～2001年度階段別投資金額及比例

比例單位:百萬元臺幣,%

年　　別 投資階段	1996年 金額　比例	1997年 金額　比例	1998年 金額　比例	1999年 金額　比例	2000年 金額　比例	2001年 金額　比例
種子期	889　10.1	725　4.1	2013　9.3	1851　6.3	2406　7.8	564　6.9
創建期	1569　17.8	4227　24.1	5450　25.2	7435　25.1	10110　32.8	2887　35.4
擴展期	4863　55.2	8652　49.3	9947　46.1	13014　44.0	12972　42.1	3441　42.2
成熟期	1429　16.2	3730　21.2	4015　18.6	7080　23.9	5042　16.4	1242　15.2
重整期	63　0.7	229　1.3	166　0.8	212　0.7	273　0.9	13　0.2
合　計	8813　100.0	17563　100.0	21591　100.0	29592　100.0	30803　100.0	8417　100.0

資料來源:〔臺〕梁玲菁,《臺灣創業投資合作與發展》,〔臺〕《理論與政策》2003年4月,第13頁。

(四)創業資本的退出機制

創業資本的退出有首次公開發行(IPO)、出售(售出和股票回)、清算或破產等三種方式。公開上市成為臺灣風險資本退出的主要方式之一。一方面,在資本市場上,增列科技事業的第三類股票以解決風險資本的退出問題,使風險資本循環得以較好的實現。具體措施是:①對於投資高科技產業股票,可以在所購股票價款的30%限度內,抵減當年綜合所得稅,而相對比的,對於一般工業礦業的股票,必須持有兩年以上,且抵減限額僅為15%;②實行第三類股票由承銷商進行市場銷售的制度,以加強這類小盤股的流動性。另一方面,也是最重要的方面。臺灣透過設立二板市場——櫃臺市場(Over the Counter,簡稱OTC)為風險投資退出提供管道,也為高科技產業融資提供管道。

臺灣在1994年和1995年,經歷了泡沫經濟所導致的不景氣後,1996年下半年,經濟開始進入復甦階段。1997年,臺灣當局提出了把臺灣建成「科技島」的方針政策。為了支持高科技產業的發展,臺灣證券交易所成立了為中小企業融資的二板市場——櫃臺市場,使臺灣高科技產業出現了前所未有的發展趨勢,產業升級狀態達到新的層面。

臺灣的證券市場自1982年重開店頭市場之後，始有集中市場與店頭市場之分。前者供規模較大的產業股票流通，後者是供規模較小的產業股票及政府公債、公司債券、金融債券的流通。兩個市場性質相同，地位相當，只是上市標準不同。政府對店頭市場的規定，是將店頭市場定位於集中交易的市場之下，作為其預備市場的一個「準市場」而言的。

從產業領域來說，OTC的產業定位不同於美國的NASDAQ市場和歐洲的二板市場，美、歐二板市場的上市公司主要以高科技電子、互聯網站類公司為主，而臺灣的店頭市場在主要扶持高科技類公司上市的同時，也側重傳統行業的發展。1998年11月，在臺灣店頭市場上市的企業總數為157家，其中資訊電子業為58家，占總數的40%；證券類行業有17家，占11%；機械電器類有18家，占12%；鋼鐵類為9家，占6%；金融保險類有7家，占4%。由此可見，臺灣店頭市場上市公司中高科技類公司占的比重較大。除此之外，還有包括證券、電機、鋼鐵、保險、營建運輸、化學等多達16類行業公司。臺灣OTC的這種產業定位有利於分散市場風險，對高科技股泡沫化具平抑功能。這在美國高科技股泡沫化發生之後，臺灣OTC市場所受影響甚小即是很好的說明。

臺灣店頭市場屬於自律監管，並由證券及期貨管理委（員會）直接監管。另外，臺灣對股票實行集中保管制度。董事、監管人及持有公司已發行股份總數10%以上股份的股東，必須將其持股總額按櫃臺市場買賣中心規定的比率委託指定機關集中保管。自股票在櫃臺買賣之日起2年內不得出售，取得的集中保管的證券憑證不得轉讓或質押。2年期滿後，集中保管的股票允許按櫃臺市場買賣中心規定的比率分批領回，每6個月最多可出售所持股份的20%。

由上觀之，臺灣根據臺灣情況和經濟發展狀況，對店頭市場進行了比較符合實際情況的制度設計，因而成為中小企業的孵化器，並獲得加速發展。同時，使臺灣高科技產業出現了前所未有的發展趨勢，產業升級狀態達到新的層面。

（五）創業投資和技術創新的耦合機制

臺灣創業投資和技術創新的耦合機制，體現在以下幾方面：一方面是，臺灣模仿矽谷模式，透過設立新竹科學工業園區，為技術創新和創業投資提供耦合的

場所；另一方面是，園區的技術創新與創業投資形成了互動的格局。園區以其良好的投資環境吸引留學人員、外國投資者以及臺灣的大企業前往創業、投資，使得新竹科學工業園區成為臺灣技術創新中心。園區如果有好項目，風險投資公司也會主動找上門來的。僅1996年一年，臺灣9家創投公司就向新竹科學園區新引進的32家廠商中的10家高新技術廠商進行了投資，投資收益面較廣。正因為這樣，新竹科學工業園區高科技產業發展很快，1995年被美國雜誌遴選為全球十大發展最快園區之首。

二、臺灣模式的績效評判

經過僅20年的發展，臺灣已經建立了一個功能比較健全、效率比較高的創業投資機制，因而發揮了很重要的作用且績效顯著。一是帶動高科技產業資本的形成。據統計，1983年～1998年，創投公司帶動約新臺幣5,600億元的高科技產業資本形成，從而為臺灣高科技產業的發展奠定了雄厚的金融基礎。二是創業投資成為提升臺灣科技在IMD中競爭地位的重要因素。根據瑞士洛桑管理學院（International Institute for Management Development，IMD）評估，臺灣創投資金取得、金融實力、科技實力三項指標，世界排名分別由1997年第21名，第23名，第10名，提升到1998年的第10名，第19名，第7名。一年時間，三項指標分別提高了11名，4名，3名。由此表示，臺灣創投資金取得的大幅改善，不僅直接提高金融實力的世界排名，而且對科技競爭力的排名具有直接影響。另外，臺灣高科技產業伴隨創投公司的發展而成功崛起，說明創業投資在臺灣高科技產業發展中的作用無可替代。所以，創業投資成為提升臺灣科技在IMD中競爭地位的重要因素。三是培育和扶持了一大批新興的具有活力和發展潛力的中小企業。四是引進海外技術投資於臺灣科技事業的發展。目前和通、普訊等主要的創投公司都已在美國矽谷設立據點，同時過去以投資臺灣為主的創投公司和新募集基金中，富捷創投、玉豐創投、矽谷基金（漢鼎創投）等，都標榜以投資美國高科技為主。五是新竹科學工業園區的設立產生了明顯的極化效應和擴散效應，不僅促

進園區技術創新的活躍和風險投資的繁榮,而且帶動臺灣高科技產業的騰飛和經濟的持續繁榮。園區域內多項產品如網路卡、影像掃描儀、終端機、桌上型電腦等產值,占臺灣製造總量的50%以上;桌上及掌上影像掃描儀、電腦網路卡、滑鼠、集線器等產品的產量高居世界第一,終端機享有世界第二的殊榮;臺灣IC產業的製造,從上游的電路設計,到集成電路製程設備的開發等,幾乎全部被新竹科學工業園區所囊括(占95.8%)。從而使臺灣成為繼美國、日本、韓國之後,世界第四大半導體工業製造地區。晶圓代工占臺灣的100%,占世界的64.6%,居世界第一位;IC設計占臺灣的93.5%,居全球第二位。新竹科學工業園區在6平方公里的土地上,創造了整個臺灣5.3%的國民生產總值,成為臺灣經濟發展的重要支柱、科技產業的心臟地帶和科技產業水準的象徵。六是提供投資機會予產業界和個人,形成投融資、供給者和需求者的綜合性角色,對資本市場具有促進作用。總的來說,臺灣創業投資在全球的績效很高,僅次於美國,與以色列並列第二位。

雖然,臺灣創業投資的機制是比較健全的,但也存在以下不足。

其一,種子期資金投入不足。從創投的投資階段來看,臺灣創投主要投資於擴展期和成熟期,種子期投入不足,投入種子期的資金自1997年以後不足一成(見表2)。造成極待輔導援助的種子期及創建期的科技企業資金短缺。這與創投承受高風險、協助創業的原始精神相違背,難以體現Schumpeter(1934)、Knight(1921)的風險與收益評估的企業家精神,也説明,臺灣創投在發展中有過渡規避風險之嫌。這主要是由於臺灣的早期投資人才不足以及投資者短視近利有關。一般來說,創投股東為早日獲利,經常給專業經理人獲利性及資金回收的壓力,這就形成了創投公司過分偏重於成熟期或搶購上市的增資或分散股權的投資案件,且持股時間漸形縮短,見有獲利即行賣出,投機性甚濃,有違創投本意。

其二,創投資金來源有限,缺乏長期穩定的資金來源,資金規模較小。臺灣創投資金主要來自於企業法人和個人,對於退休基金部分,因臺灣勞退基金採確定給付制有保本的必要性,與美國的固定提撥制不同,目前尚未開放養老金加

入。由於缺少大額穩定的中長期資金注入，加上臺灣缺乏吸引國際大型投資機構加入的優勢，同時其投資業者較缺乏國際性集資管道和知名度，難以募集大筆資金，造成投資規模偏小，無法有效分散風險，而傾向短期內實現報酬。其三，投資產業集中度過高，投資業務薄弱。投資的產業過分集中，造成高科技產業間的資金競逐和排擠並存現象。另外，臺灣投資業偏重投資分析，較少涉入技術購併、專利購買、參與國際合作、技術開發等有助於技術轉移的活動。

此外，臺灣法令規定，創投必須為股份有限公司的法人形態，所以存在創投組織不具彈性的問題；而且面臨創投國際化人才短缺的問題。

三、對完善中國大陸風險投資機制的啟示

雖然，臺灣模式仍有這樣那樣的不足，但總體而言，其模式在亞洲國家和地區中是最成功的，有其獨特性。這對於完善中國大陸風險投資機制具有不少有益的啟示。之所以這麼說，是因為：（1）臺灣與中國大陸同源、同種、同文；目前，雖因歷史的緣故，但臺灣善於學習和創新的精神，實際上就是中國大陸乃至中華文化在臺灣的一個縮影。（2）臺灣的創業投資機制，實際上就是「中國化」的美國創業投資機制。因為它是在學習美國經驗的基礎上，結合臺灣情況所形成的一套具有自身特色的創業投資機制。

中國大陸要完善風險投資機制，學習美國的經驗固然重要，但要走前人已經走過的老路，甚至是彎路，而且還要面臨文化背景等諸多因素的障礙，也就是說，我們要花費很大的「學習成本」。倘若借鑑已經「中國化」的「臺灣模式」，那麼，我們至少可以減少「學習成本」。此外，從「臺灣模式」來看，我們還可以得到以下幾方面的啟示：

（一）要改觀中國大陸風險投資資本來源狹窄、資金規模小的弊端，必須建構融資主體多元化、形式多元化、融資格局多元化的風險投融資體系

1.融資主體多元化

融資主體不僅應包括政府、傳統金融機構，而且還應包括個人投資者、保險公司、信託投資公司、養老基金和捐贈基金等在內的機構投資者，以及企業、外國投資者等。中國大陸現行以財政資金、銀行科技開發貸款為主，甚至完全依靠政府資金組建風險投資基金的做法，既無法廣泛吸收社會閒置資金為風險投資服務，限制了風險投資的資金來源；又難以形成有力的制約機制，使風險全部落在政府身上。而且，每個風險投資基金都專設一個投資公司進行管理的做法，也不符合風險資本的運作規律。因此，在建立風險投資融資體系時，必須吸引民間資本、各類基金、企業資金、外資等進入風險投資基金，形成以政府資金提升各類資本，各融資主體共擔風險的格局。

2.融資形式多樣化

既包括向高科技企業直接投資，又包括透過各種金融機構間接向企業注入資金。

（二）要完善風險投資公司的治理結構和管理運作機制，從長遠看，中國大陸最終還是應該建立以有限合夥制的風險投資機構為主體的風險投資體系

風險投資公司採用什麼樣的形式和制度，在很大程度上影響風險投資公司的投資效率和風險投資事業的發展速度。從風險投資模式的國際比較來看，在公司制、信託基金制和有限合夥制三種風險投資公司的組織管理方式中，有限合夥制優於信託基金制，而信託基金制又優於公司制。鑑於中國大陸法制環境還不完善、市場經濟仍處於初級階段、社會信用體系尚未確定的實際情況，目前全面推行和採用有限合夥制的風險投資機構，組織形式和運作方式還存在許多困難。不過，從長遠看，中國大陸最終還是應該建立以有限合夥制的風險投資機構為主體的風險投資體系。因此，在對中國大陸風險投資機構的治理結構進行制度設計的過程中，除了要考慮吸收合夥制的優點外，還要符合中國大陸國情。為此，可分兩步走：第一，努力發展和完善中國大陸風險投資的信託基金制。目前，新加坡、臺灣、香港等地的風險投資機構，大都採用信託基金這一形式。2000年月10月17日，深圳市頒布了《深圳市創業資本投資高新技術產業暫行規定》，從而給信託基金制提供法律保障。第二步，在條件比較成熟的地區如北京、上海、

深圳等地，大膽進行有限合夥制的嘗試。在這方面，北京走在前面。北京市於2000年12月8日通過了《中關村科技園區條例》，並於2001年2月13日專門制定《有限合夥管理辦法》，大膽鼓勵有限合夥制。

（三）要建立有效和便捷的風險資本退出機制

如前所述，風險資本的退出有首次公開發行（IPO）、出售（售出和股票回購）、清算或破產等三種方式。這三種方式都因種種限制而難以實現。因此，建立有效和便捷的風險資本退出機制是發展中國大陸風險投資事業、促進高科技產業發展的關鍵因素。當務之急要解決法人股的流通、取消對股份回購的限制和儘快完善中小企業市場等三大問題。前面兩個問題的解決途徑是：（1）要求股票全流通，（2）對現行《公司法》進行修改。

（四）要加快科技園區的建設，促成風險投資和技術創新耦合機制的形成

知識經濟時代，科技園區是人才、知識、技術融合的場所，是知識資本和金融資本相融合的場所，是一種集約化和市場化的社會組織形式。它對風險投資、高科技產業產生極化效應和擴散效應。具體而言，科技園區透過吸引人才、眾多的技術創新項目、風險資本，從而獲得各種聚集經濟（內部和外部規模經濟），而聚集經濟反過來又進一步增強了科技園區這個成長的極化效應，從而加速人才、技術、風險資本等經濟要素向科技園區聚集的速度。當科技園區發展壯大之後，透過一系列連動機制，能將人才、技術創新能力、風險資本等經濟要素向周圍地區擴散。美國矽谷是世界上第一個科技工業園，也是科技成果轉化成生產力的典範。研究表示：矽谷內的高科技企業成功率可達60%，而一般條件下，高科技企業成功率僅16%。在美國風險投資總額中，矽谷占43%，每年有近1,000家風險投資支持的高科技企業在矽谷創立。矽谷的成功運作引起世界各國爭相仿效。到2004年，中國大陸建立了53個國家高新技術產業開發區（以下簡稱高新區），高新區形成了以電子資訊、新材料、新能源為支柱的產業格局。高新區企業作為科技成果轉化的基地，已經發展到2.6萬家，出現了一大批擁有自主知識產權的高新技術企業。高新區的建立對促進中國大陸風險投資事業、高科技產業乃至整體經濟的發展具有重要的作用。因此，要加快科技園區的建設。為此，要

不斷優化科技園區的投資環境，慎選投資項目，優化產業結構，從而使園區的高科技產業與創業資本形成良性互動的局面。

1990年代臺灣職業技術教育改革淺議

承上

一、臺灣技職教育改革背景

　　臺灣職業技術教育發展較快。早在1960年代，為配合經濟轉型對初、中級技術人才的大量需求，提出了向技職教育傾斜的教育方針，技職教育由此步入一個蓬勃發展的高峰期。中等教育調整了高級中學與高級職業學校的比例，並逐漸達成3：7的比例；高等職業教育則大量擴充專科學校的比例，到1970年代初，專科學校猛增到72所。1974年，第一所工業技術學院成立，至此臺灣技職教育相互銜接的一貫體制初步確立，技職教育兼具了升學與就業的功能。但在當時背景下，臺灣教育以促進經濟發展為首要，尤其技職教育完全被納入人力發展規劃中，以滿足勞動市場急需的初、中級技術人力，因此，實際上技職教育培養的學生以進入勞動市場為主，並不鼓勵升學。這從學校運作的情況看也是如此。專科學校雖有二專、三專、五專之分，但僅有二年制專科以招收職校畢業生為主。1989年，職業學校畢業生升學率僅為7%，技術學院在1990年前僅有一所，專科畢業生升讀二技的比例低至0.2%。

　　進入1990年代，社會經濟的快速發展變化，對教育不斷提出新的挑戰，教改呼聲日益高漲，1960年代、1970年代形成的技職教育格局，已漸難適應發展的需要。其一，1990年代，世界經濟已進入高科技資訊時代，未來經濟發展有賴於科技實力的成長。為突破長期以來臺灣科技發展瓶頸，加快經濟向高新技

術、策略性工業轉型，建立以技術為主體的經濟基礎，因此教育上強調人才培養必須與科技發展結合，以此提高科技產業的實力。隨著「國建六年計劃」、「振興經濟方案」及「亞太營運中心」等一系列新經濟政策提出，加快高等技術人才的培養已是當務之急。其二，隨著生活水平的提高，人們對教育期望值不斷升高，使得職校學生升學意願日趨強烈，傳統士大夫觀念和現代平等教育思想的影響，也加劇了這一傾向。而臺灣技職教育的定位目標，長期來卻一直未作相應的調整，狹窄的升學管道使職校學生極少能再循技職教育系統獲得深造的機會。隨著現代社會的快速發展變遷，技職教育所暴露出的知識面窄、競爭力較弱、向上升遷機會相對較少的不利因素，不僅造成技職學校難以吸引優秀學生，近年來更出現招生不足，以及相當一部分技職學生轉而投考普通大學的情形，導致了技職教育目標的進一步扭曲。其三，社會的快速和多元化發展，知識更新速度大大加快，人們需要不斷補充新知識，繼續教育、終生教育正在成為未來新趨勢。如何跟上世界發展新潮流，拓展技職教育空間，值得深入探討。近年來，技職教育在臺灣引發越來越大的爭論，技職教育改革已刻不容緩。

二、臺灣技職教育改革透視

1990年代伴隨著日益高漲的臺灣教改呼聲，一系列教改方案紛紛提出。1995年「教育部」發布教育報告書；1996年「行政院」教育改革審議委員會，經過兩年研究和審議提出教育改革總諮詢報告書；1998年「教育部」擬定教改行動方案等，其中有關技職教育的改革措施主要有以下方面：

（一）大幅增設技術學院，暢通技職教育升學管道

1995年，臺灣教育當局發布的教育報告書，提出高等技職教育發展規劃：（1）大幅增設技術學院，主要透過輔導辦學優良的專科學校改制為技術學院，並保留附設專科部。1996年臺灣「行政院」修正並通過「專科改制技術學院附設專科部設置要點」，下半年即有南臺技術學院、崑山技術學院、嘉南學院等三

校加入技術學院二年制聯招。1997年7月,又批准高雄科學技術學院(原高雄工商專科學校)、虎尾技術學院(原雲林工專)、嘉義技術學院(原嘉義農專)、高雄海洋技術學院(原高雄海專)及明新技術學院(原明新工商專校)5校改制。另有2所私立學院,樹德技術學院和聯亞技術學院亦在籌設中。臺灣教育當局最初計劃在法令公布後的三年內,每年僅限挑選6所辦學成績優良的專科學校升格為技術學院,其中私立學校4所,公立學校2所,以保證學院品質。然而到1998學年度,為了擴大技術學院招生數量,改制步伐邁得更大,決定取消原定的6所限制,只要符合條件,不須等待,就可直接升格為技術學院。1999新學年度開學,改制為技術學院的專科學校達到36校,僅1999年就有28所專科學校通過改制審查。(2)在大學院校設置二年制技術系或附設技術學院,運用大學資源擴充在職進修管道。1996年,臺灣教育當局頒布大學院校申請設置二年制技術院系審查要點,1995學年度大學附設二年制技術院系的僅海洋大學及實踐設計管理學院二校,而1996～1997學年度核准的院校達16所,三年後將擴大至25校左右。大學院校設立的二年制技術院系,日間部開放所有專科畢業生直接報考升學,進修部則向具有一年以上相關工作經驗的專科畢業在職人員報考進修。

　　隨著技術學院的大幅擴增,臺灣技職教育開始發生變化。長期以來,技職教育一直被定位在滿足社會經建發展需要的社會價值上,學生以培訓就業為主,而忽略了個人自身發展的潛力和學習需求,這也使得技職教育長期無法確立應有的專業地位。報考的學生有相當一部分只是因為無法進入普通學校,不得已而求其次。隨著技職教育重點轉向大學發展,學術地位的提升,逐漸縮小了技職教育和普通教育之間的差別。它提供技職學生更多的教育選擇和向上升學的機會,也符合臺灣技術密集取代勞力密集的產業升級,對實用高級技術人才的需求。

　　(二)走科技教育的發展方向

　　在大幅增設技術學院的同時,臺灣教育當局開始選擇具有一定規模的技術學院改制為科技大學,提高技職教育層次,以滿足技職學生升學和接受更高科學教育的願望,同時也適應經濟發展對高級科技人才的需求。科技大學的設置將依據1996年10月頒布的《大學及分部設置標準》,至少應有12個以上學系,且具有

三個以上不同性質的學術領域，其目標是朝向具有實務特色的綜合性大學發展。1997年已有六所技術學院改制為科技大學，分別是臺灣科技大學、臺北科技大學、雲林科技大學、高雄第一科技大學、屏東科技大學、朝陽科技大學。

從技術學院到科技大學的升格，表示臺灣技職教育正在從過去低層次的職業培訓為主的職業教育體制轉向重視科技教育的發展方向，這與整個世界經濟發展潮流相一致。科學技術的飛速發展，促使世界各國和地區紛紛投入巨資和精力研究和開發高科技產品。緊跟世界發展的脈絡，走教育與科技發展結合之路，將為臺灣技職教育開拓出一片更廣闊的新天地。對於缺乏自然資源的臺灣海島而言，開發高科技產業已被視為今後發展的唯一出路，並被列入臺灣亞太營運六大中心的重點工作。

（三）社區大學構思的提出

1998年3月，新任「教育部長」林清江宣布，將建立整合高職、專科、普通教育、推廣教育和高等教育等多功能的「社區大學」新制度。社區大學構思的提出，一方面是科技的快速發展，知識更新速度大大加快，使得傳統行業和工作崗位不斷發生變化，人們迫切需要補充新知識，接受新的培訓教育；另一方面，社區大學在西方等先進國家已十分流行。臺灣「教育部長」對英、美社區大學十分了解和推崇，因此上臺伊始就推出媒體稱之為「震撼性大變革」的新制度，著手研擬的社區大學體制也將仿英、美等國社區大學體制，建立「一種深具彈性、包容性和實用性的新興教育形態」。辦學宗旨是「你需要什麼，我們就給你什麼」。提供綜合性的教育服務，可以修讀一個課程，也可修讀某類職業課程，或修讀普通教育課程，最高修到專科程度，畢業後授予「專士學位」。為此林清江又提出大學「兩階段文憑制度」的構想，修滿大學前二年學業成績及格，先授予「專士」學位，以此達成與社區大學新學制的結合及相互銜接。社區大學的學生畢業後可轉到四年制大學繼續學業，也可學習半年、一年後，先工作一段時間後，再重回學校讀書。

目前臺灣教育當局正加快社區大學設立準備工作，在研訂中的技職校院法將設有專章，擬由科技大學、技術學院、專科學校和普通大學附設或新設，或由專

科學校改辦，唸完相當大學前二年課程將授予「副學士」，其定位目標：一是強調提供繼續教育機會，強化通識素養，培養職業專業技能，促進終生學習，工作經驗將是社區大學學生入學和進修的重要條件。二是強調目前社區大學只對社區民眾服務，以促進社區改造，地區產業升級和文化水準提升。社區大學將提供社區適齡學生選讀相當大學前兩年基礎課程或技職教育課程，對年齡大的社區民眾提供成人繼續教育與回流教育。

三、臺灣技職教育改革的特點及面臨的問題

（一）重新調整技職教育觀念和政策

前已述及，臺灣技職教育在1960年代、1970年代就出現蓬勃興旺的發展高峰期，培養造就了一大批經濟建設急需的初、中級技術人才，並逐漸形成普通教育與職業技術教育的雙軌制。這一時期，臺灣經濟正處在起飛階段，政策中心以發展經濟建設為主要目標，教育發展亦不例外，優先強調教育為經建服務，配合經建發展需要，並以此轉向以技職教育為重心的發展方向，以職業培訓和技能養成為宗旨的教育目標。無疑的，這時期教育已成為促成臺灣經濟發展目標的重要手段，人力資本理論的興起，更為教育的經濟效益作了最好的理論詮釋。加上當時的社會環境、生活水平和教育水準相對都較低，以習得一技之長立即就業的技職教育體制得到一般民眾的認同和企業界的歡迎。

然而，隨著經濟的快速發展，社會已進入高科技資訊發展時代，對人才培養提出更高要求，而生活水平和教育水準的不斷提高，也促使人們開始重視個人人生的發展，更多追求自我價值的實現，幾十年格局不變的臺灣技職教育體系已漸難適應時代發展的需要，改革勢在必行。改革的重點首先是技職教育的高移，技職教育逐漸發展提高到大學層次以上，透過擴充技術學院，設立科技大學來實現。尤其值得一提的是，透過專科改制技術學院並附設專科部的作法，既肯定專科教育繼續培養中級技術人才的功能，同時充分利用有限的教育資源，為技職學

生提供繼續升學的機會，深受專家學者的肯定。其作法值得中國大陸技職教育改革學習與借鑑。其次是改變以職業技能養成為目標的職教舊觀念。透過提升技職教育學術水平，開始植入科技教育的新思想。要改變技職教育長期來被視為「非主流」教育或「二流教育」的地位，透過提高技職校院層次和學術水平，建立起「等同於普通教育，更為暢通的技職教育高速公路」是重要一步。與此同時，逐漸完善由國中、高職、專科上升到技術學院、科技大學，乃至研究所層次的完整技職教育一貫體系，突顯技職教育在應用領域專長和研究特色，以此確立技職教育尊嚴和專業地位，吸引優秀學子、改變傳統舊觀念，這是技職教育重獲發展的出路。技職教育改革的路子仍相當的艱難，前一階段臺灣也出現了要求取消教育分流的教育雙軌制的呼聲，目前臺灣教育當局重新確認了「技職教育升學大道」的教改政策藍圖，以培養高素質且具實用專業技術的人才。

（二）多元化發展新思路

社會的快速發展變遷，正在把人們帶入多元世界，人們的需求亦是各式各樣的。過去局限於青少年的學習方法已無法滿足人們對知識的渴求和應付快速社會發展的挑戰，正因為如此，終生教育、回流教育、繼續教育等觀念得以廣泛傳播，臺灣技職教育改革也努力朝多元化發展。在政策制定上，「行政院教育改革審議委員會」提交的教育改革總諮詢報告書中，首先提出發展各具特色的高等教育學府，包括綜合型大學、研究型大學、技術學院、多元技術學院、科技大學、開放大學、社區大學，容納更多有心接受不同形態高等教育的人口。同時強調，為落實多元而有彈性的技職教育制度，學制上宜形成多元而有彈性的技職教育體系，教學上宜重實務取向，入學制度宜開放在學和在職人員學習及進修管道。臺灣教育當局在綜合各方意見最後擬定的《教改行動方案》中，把促進技職教育多元化與精緻化列為十二項工作要點之一，並逐漸落實以下具體措施：（1）校院設置上，透過擴充技術學院、設立科技大學、社區大學，建立起多元的高等技職教育體制；（2）在學制上，專科學校取消原來招收普通高中生的三年制，只設二年制和五年制兩種學制，分別招收高職畢業生和國中畢業生（初中生）；技術學院、科技大學設有大學部和研究所，大學部設二年制和四年制，分別招收職校畢業生和專科畢業生；研究所包括碩士班和博士班，學制均為二年。尤其值得一

提的是，從大學部到研究所都招收在職人員，修業年限相應延長一年。社區大學的設想則更加靈活和彈性，可以學習半年、一年或二年及各種短期培訓等。（3）課程設置的多樣化，既包括基礎課程，技職教育課程，也提供在職進修，第二專長培訓，回流教育，繼續教育課程。臺灣技職教育正透過逐漸試行多元彈性的學制，積極鼓勵在職進修，促進技職教育與終生教育體制相結合，並將此列入教育改革的重點。

臺灣技職教育在加快改革步伐的同時，也面臨著新的矛盾和問題，即教育量的擴展與質的保證。以往的教訓仍十分深刻，1960年代中期至1970年代初，臺灣專科學校因快速擴充而導致教育品質的下降，迫使教育當局於1972年停止了專科學校的招生，進行整頓。目前臺灣技職教育改革在提高技職教育層次，走教育多元化方向的同時，隨著專科學校乃至技術學院的升級和數量的擴增，如何保證教育的質量已引起臺灣一些專家學者的擔心。雖然臺灣教育當局在教改方案中，也將教育的精緻化與教育多元化相提並論，但卻未有較具體的措施提出。教育改革的成功與否必須觸及更深層次的教育內涵革新。當前臺灣技職教育深化改革極待解決的課題主要有：

1.教學內容的改革。由於技職教育專業地位的提高，以及教育目標的重新定位，從課程的設計到教學內容都有待改進，如：（1）課程設置的系統性，由於技術學院和科技大學的擴增，在課程與教學內容上需作整體規劃，以銜接高職、專科學校課程，使技職教育課程達成系統性和連貫性；（2）課程設計應充分考慮學生全面均衡的發展，重視基礎理論研究及人文素養的培養。技職教育長期來過份偏重實用技能的養成，忽視學生今後發展不可欠缺的理論基礎根底，以及個人素質和修養的提高，因此，強調理論與實務並重，科技與人文兼顧的原則，已成為教學改革目標；（3）體現技職院校的特色。技職教育要確立自身優勢地位，必須結合地區發展方向，突顯其專業特色及相應的課程設計，發揮技職教育在應用研究上的優勢。這既有利於學生就業，學校尋求企業的合作及對應用研究的支持，亦有利於當地產業界獲得人才的需求。

2.師資水平的提高。由於技術學院有相當一部分是透過專科學校升格上來

的，因此提高師資水平尤其迫切。當然師資水平的提高非一朝一夕。目前臺灣技職院校主要採取鼓勵延聘優秀教師到校任教，同時加強對現職教師的進修提高。如擴大研究生進修班等。另一方面，重視技職師資實務能力的培養也是許多臺灣教育專家關切的。因為技職院校不完全等同於普通院校，老師除教學外，還必須具備一定的專業實務經驗和應用研究能力。

臺灣目前也正透過加大財政撥款，推動教改的持續進行。臺灣「行政院」教育改革推動小組於1998年4月正式作出決議，1999年度起，將出資1,500億元新臺幣推動12項重大教改行動方案，其中「促進技職教育多元化與精緻化」方案，已同意額外編列90億元新臺幣；另一方面，努力推動高等技職教育朝向國際間合作方向發展，透過國際間的學生和教授的相互交流，豐富教學資源，提升教學層次。

綜上，我們看到臺灣技職教育改革在拓寬技職教育升學管道，提升技職教育專業地位的作法已取得一定成效，但後續更深層次的教育內涵改革，提高教學品質才能真正鞏固改革的成效，否則只能是學校名稱的更換，進一步加劇文憑主義的泛濫。目前中國大陸技職教育也面臨同樣問題，尤其在一些經濟發展較快的地區，由於技職教育發展仍限制在較低水平，已無法滿足地區經濟發展對高層次技術人才的需求，以及對教育的更高期望與追求。提高技職教育層次，拓寬升學管道，已是當前中國大陸技職教育改革的重點。

第四篇　兩岸經濟關係研究

WTO框架下海峽兩岸經濟往來及合作方式探討

唐永紅

　　順應經濟全球化深化發展的趨勢和自身經濟發展的需要，海峽兩岸經濟體在新世紀初始相繼加入世界貿易組織（WTO），全面參與了以現代市場經濟體制為前提和基礎、以經濟全球化為主要特徵和內容、以多邊經濟貿易協定為核心的世界經濟體系。在進一步參與經濟全球化進程中，在同一多邊貿易體制的約束下，兩岸經貿關係的發展面臨新的機遇和挑戰，兩岸經濟體之間的往來與合作方式面臨著變革的要求，需要在WTO下探索兩岸經濟往來與合作的新形式。本文將從經濟全球化理論與WTO法律規則角度闡析這種變革與創新的必然要求、法律準繩和基本原則。

一、經濟全球化與兩岸經濟往來及合作方式創新的必要性

　　經濟全球化指的是在國際分工深化發展的基礎上，隨著各國或各地區（以下統稱經濟體）經濟開放度的增加，各經濟體間的各種壁壘逐漸消除，整個世界相互滲透、相互依存、相互影響的程度不斷加深，規模與形式不斷增加的過程；這一過程是以經濟體利益和企業利潤最大化為目標，透過國際分工、國際貿易、國

際金融、國際投資和國際要素流動等方式，實現世界各經濟體市場和經濟相互融合的過程。經濟全球化就其本質而言，是市場機制在全球範圍內的擴展，是分工從國內到國際的延伸，是生產社會化、經濟國際化發展的必然結果和趨勢。因而，經濟全球化又是一個利弊兼存的動態發展過程。一方面，經濟全球化以效率原則內在要求產品和要素，在全球範圍的自由流動以及在全球範圍資源配置的無歧視性，因而經濟全球化內在要求世界經濟做全球一體化的制度安排（WTO就是這樣的一個制度安排），以突破市場障礙和各種約束，降低直接的生產成本和間接的交易成本，提高資源配置及使用的效率與效益，從而為追逐利益最大化的各經濟體的結構調整和經濟發展提供了更多機會與空間。另一方面，當前的經濟全球化既是市場機制在全球範圍內的擴展，就不可避免地具有市場機制的內在局限性，特別是在加劇市場競爭與傳遞效應的同時，增加了經濟發展與運行的不確定性和風險。因此，全球化下的經濟安全與風險防範以及競爭力培育，特別是參與全球化方式和路徑選擇，是任何追逐利益最大化的經濟體都必須認真考慮的問題。各經濟體應主要根據自身經濟發展水平、經濟開放度、政策取向等因素，選擇單邊的、雙邊的、區域多邊的乃至全球多邊的不同方式，採取國際垂直分工、水平分工和交叉分工等不同的途徑，介入經濟全球化進程的不同階段。相應地，各經濟體之間的往來與合作方式，也隨著經濟全球化發展而變化發展。

眾所周知，自中國大陸採取改革開放政策主動參與經濟全球化後，海峽兩岸的經濟往來與合作在經濟全球化進程中日益加強，當前兩岸經濟無論在貿易、投資還是在分工方面，都有著較為密切的聯繫，出現了一定的相互依存性。與此同時，海峽兩岸的經濟往來與合作。是在臺灣當局的局部、間接、單向的中國大陸經貿政策的壓制下進行的，呈現出較大的局限性和不對稱性。而隨著兩岸經濟體加入WTO，變革與創新兩岸經濟體之間的往來與合作方式，破除兩岸經貿往來與合作的障礙和壁壘，進一步增強兩岸經濟往來與合作，成為兩岸經濟體進一步參與全球化進程的必然要求與選擇。

其一，創新兩岸經濟往來與合作方式，是充分整合利用兩岸較強的經濟互補性，在經濟全球化深化發展中進一步謀求各自最大化利益的需要。當前，臺灣產業面臨產品升級機會不足、資源外流、土地成本過高、電力供給不足、資金與技

術結合困難、研發能力不足等轉型的障礙,在傳統產業和新興產業不斷向中國大陸等地轉移過程中,新的支柱產業的定位與形成還未跟上;而中國大陸方面,雖然保持了較好的經濟成長趨勢,但仍然面臨著巨大的就業壓力,經濟結構與發展水平還相對落後,需要進一步轉變經濟成長方式、參與經濟全球化、拓展海外市場。因此,隨著經濟全球化深化發展,深入挖掘與充分利用兩岸較強的經濟互補性,進一步增強兩岸經貿交流與合作,對雙方獲取經濟全球化利益意義重大。一方面,臺灣可以充分利用中國大陸廣闊的市場容量、豐富的物產與人力資源、較為雄厚的工業基礎、較高的研發能力,來克服自身的資源缺乏、市場狹小、研發能力不足等困難與約束,以進一步擴張貿易和投資,加快產業的轉型與升級;另一方面,中國大陸可以充分借助臺灣在資金、技術、企業管理水平、市場營銷能力、海外市場開拓能力,以及高新技術產業化與市場化方面的優勢,來克服自身在經濟發展過程中所面臨的種種瓶頸與約束,以進一步發展出口生產,促進經濟成長與就業,加快高新技術產業化。顯然,海峽兩岸較強的經濟互補性為,進一步增強兩岸經濟往來與合作以獲取經濟全球化利益提供了動力和可能性。但是,眾所周知,由於政治因素,長期以來,兩岸經貿往來與合作不僅處於自發性發展狀態,而且受到臺灣當局的人為壓制而呈現單向、間接、局部格局,嚴重阻礙了兩岸經濟互補性優勢的發揮。因此,創新兩岸經濟往來與合作方式,特別是實行兩岸全面、直接「三通」和制度性經濟一體化,是進一步增強兩岸經濟往來與合作以獲取經濟全球化利益的必然要求和選擇。

其二,創新兩岸經濟往來與合作方式,是進一步增強兩岸經濟往來與合作,應對經濟全球化不確定性與風險的需要。經濟全球化是一個充滿不確定性和風險的過程,全球化下的經濟安全與風險防範,是任何追逐利益最大化的經濟體都必須認真考慮的問題。國際市場多元化戰略與一體化戰略,以及自身經濟結構調整,成為因應全球化不確定性與風險的主要手段。加入WTO意味著進一步參與經濟全球化,兩岸經濟體各自的開放度與對外依存度日益提高,在獲取越來越多的經濟利益同時面臨著越來越高的經濟風險。事實上,當前兩岸各自對外經貿活動的夥伴與市場都呈現過度集中和倚重現象,經濟全球化的風險已在兩岸頻頻顯現。特別是臺灣,其典型的外向型經濟模式,更深受國際市場不確定性因素與風

險的影響和制約。長期以來，臺灣經濟對美國、日本等少數幾個市場的高度依賴，以及過分圍繞這些市場的經濟結構定位，已嚴重影響到自身經濟的持續、穩定發展。日本經濟已經長達10年的衰退、美國經濟隨著知識經濟泡沫化破滅而來的成長減速，明顯地對當前臺灣經濟的發展構成了阻礙。分散和規避全球化風險需要兩岸進一步強化相互間的經濟往來與合作。有鑑於此，兩岸經濟體，特別是臺灣方面，在經濟全球化深化發展中，在謀求市場多元化發展以減輕對少數國家經濟的過度依賴並分散經濟風險的同時，應積極創新兩岸經濟往來與合作方式，實行兩岸全面、直接「三通」和制度性經濟一體化，進一步便利和增強兩岸經濟往來與合作，以相對穩定的一體化內部市場規避經濟全球化風險，並促進經濟結構調整，增強市場競爭能力和抗風險能力。

其三，創新兩岸經濟往來與合作方式，是兩岸經濟體在經濟全球化與區域化深化發展中增強國際競爭力和防止邊緣化的需要。一方面，經濟全球化追逐利益最大化的內在動機和制勝國際市場競爭的外在壓力要求變革經濟活動的方式，降低經濟活動的直接成本與間接成本，不斷提升國際市場競爭能力，要求貿易、投資等經濟活動的自由化與便利化，撤除經濟活動的各種壁壘和約束，不斷擴張經濟活動的市場；另一方面，作為參與經濟全球化的一個現實途徑與方式，全球性的區域經濟一體化運動正在方興未艾。在經貿活動與利益方面，具有或多或少的排他性和轉移效應的區域經濟一體化組織的廣泛建立和發展，無疑將使國際經濟競爭主體多元化的同時加劇國際經濟競爭，從而使單一經濟體在國際經濟競爭及全球多邊經貿談判中面臨更大的挑戰和壓力。因此，兩岸經濟體應意識到強化業已形成的功能性利益共同體的必要性和急迫性。變革兩岸經濟往來與合作方式，實現兩岸全面直接「三通」和制度性經濟一體化，不僅將為兩岸的貿易與投資者提供十分便利的條件，大幅度降低其運輸成本和時間，提高市場競爭力，贏得更多商機，獲得更豐厚利潤。更為重要的是，將為兩岸比較優勢的結合與實現、分工與協作的進一步形成與發展，以及兩岸功能性經濟一體化深化發展鋪平道路，從而有助於國際市場競爭力的提升，並防止被當前蓬勃發展的區域經濟一體化浪潮邊緣化，增強參與經濟全球化和WTO等全球多邊經貿體制的實力。特別是有助於臺灣經濟的轉型，促進其「亞太營運中心」的形成。

其四，創新兩岸經濟往來與合作方式，是因應加入WTO及經濟全球化深化發展對兩岸經貿關係再發展的挑戰的需要。加入WTO，意味著兩岸經濟全球化進程的深化，兩岸經濟體都將在同一國際多邊貿易體制的約束下，進一步按照世界市場經濟運行規則運作。特別是在對外開放、參與經濟全球化方面，必須遵循WTO無歧視原則，從過去的單邊的、主動的、選擇性的方式向著WTO下多邊的、有規則的、全方位方式轉變。從而，兩岸經貿關係的發展面臨新的機遇和挑戰，兩岸經濟體之間的往來與合作方式面臨變革的要求，需要在WTO下探索兩岸經濟往來與合作的新形式。眾所周知，這些年來，中國大陸對臺灣實行的特殊優惠政策，對於兩岸經貿關係的發展，特別是臺灣在與中國大陸的經濟合作中的顯著成就的取得，具有不可小覷的作用。而隨著兩岸經濟體先後加入WTO，兩岸經貿關係的再發展和臺灣對中國大陸的經貿活動，將在分享中國大陸市場的進一步開放的好處中面臨一些挑戰：一是WTO的無歧視原則等有關規定，必然要求拉平臺灣與其他成員方在中國大陸所享有的差別待遇，從而使臺灣經濟面臨更大的競爭壓力；二是WTO下中國大陸的市場開放和關稅減讓，對所有成員適用，這可能會使臺灣當前一些缺乏價格和品質優勢的產品，在進入中國大陸市場的出口競爭中被淘汰；三是WTO下，中國大陸市場環境的穩定性與透明性的增強，加上中國大陸著眼於擴大外資來源及其規模與技術含量的外資政策調整，可能會使臺灣當前一些中小型的、勞動力與資源導向型的對華投資，受到歐、美、日等地的資金、技術密集型大企業的大規模的、市場導向型對華投資的強大競爭；四是隨著改革開放的進一步深化發展，WTO下，中國大陸必然會逐漸調整或取消其特殊經濟區的某些不符合WTO規定，和市場經濟發展要求的特殊優惠政策，這也可能會對兩岸經貿往來帶來一定程度的影響。顯然，隨著兩岸經濟體加入WTO，兩岸經貿關係的再發展，以及臺灣經濟在中國大陸市場中競爭利益的保障，需要在WTO下探索兩岸經濟往來與合作的新形式。一個可以選擇的方式就是，海峽兩岸，最好是兩岸四地一起，利用WTO最惠國待遇等原則的例外安排，在WTO框架下建立諸如「中華自由貿易區」之類的經濟一體化組織形式，以便相互間繼續給予較給予WTO一般成員更為特殊優惠的政策措施，從而不僅可以保護和促進兩岸四地間的投資與貿易，而且能夠透過協議方式，合理地協調各自的經濟政策，充分整合兩岸四地

潛在的互補性優勢和經濟貿易實力，加強兩岸四地的經濟緊密性，增強參與經濟全球化進程與WTO等多邊經貿體制的實力與能力。顯然，克服WTO下兩岸經貿關係發展，特別是臺灣經貿利益所面臨的上述挑戰，以及為應對挑戰而實行經濟一體化安排，都有賴於兩岸全面、直接「三通」的實現。

二、WTO下兩岸經濟往來及合作方式創新的法律準繩

如前所述，經濟全球化發展不僅加強了兩岸經濟聯繫和相互依存性，而且要求創新兩岸經濟往來與合作方式，實現兩岸全面、直接「三通」和制度性經濟一體化，進一步增強兩岸經濟往來與合作。作為經濟全球化深化發展的一種組織實現形式和制度保障的WTO，則為兩岸經濟往來與合作方式創新提供了法律依據和空間，特別是為兩岸全面、直接「三通」和制度性經濟一體化提供了法律準繩。

（一）WTO與兩岸全面、直接「三通」

WTO旨在透過達成互惠互利安排，實質性削減關稅和其他貿易壁壘，消除國際貿易關係中的歧視待遇，推進貿易自由化，以在可能的水平上最佳利用世界資源，擴大貨物和服務的生產與貿易，提高各成員方的就業率及其人民的生活水平。為此，各成員方必須承擔按照其所作承諾開放各自市場，和按照WTO規則消除貿易壁壘與障礙的義務。為保障貿易自由化的推進，WTO建立了最惠國待遇原則、國民待遇原則、市場准入原則、貿易自由化原則、促進公平競爭與貿易原則、貿易政策法規透明度原則等一系列規則，以指導和約束各成員的行為，保證成員之間的公平競爭與貿易。WTO的這些規則，勢必要求海峽兩岸調整其相互往來與合作的政策和模式，尤其會迫使臺灣方面必須修改其長期堅持的局部、間接、單向的中國大陸經貿政策，實行兩岸全面、直接、雙向「三通」。

其一，《關貿總協定》（GATT）和《服務貿易總協定》（GATS），要求WTO成員方之間直接通商。首先，拒絕開展通商與貿易就違反了WTO市場准入原則；其次，拒絕開展直接的通商與貿易，就是設置貿易壁壘，違反了WTO貿易自

由化原則；再次，拒絕與特定成員進行通商與貿易，就構成對該特定成員的歧視，違反了WTO最惠國待遇原則。任何成員方拒絕和另一成員方開展直接通商與貿易，被拒絕方可以在WTO的爭端解決機構（DSB）內控告對方。

其二，GATT和GATS也要求，WTO成員方之間直接通航。在GATT看來，通航是通商與貿易的一種便利措施，因此，對旨在便利通商與貿易的通航的限制，就是變相的設置貿易壁壘與障礙，有違貿易自由化原則。此外，GATT還要求，成員必須保證其他各成員方貨物（包括行李）及船舶和其他運輸工具的過境自由通行權利。GATT第5條（過境自由）第2款規定，各成員不得因船籍、原產地、始發地、入港、出港或目的地，或與貨物、船舶或其他運輸工具所有權有關的任何情況而有所區分。而按照GATS對服務貿易的定義，航運是一種服務貿易行為，應當受GATS管轄，禁止直航構成對市場准入原則的直接違反。如果兩岸臺灣當局允許WTO其他成員的運輸工具直航而禁止對方的運輸工具直航，則是對無歧視原則和市場准入原則的違反，被禁一方可以在WTO的DSB中提起控告。

其三，通郵雖然不直接受WTO的管轄，但是，通郵是通商和通航的前提與必要條件，禁止直接通郵就構成間接的貿易限制與阻礙。而GATT和GATS都不允許間接或變相的貿易限制行為，要求取消各種非關稅壁壘，因此，禁止直接通郵也與WTO的宗旨不符。

其四，全面、直接、雙向「三通」，不僅是WTO下兩岸的法律義務，而且兩岸難以援引《馬拉喀什建立世界貿易組織協定》（以下簡稱為《WTO協定》）的互不適用條款。《WTO協定》第13條（關於多邊貿易協定在特定成員間的不適用的規定）第1款規定，任何成員，如在自己成為成員時或在另一成員成為成員時，不同意在彼此之間適用《WTO協定》及其附件1（即《貨物貿易多邊協定》、《服務貿易總協定》、《與貿易有關的知識產權協定》）與附件2（《關於爭端解決規則與程序的諒解》）所列多邊貿易協定，則這些協定在該兩成員之間不適用。但是，第13條第3款，同時規定了第1款規定的適用條件，即只有在不同意對另一成員適用的一成員，在部長級會議批准關於加入條件的協議之前，已按此通知部長級會議的前提下，第1款的規定方可在該兩成員之間適用。而該

成員必須得到WTO部長級會議2／3多數成員的支持，方能加入WTO。中國大陸與臺灣在各自加入WTO時都未向WTO部長級會議提出彼此不適用的要求，也就意味著，WTO有關多邊貿易協定的法律義務對中國大陸與臺灣都適用。而在加入WTO後，中國大陸與臺灣任何一方，要想免除對他方的WTO義務，就必須按照第13條第4款提請WTO部長級會議審議通過。也就是說，中國大陸和臺灣，必須在得到2／3多數WTO成員支持的情況下才能援用第13條的例外，以拒絕兩岸之間的直接「三通」。顯然，在可以預見的將來，中國大陸和臺灣當局都沒有把握，是否會有2／3多數的WTO成員支持兩岸不開展直接「三通」的要求。所以，WTO下兩岸援引《WTO協定》第13條，互相拒絕直接「三通」的可能性與可行性都極小。

（二）WTO與兩岸制度性經濟一體化

作為經濟全球化在全球多邊層面上的一個階段性產物與組織實現形式，WTO有條件容許作為經濟全球化，在區域雙邊或多邊層面上的一個階段性產物與組織，實現形式的區域經濟一體化安排的存在和發展。WTO的生命力，不僅在於它順應並加快了經濟全球化發展的進程，更在於它能夠從經濟非均衡發展的現實條件出發，去尋求各成員方都能夠接受的經濟全球化步伐。即在其整個法律框架體系中，能以一種現實主義精神安排遊戲規則，保證各成員方都能夠從參與經濟全球化中獲益。這種現實主義精神的核心就是，「原則中有例外，例外中有原則」。它充分考慮了經濟全球化發展的趨勢，及要求和其面臨的各種現實條件的約束與制約，對經濟非均衡發展的各成員方利益給予了必要的尊重與均衡，特別是對成員方在國際或國內採取非均衡發展戰略所做的各種特殊安排，包括區域經濟一體化措施，也給予了有條件的容許。即把區域經濟一體化安排作為多邊最惠國待遇等原則的一個例外，同時為其形成與發展限定了一些基本條件。

WTO對區域經濟一體化安排的有條件容許，明確體現在GATT第24條及烏拉圭回合有關GATT第24條解釋的諒解（關於最惠國待遇原則在關稅同盟與自由貿易區的例外安排）、GATT文本第四部分（貿易與發展）與1979年「東京回合」形成的「授權條款」（涉及發展中成員方建立經濟一體化組織的規定）、烏拉圭

回合所達成的GATS第5條（關於服務貿易方面的區域經濟一體化安排）等規定之中。限於篇幅，這裡不予贅述。這些條款規則在為區域經濟一體化的形成和發展限定一些實質性條件的同時，還規定了通知、報告及透明度等程序性要求，以監督其是否滿足這些條件，要求並保障區域性安排，以一個良好而且可靠的全球多邊經貿體制的存在為前提，充分體現了WTO法律框架體系的「原則中有例外，例外中有原則」的現實主義精神。WTO關於區域經濟一體化的靈活而又不失原則的安排，既較好地防止了成員方濫用有關規定來規避其義務、侵蝕多邊最惠國待遇原則及全球多邊貿易體制，維護了全球多邊貿易體制的嚴肅性與權威性，又在一定程度上保證了區域性經貿集團，在增強經貿創造與擴大等效應的同時，又不至於對區外的其他WTO成員方造成過大的經貿轉移，使之真正成為向全球多邊貿易體制，乃至全球經濟一體化過度的一個有效途徑和有益補充，從而促進經濟全球化及貿易自由化的健康發展。

根據《中華人民共和國加入議定書》第4條，「自加入起，中國應取消與第三國和單獨關稅區之間的、與《WTO協定》不符的所有特殊貿易安排，包括易貨貿易安排，或使其符合《WTO協定》。」這一條款表示，WTO下，中國大陸所建立的任何形式的區域經濟一體化安排，都要符合《WTO協定》有關規定。具體而言，就是要遵循上述WTO關於區域經濟一體化安排的一般規則。WTO對臺灣也有著類似的要求。WTO下兩岸制度性經濟一體化，應遵守WTO的法律原則和有關規定。

三、當前兩岸經濟往來及合作方式創新的基本原則

一方面，WTO為兩岸經濟往來與合作方式創新提供了法律依據和空間，WTO下，兩岸經濟往來與合作方式的創新應遵守WTO的法律原則和有關規定；而另一方面，當前海峽兩岸的特殊政治經濟格局，決定了兩岸經濟往來與合作方式的創新不能全盤照搬目前國際經濟往來與合作的現成原則與模式，而只能在有所

借鑑的基礎上，考慮WTO框架的相關要求，形成一套適合海峽兩岸及WTO下一國四方（中國大陸、香港、澳門及臺灣）現實情況的原則和模式，以便進一步參與經濟全球化進程。筆者認為，當前兩岸經濟往來與合作方式創新，特別是兩岸四地經濟一體化安排，應以政經暫時分離原則、平等互利原則，和符合WTO規則原則為前提，以超越WTO談判內容原則為核心。在遵守WTO規則基礎上，探索超越WTO談判內容的經濟往來與合作新形式。

其一，政經暫時分離原則

雖然政治與經濟具有相互作用的互動關係，但經濟活動有著自身內在規律，並在長期上對政治問題起著決定性作用。而進一步發展兩岸四地經貿關係是客觀趨勢所致，海峽兩岸有關方面應就建立兩岸經濟合作機制問題積極地交換意見。鑑於中國大陸和臺灣當局在短期內難以就中國統一問題達成共識，WTO下兩岸經濟往來與合作方式的創新，特別是兩岸四地經濟一體化安排可以採用經濟合作和政治合作暫時分離的原則。兩岸四地之間經濟往來與聯繫的不斷加強，經濟一體化程度的不斷提高，將為消減臺灣和中國大陸之間的政治分歧，提供堅實的經濟基礎。

其二，平等互利原則

在「一個中國」原則下，具有各自關稅領土、同是WTO成員方的兩岸四地經濟體的關貿地位應是平等的，兩岸經濟往來與合作方式，以及一體化安排應是互利的。兩岸經濟往來與合作方式，以及一體化安排，本身不決定兩岸四地之間的政治地位問題。各方都以WTO成員身份平等互利地參加經貿合作。根據平等互利原則，可以由各方參加WTO會議的部長級首腦組成的「部長會議」作為兩岸經濟往來與合作方式，以及一體化安排的最高決策機構，以協商一致方式決定兩岸經濟往來與合作方式，以及一體化安排。

其三，符合WTO規則原則

海峽兩岸都已是WTO成員方，WTO下，兩岸經濟往來與合作自然應遵守WTO的法律原則和有關規定。特別需要指出的是，作為WTO成員方的兩岸經濟體，應嚴格遵守最惠國待遇原則和國民待遇原則。眾所周知，多年來，由於政治

因素，臺灣當局對中國大陸的所謂「滲透」處處防範，禁止與中國大陸進行直接貿易，限制直接投資，並且對與中國大陸往來設立種種限制，拒絕給予中國大陸最惠國待遇原則和國民待遇原則，從而造成對中國大陸公司和居民的歧視，並使兩岸經貿交流長期處於單向、間接狀態，嚴重阻礙了兩岸經濟互補性優勢的充分發揮。WTO下，臺灣當局有義務遵守WTO規則，調整其中國大陸經貿政策，按照對WTO的承諾開放市場，給予中國大陸最惠國待遇原則和國民待遇原則。

其四，超越WTO談判內容原則

WTO下，兩岸經濟往來與合作方式的創新，當然首先需要遵守WTO的基本法律原則與有關規定。但是在遵守的基礎上超越WTO框架談判內容，應成為兩岸經濟往來與合作方式創新的核心原則。即不論WTO有關協議所要求的義務如何，兩岸四地應當在遵守WTO有關規定下創新經濟往來與合作方式，以便相互提供比WTO協議要求更優惠的條件，從而才能更好地整合利用兩岸四地各自優勢和特殊聯繫，加快各自經濟的發展，增強參與經濟全球化與多邊經貿體制的實力。例如，兩岸四地應當在遵守WTO有關規定基礎上實行經濟一體化安排，以便超越WTO最惠國待遇原則，和關於經貿活動自由化和市場准入的最低水平要求，儘量儘快削減乃至消除相互間的各種貿易和非貿易壁壘，彼此實行更加自由化與便利化的經貿活動措施，相互提供更大範圍或更加優惠的市場准入條件。

2000年以來，兩岸投資關係的新發展及其效應

張傳國

2000年以來，中國大陸國內環境發生了諸多新變化，兩岸投資關係在複雜的中國大陸國內環境中取得了許多新進展，兩岸投資關係經歷了不平凡的四年。全面系統地分析與總結四年來兩岸投資關係所取得的成果與經驗，對推動兩岸經貿關係進一步發展，促進兩岸經濟的融合，早日實現中國大陸的和平統一具有重要的現實意義。

一、兩岸投資關係發展環境的全新審視

兩岸投資關係在性質上屬於區域之間投資交流與合作範疇，是中國大陸主體同其尚待統一的特殊地區——單獨關稅區之間的投資關係，但在政治上兩岸還處於分離狀態，兩岸投資在運作方式上，基本上按照國際資本的運行模式和國際經濟慣例進行。正因為如此，兩岸投資關係的發展與中國國內政治經濟環境密切相關。2000年以來，兩岸投資關係發展的環境發生了許多新變化：兩岸加入WTO貿組織、全球經濟成長乏力、東亞區域經濟加快整合等等，這些新變化為兩岸投資關係的發展增添了許多新變數。

（一）兩岸先後加入WTO，促進了兩岸投資環境的改善

從中國大陸方面看，加入WTO以來，積極認真履行承諾，一些重要的服務部門頒布新的審核外資進入中國的法規和條例，國務院各部委對涉及經貿法律、法規，進行了全面的清理和修訂，使它們與WTO相關法規基本一致。中國大陸市場的開放與投資環境的改善，不僅使臺商赴中國大陸投資經營範圍擴大，而且使臺商投資的合法權益更有保障。

從臺灣方面看，為了符合WTO的規範及滿足臺灣經濟發展需要，臺灣當局對臺商投資中國大陸的相關政策作了一系列調整，兩岸投資關係出現了向直接與雙向發展的良好趨勢。臺灣當局新的中國大陸投資政策，將赴中國大陸投資專案分類，由原來的許可類、專案審查類及禁止類等三類，簡化為一般類與禁止類兩類；開放臺商企業直接到中國大陸投資，不必再經由第三地；有限度地開放8吋晶圓廠赴中國大陸投資；其中，開放臺商企業直接到中國大陸投資，突破了近20年來臺商只能間接投資中國大陸的格局。在開放中國大陸資金入臺方面，臺灣當局也開始有所鬆動。2002年1月16日，臺灣「陸委會」宣布，分階段開放中國大陸企業赴臺從事服務業投資，第一批開放優先開放商業、通訊、金融等58項服務業。3月27日通過《臺灣地區與中國大陸地區人民關係條例》部分修正條文草案，將適度放寬中國大陸資本赴臺投資，中國大陸地區人民、法人或其第三地投資的公司，經許可後可在臺灣從事投資。4月2日立法院通過相關法案，開

放中國大陸資金投資臺灣土地及不動產。2002年8月，青島啤酒與臺灣三洋藥品公司簽約，以合作方式在高雄市建設年產10噸啤酒廠，這一事件可看作中國大陸資本公開進入臺灣的先鋒。到目前為止，儘管臺灣當局對中國大陸資金進入的產業及資金數量等作嚴格限制，中國大陸企業的市場競爭力在臺灣市場上也會面臨嚴峻的挑戰，短期內不可能有大量中國大陸資本流入臺灣，但兩岸投資突破了長久以來的單向性卻具有深刻意義。

（二）東亞區域經濟加快整合，為兩岸投資關係的發展帶來新契機

隨著歐盟（EU）、北美自由貿易區（NAFTA）、東盟（ASEAN）的相繼成立，區域經濟整合成為全球新的發展趨勢。中國大陸政府為調整與周邊地區的經貿關係，正積極與東盟、韓國與日本協商，推動成立中、日、韓三國自由貿易區，共同規劃建立涵蓋地域廣大的東亞自由貿易區。2003年中國內地與香港、澳門《更緊密經貿關係安排（CEPA）》的簽署，將加速內地與港澳經濟的一體化，進而加快東亞地區自由貿易區的建立。臺灣與中國大陸、港澳之間，在投資、貨物貿易、服務貿易等方面作為重要夥伴，已經形成緊密往來與依賴關係，形成事實上的經貿整合，CEPA的簽署將進一步強化這種整合關係。在這樣的背景下，商業嗅覺一向敏感的臺商不會錯過東亞區域經濟加快整合所帶來的難得商機，必將進一步加快在中國大陸的投資布局。

（三）世界經濟不景氣，更加突顯兩岸投資關係發展的重要性

眾所周知，臺灣屬於出口導向型的「淺碟經濟」，長期高度依賴國際市場生存發展。從國際環境看，世界經濟的火車頭美國在2000年底出現衰退，全球經濟成長率由2000年的4.7%大幅降為2001年的2.6%，全球經濟全面衰退。加上恐怖主義陰影的籠罩、2003年美伊戰爭的消極影響，全球經濟復甦緩慢。國際經濟的不景氣，嚴重影響了出口導向性的臺灣經濟。臺灣進、出口及貿易總額在2001年大幅衰退，分別為-23.7%、-17.3%與-20.2%。而且，臺灣的政治環境更使得臺灣經濟雪上加霜。2000年以來，民進黨臺灣當局基於「臺獨」的政治理念，否定「一個中國」原則，全面推動「去中國化」的「漸進式臺獨」政策，不斷製造臺海局勢緊張。臺灣當局在這種政治利益優於經濟利益的原則指導下，很

難制定符合時代潮流與臺灣實際的經濟發展戰略，經貿政策飄浮不定。2001年臺灣經濟出現了50年來首次負成長，為-2.2%；2000年～2003年四年的平均經濟成長率僅為2.6%。目前臺灣總體經濟仍未擺脫低迷不振的陰影，呈「低成長，高失業」的狀態。

與全球經濟與臺灣經濟形成鮮明對比的是，中國大陸經濟在改革中穩步持續發展，趨勢良好。2000年～2003年國內生產總值成長率分別為9.2%、7.3%、8.0%與9.1%。2003年人均國內生產總值突破1,000美元大關。中國大陸經濟的快速發展，對包括臺商在內的外商產生了強大的磁吸效應。2000年～2003年，臺商對中國大陸投資金額分別為26.1億美元、27.8億美元、67.2億美元與45.9億美元。目前臺商投資中國大陸金額已接近中國大陸吸收外資金額的六分之一，僅次於香港、美國、日本為第四位，如再加上臺商透過維京群島的投資，所占比重會更大。臺商加快對中國大陸的投資步伐是符合經濟規律的理性選擇。

二、兩岸投資關係的新發展

2000年以來，在中國國內諸多因素的共同影響下，臺商對中國大陸投資快速擴張，呈現規模大型化與投資產業層次高級化趨勢，已成為推動兩岸經貿關係發展的主要因素，取代兩岸貿易成為兩岸經濟合作的主流。目前中國大陸已成為臺灣最大的對外投資地區，臺商在中國大陸的發展已進入本土化經營的高級階段。

（一）臺資加速流向長江三角洲的同時，開始向其他地區擴散

考慮到經濟腹地大小、市場輻射能力及產業結構的配套等因素，臺商對中國大陸的投資重心轉向以上海為中心的長江三角洲。2000年臺商對長江三角洲地區的投資金額首次超過珠江三角洲地區（圖1），2000年～2003年，臺商對長江三角洲地區的投資比重都接近50%，上海、崑山、蘇州、南京、寧波等一帶成為臺商投資密集地區。在臺灣電子資訊廠商巨頭，如中芯國際、宏力半導體等，加

速向長江三角洲地區轉移的趨勢下,其他電子資訊廠商紛紛跟進,長江三角洲已初步形成完整的電子資訊產業鏈,長江三角洲逐漸成為以IT行業為主的世界高新技術產業製造中心。透過對赴長江三角洲地區投資的臺商所做的進一步調查發現:「隨客戶赴當地投資」的比重已達31.3%,主要是因為特定產業的成品裝配廠商到中國大陸投資後,上游的零件供應商為了維持彼此間的關係,也為了節省運輸成本與關稅,隨之前往投資,在中國大陸形成顯著的群聚效應。這種群聚效應產生的臺商投資「區域性自我加速機制」,使臺商投資的地域模式在短期內不會發生根本性的改變。因此,目前臺商對中國大陸投資主要是在東部地區域內進行合理化調整。

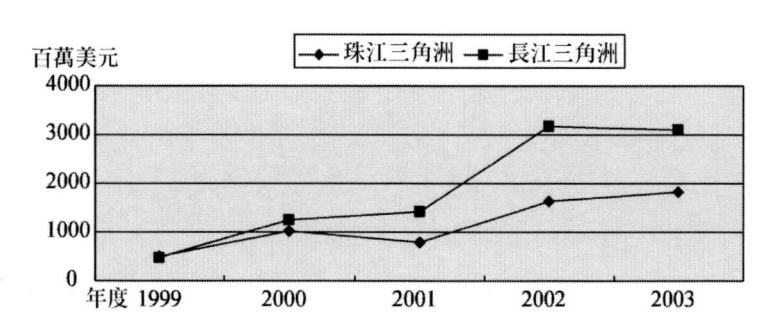

圖1　臺灣對珠江三角洲與長江三角洲地區的投資變化

臺商中國大陸投資儘管在地域上主要分布在以江蘇與廣東為核心的沿海地區,但在空間上也出現了分散化趨勢,總體上向北部和中西部轉移擴散。特別是受近年來中國大陸內需市場逐漸開放,西部大開發政策所帶來的中西部地區投資環境的改善、北京申奧的成功及國家開發東北政策的影響,臺商明顯加快了對環渤海地區、中西部地區與東北地區的投資步伐,投資地區輻射發展,空間分布呈現分散化趨勢。如環渤海地區的山東、河北;中西部地區的湖北、四川;東北地區的遼寧,在2000年～2003年間的投資金額都保持持續成長趨勢(如表1)。目前臺商對中國大陸投資逐漸走向成熟,臺商的投資戰略與目標發生了重大變化,已進入以開拓與占領市場為目標的市場導向型投資階段。

表1　臺商對中國大陸投資的地域變化

單位：百萬美元、％

項目	投資金額					佔總金額比重				
時間	1999	2000	2001	2002	2003	1999	2000	2001	2002	2003
廣東	500	1020	788	1635	1825	39.9	39.1	28.3	24.3	27.4
江蘇	475	1252	1423	3172	3096	37.9	48.0	51.1	47.2	46.4
浙江	79	69	209	512	530	6.3	2.6	7.5	7.6	7.9
福建	59	100	120	750	462	4.7	3.8	4.3	11.2	6.9
河北	57	93	125	275	256	4.6	3.6	4.5	4.1	3.8
四川	38	27	19	61	61	3.0	1.0	0.7	0.9	0.9
湖北	18	1	28	15	88	1.4	0.0	1.0	0.2	1.3
山東	4	12	28	64	99	0.3	0.5	1.0	1.0	1.5
遼寧	4	14	18	59	46	0.3	0.6	0.7	0.9	0.7
湖南	1	0	9	13	10	0.1	0.0	0.3	0.2	0.2
其他	18	21	17	167	195	1.4	0.8	0.6	2.5	2.9
合計	1253	2607	2784	6723	6666	100	100	100	100	100

註：赴中國大陸投資廠商補辦許可登記者已列入此統計。資料來源：臺灣「經濟部投資審議委員會」。

目前臺商投資中西部已明顯有跡可尋。臺商投資中西部順序依次是四川、湖北、江西、湖南、河南、安徽、廣西、重慶、陝西。但中西部地區域內部差異性極大，「二元經濟」特徵顯著，大城市的整體投資環境尚可，因此，臺商投資西部主要從投資環境較佳的大城市切入，並以當地本銷市場作為企業經營主軸。成都、武漢、重慶、西安、南寧、長沙、南昌、合肥、鄭州、蘭州、烏魯木齊等中西部中心城市，成為臺商投資的優先選擇；在投資的產業選擇方面，主要選擇西部最有開發前景的旅遊產業與中草藥產業等；在投資形式上，主要採取與當地合資、合作的形式，開發當地優勢資源，以降低投資風險。但從總體看，目前臺商在中西部地區投資多是基於市場布局的考慮，還處於初期探路的階段。

從長遠趨勢看，未來臺商對中國大陸的投資，將在中國大陸沿海地區進行合理化調整的基礎上，進一步由東向西、由沿海向內陸輻射，形成「遍地開花」的全方位的投資格局。

（二）臺商中國大陸投資產業層次趨向高級化

臺商對中國大陸投資以製造業為主，服務業與農業較少，這種投資格局是由兩岸的競爭優勢與產業分工模式決定的。2000年以來，臺灣大中型企業對中國大陸投資開始增多，投資的產業結構發生了明顯變化，不再是原來意義上的傳統產業的單純轉移，而是包括高技術產品在內的新興製造業在中國大陸的急劇擴張，已實現了由勞動密集型向資本與技術密集型產業的轉變，電子電器、化學品、基本金屬製品、塑料製品、精密器械製造、機械製造、運輸工具製造等資本與技術密集型製造業，所占比重已達70%以上。在第三波臺商投資中國大陸的浪潮中，以電子資訊為代表的技術密集型產業成為臺商投資的主流，傳統勞動密集型製造業比重逐年下降，臺商在中國大陸投資的產業層次趨向高級化。值得注意的是，電子電器製造業比重在2000年達56.2%後，開始逐年下降，2003年已下降為27.3%，顯示臺灣電子業的中國大陸投資布局已接近完成。服務業等其他投資開始增多，從投資金額看，2000年～2003年臺商投資服務業等其他行業的金額逐年增多，由2000年的2.95億美元成長至2003年的12.95億美元，這種趨勢將隨中國大陸產業結構不斷升級而日趨明顯。

表2　臺商對中國大陸投資的產業變化

單位：件、百萬美元、%

項目 類別	件數					金額					比重				
時間	91-99	2000	2001	2002	2003	91-99	2000	2001	2002	2003	91-99	2000	2001	2002	2003
電子及電器製造業	3268	343	383	789	703	3332	1465	1255	2619	1817	23	56.2	45.1	39	27.3
化學品製造業	1444	37	45	199	201	1006	111	164	474	517	6.9	4.3	5.9	7.1	7.8
金屬製品製造業	1876	97	120	257	321	1239	184	194	632	659	8.6	7.1	7	9.4	9.9
塑料製品製造業	2024	48	63	197	257	1155	185	156	399	371	8	7.1	5.6	5.9	5.6

續表

項目 類別	件數					金額					比重			
食品及飲料製造業	2199	10	26	93	100	1237	43	58	153	336	8.5	1.7	2.1	2.3	5
紡織業	996	14	13	45	80	787	40	23	128	304	5.4	1.5	0.8	1.9	4.6
非金屬製造業	1151	8	15	93	111	867	84	107	215	411	6	3.2	3.8	3.2	6.2
運輸工具製造業	682	23	29	102	141	671	53	57	218	294	4.6	2.1	2.1	3.3	4.4
機械製造業	741	29	67	169	186	467	60	116	233	249	3.2	2.3	4.2	3.5	3.7
精密器械製造業	2167	41	31	267	362	772	85	126	433	414	5.3	3.3	4.5	6.3	6.2
其他產業	5586	190	394	905	1054	2964	298	528	1220	1295	20.5	11.4	19	18.2	19.4
合計	22134	840	1186	3116	3516	14495	2607	2784	6723	6666	100	100	100	100	100

資料來源：臺灣「經濟部投資審議委員會」。

（三）中國大陸臺資企業呈現本土化趨勢

中國大陸加入WTO以後，中國大陸的低勞動力成本比較優勢得到了很好的發揮，勞動密集型產業快速成長，擴大了對中間產品的需求。但兩岸不能全面「三通」，臺資企業所需的原料、中間產品和零部件的運輸成本，削弱了其產品的競爭力。面對中國大陸所發生的巨大變化，臺資企業為降低成本、增強競爭力，不得不在中國大陸對其所需的原料、中間產品和零部件「就地取材」，臺資企業在中國大陸進入了本土化經營的新階段，主要表現在：第一，採購與生產本土化。臺商在中國大陸不斷增資擴產，擴大當地採購比重，以建立龐大的生產基地。根據臺灣中華研究院「中國大陸經營環境變化對臺商投資環境影響的研究」發現，目前臺商在中國大陸當地採購的比率已高達60%以上。第二，研發本土化。臺商增資擴產在中國大陸建立起龐大的生產基地後，許多商家又在中國大陸建立研發中心、IC設計中心及軟體開發基地作為長遠的發展目標，包括宏電、神達等一批臺資企業，都已在中國大陸設立了頗具規模的大型研發中心，臺商在中國大陸投資已轉向生產、研發與行銷並重的新模式。中國大陸的高科技人才質量與數量均達到相當水準，卻成本較低。為了配合生產的本土化，臺商紛紛在上海、北京、西安、南京、崑山、蘇州、西安等地設立研發設計中心。上海已有10家以上的臺商在草和經濟開發區設立IC研發中心，北京已成為軟體研發中心聚居地，至少有20家臺商設有研發中心，英業達10年前就已在西安設立研發中心等。第三，人才本土化。在增資擴產和建立研發中心的同時，有些臺商還與中國大陸科學研究實力雄厚的北京、上海、南京、西安等地的大學、科學研究單位合作，開辦培養人才的教育和培訓機構，並廣招中國大陸本地的高階人才，大力推行企業人才

本土化策略。臺商對中國大陸由資本技術投資轉向人力資本投資,是臺商在中國大陸經營發展高級化的重要標幟,標幟著臺商對中國大陸投資從量變走向質變,進入了在中國大陸「扎根」發展的新階段。

三、兩岸投資關係的新發展促進了兩岸經濟關係的整合

(一) 推動了兩岸經濟的發展

臺商對中國大陸投資是基於經濟上的相對優勢而進行的投資行為,臺商對中國大陸投資給兩岸經濟的發展帶來極大的利益。從臺灣方面看,由臺商對中國大陸投資所推動兩岸經貿關係,促進了臺灣產業結構的調整,提升了臺灣本土經濟的發展。2000年以來,臺灣處於第四階段的進口替代發展階段,重工業發展相對緩慢,一些出於飽和期、成長期的產品,如化學、化工、電機、電子資訊等產品初入新市場。中國大陸對這部分產品的需求所產生的提升作用,對臺灣經濟第四階段策略的順利實施,刺激重工業的發展,實現產業結構的升級具有重要作用。與此同時,在中國大陸,臺商以從母公司購買各種原料和零件的方式提升了臺灣本土製造業的發展,進而增加了臺灣的就業機會。從中國大陸方面看,一是臺商對中國大陸投資彌補了中國大陸經濟起飛所急需的資金缺口,是中國大陸沿海臺商投資密集地區經濟快速成長的重要動力之一。二是增加了大量的就業機會。臺商投資每增加1億美元,可以直接創造0.57萬人的就業機會。目前臺商對中國大陸投資近774億美元,創造近500萬人的直接就業機會。三是臺商投資不僅對中國大陸的進出口貿易有推動作用,而且對中國大陸經濟成長質量的提高、成長方式的轉變都有促進作用。四是臺商帶來了相對先進的技術、管理經驗與經營理念,促進了中國大陸社會價值觀念的變化。

(二) 帶動了兩岸貿易的發展

兩岸貿易關係的發展帶有明顯的投資帶動型的特點。首先,臺商在中國大陸的投資分布決定著兩岸的貿易構成。目前兩岸貿易所出現的產業內貿易新特徵,

就是由臺商在兩岸的投資布局所決定的。2000年以來，在兩岸的貿易構成上，主要是用於製造業的初級加工品或零部件，其所占比重高達50%以上。無論是臺灣輸往中國大陸，還是中國大陸輸往臺灣的20項主要產品中，均屬於此類產品，其中電子零部件產品居首位。其次，兩岸投資規模的擴張推動著兩岸貿易快速成長。2000年以來，在臺商在中國大陸投資的帶動下，兩岸貿易額不斷成長，成為聯繫兩岸關係最重要的紐帶之一，目前兩岸貿易關係已達難分難解的地步。截至2003年，兩岸貿易總額累計3,256.3億美元，其中中國大陸對臺出口623.5億美元，自臺進口2,632.8億美元。自2002年以來，中國大陸已成為臺灣第一大出口市場，臺灣是中國大陸第二大進口市場。

（三）推動了兩岸分工模式的轉變

2000年以來，臺商投資中國大陸比重的快速增加，以及臺商在中國大陸投資產業層次提升，為了建構適應兩岸未來經濟發展的分工合作體系，兩岸產業分工模式已突破了「臺灣接單、中國大陸生產」的垂直分工模式，開始由垂直分工向水平分工的轉化，開始轉向高科技（電子資訊為主）與服務貿易投資的方向發展，特別是中國大陸臺商企業本土化策略的推行，將加快這種分工模式轉變的進程。兩岸向水平分工模式轉化，將進一步推動與深化兩岸之間的貿易關係，對兩岸貿易關係的發展也有著積極影響。

（四）提升了兩岸經濟的依存度

2000年以來，臺商對中國大陸投資帶動兩岸貿易持續擴大，臺灣對中國大陸的貿易依存度不斷提升，從2000年的10.84%上升至2003年的16.97%，其中出口依存度從16.87%上升至24.39%，進口比重也由4.44%上升至8.47%。臺灣對中國大陸貿易依存度的持續增加，進一步提高了中國大陸在臺灣對外貿易中的地位，臺灣經濟對中國大陸市場的依賴程度日益增強。目前臺灣的年經濟成長率至少有2%要靠與中國大陸的來往，中國大陸市場對臺灣經濟的發展起著舉足輕重的作用，已成為支撐臺灣經濟成長的主要來源。

總之，兩岸投資關係的新發展符合世界經濟發展潮流，反映了兩岸經濟融合的強勁趨勢。雖然目前兩岸投資關係還是基於經濟上相對優勢而自發進行的民間

行為，但臺商在中國大陸投資所開拓的兩岸經貿發展的新局面符合兩岸人民的根本利益，我們有理由繼續對兩岸投資關係發展的前景充滿信心。

臺商投資與兩岸貿易互動效應的實證分析

張傳國

　　自上世紀1980年代以來，特別是2000年以來，在中國國內諸多因素的共同影響下，臺商對中國大陸投資快速擴張，呈現投資規模大型化與產業層次高級化趨勢。目前中國大陸已成為臺灣最大的對外投資地區，臺商在中國大陸的發展已進入本土化經營的高級階段。據中國大陸商務部統計，截至2003年，中國大陸合約利用臺資706億美元，實際利用臺資365億美元。在臺商在中國大陸投資的驅動下，兩岸貿易額不斷成長，貿易依存度持續攀升。目前兩岸貿易關係已達難分難解的地步。截至2003年，兩岸貿易總額累計3,256.3億美元。總之，兩岸經貿關係經過20多年的發展，臺商對中國大陸投資與兩岸貿易同步成長，取得了可喜的成績。

　　外商投資與貿易的關係研究是目前國際投資與貿易研究中的重要問題，已有不同學者對此問題進行研究，取得了重要進展。總結1990年代以來的相關研究成果，多數學者認為，外商投資與貿易之間存在替代效應、創造效應、互補效應與擴張效應等四種效應。但一般認為，外商投資與貿易主要存在兩重效應：替代效應或互補效應。在目前兩岸政治關係條件下，兩岸經貿關係在運作方式上，基本上按照國際資本的運行模式和國際經濟慣例進行，研究兩岸這種特殊的投資與貿易關係，是國際投資與貿易研究中的特例與重要補充，具有重要的理論意義。

　　臺商對中國大陸投資與兩岸貿易這兩個變量之間具體存在何種關係，是互補效應還是替代效應？回答這一問題，對於理解目前兩岸經貿關係的新局面、新格局，推動兩岸經貿關係繼續走向雙贏具有重要的現實意義。

一、有關中國大陸臺商投資與兩岸貿易資料數據的說明

資料數據的科學性與權威性,是數據分析與模型建構的基礎。由於兩岸關係的特殊性,中國大陸與臺灣之間無法進行有效的相關資料數據的訊息交流,兩岸在臺商投資與兩岸貿易方面的統計口徑上也存在差異。因此,臺商投資與兩岸貿易方面的資料數據,一直是兩岸經貿關係研究較為困擾的問題。

關於臺商對中國大陸投資方面的數據,由於臺商投資受臺灣當局中國大陸投資政策的制約,一些臺商採取祕密與間接的方式進行,特別是在臺商投資中國大陸的早期,這種現象更為明顯。雖然1990年代以來,臺灣當局的限制有所放鬆,臺商可以補報登記以前的投資數額,但臺商出於各方面的考慮,並未完全補報登記。因此,臺灣當局官方的統計尚不能反映臺商對中國大陸的實際投資情況,而且,由於某一年份補報登記增加,容易導致該年的投資數額在統計上表現為異常數據,反而不利於資料數據的分析。如臺灣「經濟部投審會」公布的2003年臺商赴中國大陸投資數額為45.95億美元,補報登記數額為31.04億美元。實際上,對於補報登記的31.04億美元,我們無法確定是屬於哪一年的投資數額,因此,對臺商在中國大陸投資這一變量,採用臺灣方面的統計資料進行數據分析,還需要做大量的數據修正工作。考慮到資料數據的權威性及縱向比較口徑的一致性,本文主要採用中國大陸商務部公布的臺商投資統計資料。具體如表1所示。

表1　歷年臺商投資中國大陸統計

單位:件、%、億美元

年份	項目數	增長率	合同台資	增長率	實際利用	增長率	累計合同台資	累計實際台資
88以前	437	—	6.00	—	0.22	—	6.00	0.22
1989	540	23.57	4.32	-8.33	1.55	600	10.32	1.77
1990	1103	104.26	8.9	61.82	2.22	44.16	13.22	3.77
1991	1735	57.3	13.9	56.18	4.66	109.91	22.80	6.88
1992	6430	270.61	55.43	298.78	10.5	125.32	69.33	15.16
1993	10948	70.27	99.65	79.78	31.39	198.95	155.08	41.89
1994	6247	-42.94	53.95	-45.86	33.91	8.03	153.60	65.30
1995	4847	-22.4	58.49	8.4	31.61	-6.8	112.44	65.52
1996	3184	-34.3	51.41	-12.07	34.74	10.19	109.90	66.35
1997	3014	-5.3	28.14	-45.3	32.89	-5.54	79.55	67.63
1998	2970	-2.55	29.82	10.38	29.15	-7.43	57.96	62.04
1999	2499	-14.1	33.74	10.2	25.99	-13.82	63.56	55.14
2000	3108	22.16	40.42	16.49	22.96	-9.39	74.16	48.95
2001	4214	36.15	69.14	73.1	29.80	32.82	109.56	52.76
2002	4853	15.2	67.4	-2.5	39.70	33.2	136.54	69.50
2003	4495	-7.38	85.58	26.96	33.77	-14.94	152.98	73.47
累計	60623	—	706.29	—	365.06	—	706.29	365.06

資料來源：中國商務部

對於兩岸貿易方面的數據，中國大陸、臺灣與香港，分別有不同的統計數據。出於統計口徑一致性的考慮，及數據縱向與橫向比較的方便，本文基本選用了中國大陸海關總署公布的統計資料，對於部分異常資料數據，適當參考了臺灣當局主管部門公布的數據，對其進行了修正。如表2所示。

表2　歷年兩岸貿易統計

單位：億美元、%

年份	貿易總額	增長率	對台出口	增長率	自台進口	增長率
88以前	82.65	—	15.83	—	66.82	—
1989	34.84	28	5.87	22.5	28.97	29.2
1990	40.43	16.08	7.65	30.41	32.78	13.18
1991	57.93	43.26	11.26	47.11	46.67	42.36

續表

年份	貿易總額	增長率	對台出口	增長率	自台進口	增長率
1992	74.1	23.9	11.2	-0.6	62.9	34.7
1993	143.95	94.26	14.62	30.54	129.33	105.6
1994	163.3	13.44	22.4	53.21	140.8	8.87
1995	178.8	9.49	31	38.39	147.8	4.97
1996	189.8	6.1	28	-9.6	161.8	9.5
1997	198.38	4.5	33.96	21.2	164.42	1.6
1998	204.99	3.3	38.69	13.9	166.29	1.1
1999	234.79	14.5	39.5	2.1	195.29	17.4
2000	305.33	31.1	50.4	27.6	254.9	30.6
2001	323.4	5.9	50	-0.8	273.4	7.2
2002	446.6	38.1	65.9	31.7	380.3	39.3
2003	583.7	30.7	90	36.7	493.7	29.7
累計	3262.99	—	516.28	—	2746.17	—

資料來源：中國海關總署

對於資料數據樣本的選取問題，1988年以前有關臺商投資的資料數據較為零散，且對本文的研究借鑑意義較小，因此，本文只選取了1989年～2003年等15個年度的資料數據作為樣本，樣本的大小符合本文研究的需要。

有關資料數據的時效性問題，考慮到目前尚無2004年完整的數據，以及序列數據分析的方便，只選取了截至2003年底的數據，2004年以後的數據無法將其應用於後續的模型構造與數據分析之中，但將在具體分析中應用到。

二、臺商投資與兩岸貿易的相關分析

分析臺商投資與兩岸貿易之間的相關關係，是研究這兩個變量之間互動關係的前提。為此，本文應用表1與表2的統計資料，利用SPSS統計軟體，首先對兩變量間的相關係數進行了計算，具體計算結果如表3。

表3顯示：從總體上看，臺商投資與兩岸貿易之間的相關係數多數處於0.5＜R≤0.8，為顯著相關，只有部分相關係數處於0.8＜R≤1，為高度相關。表示臺商對中國大陸投資與兩岸貿易之間存在密切的相關關係。

表3　臺商投資與兩岸貿易的相關係數

	合同台資	實際利用	累計合同台資	累計實際台資	累計合同台資 t-1	累計實際台資 t-1
貿易總額	0.687 *	0.780 **	0.723 *	0.817 **	0.671 *	0.783 **
對台出口	0.704 *	0.797 **	0.635 *	0.817 **	0.653 *	0.831 **
自台進口	0.743 *	0.834 **	0.737 *	0.896 **	0.693 *	0.872 **

註：*表示在0.05顯著性水平下通過檢驗，**表示在0.01顯著性水平下通過檢驗。

　　從具體看，兩岸貿易總額與合約利用臺資之間的相關係數，小於兩岸貿易總額與實際利用臺資之間的相關係數，而且從累計合約利用臺資與累計實際利用臺資看，也表現出相似的特徵。從對臺出口與臺商投資之間的關係看，其相關關係呈現與兩岸貿易總額與臺商投資之間相似的關係，也是對臺出口與合約利用臺資之間的密切程度，小於其與實際利用臺資之間的密切程度。從自臺進口與臺商投資之間的關係看，除了呈現上述相似的關係外，自臺進口與臺商投資之間的相關係數，高於兩岸貿易總額與對臺出口及臺商投資之間的相關係數，表示自臺進口與臺商投資之間的關係更為密切，臺商投資更能提升自臺對中國大陸的進口。

　　一般經驗認為，臺商投資的增加並不會立即引起當年兩岸貿易的成長。臺資透過投資辦廠基本建設，引進設備安裝到員工培訓，再到生產產品的出口，需要一個投資建設的完全過程。因此，臺商投資對兩岸貿易的影響有一個滯後的過程。為了揭示兩岸貿易與臺商投資之間的這種關係，本文對兩岸貿易與前一年的累計合約，利用臺資t-1或累計實際利用臺資t-1之間的相關係數進行計算（如表3），發現兩岸貿易額與前一年的累計合約，利用臺資的相關係數也小於其與前一年的累計實際利用臺資的相關係數。由此也可看出，臺商對中國大陸投資的到資率較低，合約利用臺資與兩岸貿易額之間關係的密切程度，小於實際利用臺資與兩岸貿易額之間的密切程度。因此，本文在後續的模型構造與數據分析中，將主要採用實際利用臺資的數據，以分析其與兩岸貿易之間的相互關係。

三、臺商投資對兩岸貿易的驅動效應分析

為了深入分析臺商投資對兩岸貿易的驅動效應，本文分別選取了兩岸貿易額（LTR），對臺出口額（EX）與自臺進口額（IM）三個變量作為被解釋變量。對於解釋變量，考慮到臺商在中國大陸投資對兩岸貿易的影響是持久的，但臺商投資對兩岸貿易的影響具有滯後性，因此，本文選取了前一年累計臺商對中國大陸投資額作為解釋變量（TDI_{t-1}），構造臺商在中國大陸投資對兩岸貿易驅動效應的回歸模型：

$$LTR = \alpha_0 + \alpha_1 TDI_{t-1} \qquad (1)$$
$$EX = \beta_0 + \beta_1 TDI_{t-1} \qquad (2)$$
$$IM = \gamma_0 + \gamma_1 TDI_{t-1} \qquad (3)$$

其中係數 α_1、β_1 與 γ_1 的正負號分別表示臺商投資與兩岸貿易、對臺出口與自臺進口的互補關係或替代關係，其大小分別表示臺商投資對兩岸貿易、對臺出口與自臺進口的效應大小，也可分別稱為臺商投資的貿易傾向、對臺出口傾向與自臺進口傾向。

應用表1與表2的統計資料，利用SPSS統計軟體進行計算，可得如下結果（見表4）：

表4　模型估計結果

模型	變量	係數估計值	T 值	F 值	R Square	Ad. R Square
(1)	常數項	54.528	0.983	11.375**	0.467	0.462
	TDI-1	3.793	3.373*			
(2)	常數項	7.350	0.918	14.896**	0.453	0.411
	TDI-1	0.627	3.859*			
(3)	常數項	47.163	0.991	10.761**	0.534	0.498
	TDI-1	3.166	3.280*			

註：*表示在5%的顯著性水平上通過檢驗；**表示在1%的顯著性水平上通過檢驗；沒有標記表示沒有通過檢驗。

從回歸結果看，回歸係數 α_1、β_1 與 γ_1 都為正值，分別為3.793、0.626與3.166，顯示臺商投資與兩岸貿易、對臺出口與自臺進口存在互補關係。其中，臺商投資的貿易傾向、對臺出口傾向與自臺進口傾向分別為：臺商投資每增加1

個單位,可以推動3.793個單位的兩岸貿易總額,其中出口0.627個單位,進口3.166個單位。可見,臺商投資對兩岸貿易、對臺出口與自臺進口都有顯著的促進和推動作用。在臺商在中國大陸投資的驅動下,兩岸貿易總量不斷成長,成為聯繫兩岸關係重要的紐帶之一。截至2003年底,兩岸貿易總額累計3,256.3億美元,其中中國大陸對臺出口623.5億美元,自臺進口2,632.8億美元。

進一步分析發現,臺商投資對出口的推動明顯小於對進口的推動,臺商投資每增加1單位,將產生2.539單位的貿易逆差,可見,臺商投資對兩岸貿易的驅動效應是不平衡的。產生這種狀況的主要原因是,臺灣當局對中國大陸方面所推行的「出口放寬、進口嚴控」的限制性貿易政策。儘管迫於強大壓力,臺灣當局也採取了一些具體措施放寬兩岸貿易往來的限制,但總體上是阻礙與拖延兩岸貿易關係的正常發展。中國大陸市場向臺灣企業和商品全面開放,而中國大陸產品輸臺受到諸多歧視性的限制,許多中國大陸較具優勢且臺灣迫切需要的商品不能進入臺灣。臺貨源源不斷進入中國大陸,而中國大陸商品卻不能貨暢其流,從而導致目前的這種嚴重的貿易失衡現象。截至2003年底,中國大陸對臺灣累計貿易逆差已達2,000億美元以上。

另外,臺商投資對兩岸貿易的驅動效應還表現在,臺商在中國大陸的投資分布決定著兩岸的貿易構成。臺商對中國大陸投資主要集中於製造業,儘管近年來臺商在中國大陸投資的技術層次不斷提高,已實現了由勞動密集型向資本與技術密集型產業的轉變,但主要還是集中在製造業、電子電器、基本金屬製品、塑料製品、精密器械製造等資本與技術密集型製造業,所占比重高達70%以上。在兩岸貿易的構成上,也主要是用於製造業的初級加工品或零部件,其所占比重高達50%以上。無論是臺灣輸往中國大陸,還是中國大陸輸往臺灣的20項主要產品中,均屬於此類產品,其中電子零部件產品居首位。

深入分析可以發現,三個模型的R Square值都在0.5左右,分別為0.467、0.453與0.534,說明臺商投資對兩岸貿易的解釋能力只有50%左右,另外50%是由其他因素驅動所致。驅動兩岸貿易的其他因素主要有:一是在全球經濟中只有中國大陸經濟一枝獨秀,持續保持高成長趨勢,帶動了中國大陸貿易需求的擴

張;二是中國大陸的對外開放持續進行,特別是加入WTO世界貿易組織後,中國大陸的實際關稅率不斷下降,也在一定程度上促進了中國大陸的進口;三是儘管臺灣當局對兩岸經貿關係的阻撓從沒有間斷過,但兩岸先後加入WTO,臺灣當局逐漸放寬了原有限制性的兩岸貿易政策,改善了兩岸貿易發展的環境,兩岸貿易關係逐漸朝「雙向、直接」的方向發展,為兩岸貿易的持續擴張奠定了良好基礎;四是儘管兩岸貿易主要是產業內貿易,但中國大陸產品的技術在不斷提高,兩岸貿易結構也在不斷變化,兩岸貿易的誘發因素在不斷增加。因此,臺商投資只是兩岸貿易的重要驅動因素,但不是全部。伴隨臺商新一波投資熱潮的到來,臺商投資對兩岸貿易的驅動效應將進一步提高。

四、兩岸貿易對臺商投資的誘發效應分析

臺商投資對兩岸貿易具有驅動效應;反之,兩岸貿易對臺商投資也具有誘發效應,臺商投資與兩岸貿易之間存在著互動關係。為了揭示兩岸貿易對臺商投資的這種誘發效應,本文選取實際利用臺資額(TDI)作為被解釋變量,分別選取兩岸貿易額(LTR),對臺出口額(EX)與自臺進口額(IM)作為解釋變量,構造兩岸貿易對臺商投資誘發效應的回歸模型:

$$\text{TDI} = \alpha_0 + \alpha_1 \text{LTR} \quad (4)$$
$$\text{TDI} = \beta_0 + \beta_1 \text{EX} \quad (5)$$
$$\text{TDI} = \gamma_0 + \gamma_1 \text{IM} \quad (6)$$

其中係數 α_1、β_1 與 γ_1 的正負號,分別表示兩岸貿易、對臺出口及自臺進口與臺商投資的互補關係或替代關係,其大小分別表示兩岸貿易額、對臺出口額及自臺進口額對臺商投資的效應大小,也可分別稱為兩岸貿易、對臺出口及自臺進口對臺商投資的傾向。

應用表1與表2的統計資料,利用SPSS統計軟體進行計算,可得如下結果(見表5):

表5　模型估計結果

模型	變量	係數估計值	T 值	F 值	R Square	Ad. R Square
(4)	常數項	12.122	2.724 *	11.164 **	0.462	0.421
	LTR	0.0575	3.341 *			
(5)	常數項	12.482	2.665 *	9.376 *	0.419	0.374
	EX	0.355	3.062 *			
(6)	常數項	12.117	2.748 *	11.425 **	0.468	0.427
	IM	0.0683	3.380 *			

註：*表示在5%的顯著性水平上通過檢驗；**表示在1%的顯著性水平上通過檢驗；沒有標記表示沒有通過檢驗。

表5顯示，回歸係數 α_1、β_1 與 γ_1 都為正值，分別為0.0575、0.355與0.0683，表示兩岸貿易、對臺出口與自臺進口，對臺商投資都具有正向的誘發作用。其中兩岸貿易、對臺出口與自臺進口，對臺商投資的傾向分別為：兩岸貿易額每增加1個單位，將推動0.0575個單位的臺商投資；對臺出口每增加1個單位，將推動0.355個單位的臺商投資；自臺進口每增加1個單位，將推動0.0683個單位的臺商投資。可見，兩岸貿易、對臺出口與自臺進口，對臺商投資的誘發效應明顯小於臺商投資對兩岸貿易、對臺出口與自臺進口的驅動效應。

從對臺出口與自臺進口的臺商投資傾向看，對臺出口較自臺進口，具有更顯著的臺商投資傾向，更有利於推動臺商對中國大陸的投資，同時也顯示，兩岸貿易中對臺出口的阻力顯著大於自臺進口，其主要原因在於，兩岸貿易關係始終無法擺脫政治因素的干擾，兩岸貿易總體仍處於間接局部的格局：兩岸船舶、飛機不能直接往來；兩岸人員旅行仍需經香港、澳門等地中轉；雖然開放兩岸貿易商直接交易，不須再經第三地企業，而且試點直航也已啟動，但兩岸貨物的運輸仍需經日本、香港等第三地或「境外航運中心」中轉。因此，從兩岸貿易的臺商投資傾向也可看出，臺商對中國大陸投資的深入發展，客觀上需要兩岸貿易的正常化。

從三個模型的R Square看，其值分別為0.462、0.419與0.468，表示兩岸貿易、對臺出口與自臺進口，對臺商投資的解釋能力只有40%多，小於臺商投資對兩岸貿易、對臺出口與自臺進口的解釋能力；約有60%是無法由兩岸貿易、對臺

出口與自臺進口獲得解釋的。可見，臺商投資對中國大陸投資是由多種因素驅動的：中國大陸改革開放所帶來的持續快速的經濟成長、日益完善的法律法規、豐富的自然資源和廉價的智力資源，以及巨大的市場需求，臺資企業自身發展的客觀需要，都是驅動臺商對中國大陸投資的重要因素。兩岸貿易對臺商投資的誘發效應只是其中的重要因素之一。

五、主要結論與啟示

本文在統計資料與計量經濟模型的支持下，對臺商投資與兩岸貿易的互動效應進行了研究，得到如下結論：

一是臺商投資與兩岸貿易之間存在密切的互動關係與互補關係，而不是替代關係。這種互動關係是由其內在的經濟規律制約的，不以人的意志為轉移，這也是兩岸經貿關係不斷突破臺灣當局的人為政策限制，形成今天兩岸經貿關係新局面的內在原因；

二是臺商投資的貿易驅動效應是不平衡的，對中國大陸是逆差效應。臺商投資驅動臺灣對中國大陸的出口，遠遠大於中國大陸對臺灣的出口，增加了臺灣對中國大陸的貿易逆差，從這一角度上來說，臺商對中國大陸投資對臺灣經濟是有利的，但這種不平衡效應並不有利於兩岸貿易的深入發展與兩岸經濟的融合。

三是兩岸貿易對臺商投資的誘發效應明顯小於臺商投資對兩岸貿易的驅動效應，兩岸貿易只是推動臺商在中國大陸投資的重要因素之一。在兩岸貿易中，對臺出口較自臺進口，具有更顯著的臺商投資傾向，更有利於推動臺商對中國大陸的投資。

總之，本文從臺商投資與兩岸貿易的互動效應分析中所獲得的重要啟示就是：由臺商投資驅動的兩岸貿易，以及由兩岸貿易誘發的臺商投資，所共同形成的兩岸經貿關係的新局面、新格局，符合兩岸人民的根本利益，反映了兩岸經濟融合的強勁趨勢，也符合世界經濟發展潮流。雖然目前兩岸投資關係還是基於經

濟上相對優勢而自發進行的民間行為，兩岸貿易總體仍處於間接局部的格局，呈現「不平衡」的畸形特徵。但在經濟全球化、區域化的浪潮下，兩岸經貿關係迅速發展的大趨勢是不可阻擋的。特別是在中國大陸經濟持續高速成長，兩岸產業分工日趨密切的背景下，我們有理由繼續對兩岸經貿關係發展的前景充滿信心。隨著兩岸經貿關係的進一步發展，它在打破兩岸之間的政治僵局中將發揮越來越重要的作用。

主要參考文獻：

1.張方方：〈簡論外國直接投資與國際貿易的互動關係〉，《經濟評論》1999年第3期。

2.邱立成：〈論國際直接投資與國際貿易之間的聯繫〉，《南開經濟研究》1999年第6期。

3.陳力：〈貿易與外國直接投資〉，《國際經濟合作》1997年第10期。

4.高長：〈臺海兩岸貿易、投資與相互依賴關係之探討〉，《開放導報》1999年12期。

5.楊亞非：〈臺灣對中國大陸貿易與投資走向分析〉，《廣西民族學院學報（哲社版）》2000年第6期。

6.楊迤：〈外商直接投資對中國進出口影響的相關分析〉，《世界經濟》2000年第2期。

臺商中國大陸直接投資的地域分異與成因研究

張傳國

臺商在中國大陸的直接投資始於1980年代初，1990年代以來得到迅速發展。目前，臺商直接投資已成為中國大陸吸收外資重要的組成部分。臺商對中國

大陸直接投資存在顯著的地域分異性（李非，2002），這種地域分異性是空間經濟不平衡規律的體現，是各種因素長期共同作用的結果。研究1990年代以來臺商在中國大陸直接投資的地域分異性，分析其產生地域分異的原因，對於客觀評價中國大陸各省市區吸收臺商直接投資的能力與潛力，進一步分析中國大陸吸收外商直接投資的地域分異和空間轉移規律，引導外商直接投資，形成比較合理的地區分布結構，具有重要參考價值。

一、文獻評述

外商直接投資區域是現代區域理論研究的前沿問題之一。到目前為止還沒有出現一般性的直接投資區域理論（魯明泓，1999），但國際上有關這方面的研究已有不少研究成果，大多集中於傳統的比較優勢因素方面，如市場容量、勞動力成本、交通和通訊成本、相對技術水平等（Vernon，1996）。經典的區域理論認為，生產成本是決定廠商區域的主要因素。這種成本通常是指生產成本，包括勞動力成本和交通運輸成本。近年來，成本學派又獲得較大發展，並將羅納德・寇斯的交易成本理論納入分析中。Caves（1971）認為，國際投資的區域選擇取決於交易成本的高低。研究表示，市場規模和經濟成長、材料和勞動力供應、政治和法律環境、東道國政策、東道國市場上產業競爭程度、地理接近程度以及交通運輸成本、東道國的基礎設施等，是決定外商直接投資區域選擇的重要區域因素（Tatoglu，1998）。此外，關稅、非關稅壁壘、稅收優惠以及語言文化差異等，也會影響外商直接投資地區分布（Clegg，1992）。折衷理論（Dunning，1993）對東道國的區域優勢因素進行了較全面的總結，這些因素包括自然和人造資源以及市場的空間分布、投入品的價格和質量、國際交通和通訊成本、投資優惠或障礙、商品和勞務貿易的人為障礙、社會基礎設施、不同國家間意識形態和語言文化與政治差異、R&D和營銷集中和積聚帶來的規模經濟、政府發展戰略和經濟體制等等。Agoo（1978）發現，地方政府發展規劃與外商直接投資的流入呈正相關關係，他認為並不是規劃本身，而是發展規劃創造出來的有組織的經

濟環境對外商有吸引力。Wei（1997）發現，稅率和腐敗與外資流入呈顯著的負相關關係。Loonald（1984）和Kumar（1991）發現，外商直接投資不願流向環境保護標準高、汙染管制嚴的國家。Jun和Singh（1996）分析了1970年～1993年31個發展中國家吸引外資的情況，發現政治風險是決定外資流向的重要因素之一。Torrisi（1985）分析了地區整合和哥倫比亞吸引外資的關係，結果發現，該變量與外資流入呈不顯著的負相關關係。

外商直接投資區域因素分析的研究方法，大致可以劃分為兩大類：問卷調查分析和區域模型分析。採用問卷調查的方法，是現代投資區域理論研究中最常用的研究方法之一（魏後凱，2001）。區域模型分析一般運用各種數學模型，如多元線性和非線性回歸模型、數量回歸模型和「邏輯」選擇模型等。J. S. Little等，針對美國等先進國家外商直接投資的區域差異，主要是選擇典型解釋變量，建立多元線性或非線性統計模型來分析決定外商直接投資區域差異因素。近年來，國外對中國大陸外商直接投資的區域研究，主要是運用各種數學模型和統計數據，如Hongmian Gong利用統計模型研究了中國大陸外商直接投資與一些關鍵區域因素間的定量關係，如基礎設施、投資刺激、工業基礎等。此外，進行這方面研究的學者還有（Weietal，1999；Chengetal，2000）。這類研究並不直接探討投資者的動機，而是認為外商的區域選擇是一種經濟理性行為，並假設區域選擇是區域特性的函數。

中國大陸對外商直接投資的研究起步較晚，始於1990年代，主要是在總結吸收國外有關研究成果的基礎上，應用外商直接投資區域的理論與方法，對中國大陸外商直接投資的區域進行了研究。李小建（1996）對香港在中國大陸投資區域的變化進行了調查研究；許學強等（1999）對廣東省利用FDI的時空特徵進行了分析；賀燦飛等（1997）對港澳地區在中國大陸投資的區域選擇及其空間擴散作了實證分析；魯明泓（1994）用1989年數據評價了中國大陸29個省市自治區和45個城市的投資環境等等。有關中國大陸臺商直接投資區域的研究，部分學者也作了初步嘗試。如黃德春（2002）對近年來臺資北進與西移的影響因素與趨勢進行了分析研究；李非（2003）分別從投資門檻、行政效率、政策優勢、市場腹地等方面，定性研究了近年來臺商在福建投資的區域選擇問題；方寧

生（2001）從IT產業的角度，分析了臺商在中國大陸直接投資的影響因素；林其屏（2001）研究了第四波臺商投資的影響因素與特點。除此以外，進行這方面研究的學者，還有黨興華（1997）、王奕霖（2000）、王永龍（2002）、楊建梅（2002）等等。

以上各項研究，從理論上或從方法上，分析了影響外商直接投資地區分布的因素，得出了許多重要結論，是對外商直接投資區域理論的豐富與發展。但是，許多實證研究與理論研究之間，各實證研究之間很不一致。就對中國大陸的研究，特別是對臺商在中國大陸直接投資影響因素的研究而言，從總體上看，目前多停留在表面與定性的研究，研究不夠深入。一般側重歷史與現狀的研究，很少採用實證分析、對比分析的方法，缺乏用綜合定量的方法進行研究。

本文將在充分吸收國內外有關外商直接投資理論、方法與實踐方面研究成果的基礎上，結合臺商在中國大陸直接投資實際情況，研究臺商在中國大陸直接投資的地域分異性及其產生這種分異性的深層次原因，並進一步分析評價中國大陸各省市區吸收臺商直接投資的能力與潛力。

二、臺商在中國大陸直接投資的地域分異特徵

（一）絕對地域分異模式分析

計算各省市區至2001年臺商對中國大陸累計直接投資總額，再計算各省區市占中國大陸直接投資總額的百分比，這是從臺商投資方考慮的，是地域差異的主觀和絕對數量，稱之為「絕對地域分異模式」，它可清楚地辨識臺商對中國大陸直接投資的空間差異及其區域偏好（見表1）。

表1　臺商對中國大陸直接投資絕對與相對地域分異模式計算值（1990～2001）

單位：%

省區市	各省區市比重	區位熵	省區市	各省區市比重	區位熵	省區市	各省區市比重	區位熵
北京	2.869	0.684	安徽	0.932	1.109	重慶	0.689	1.105
天津	3.586	0.790	福建	12.911	1.384	四川	1.118	1.299
河北	0.430	0.181	江西	1.606	1.913	貴州	0.086	0.956
山西	0.717	1.210	山東	3.586	0.597	雲南	0.717	2.328
內蒙古	0.466	2.454	河南	0.861	0.631	西藏	0.007	1.868
遼寧	3.467	0.789	湖北	1.732	0.849	陝西	1.076	1.289
吉林	0.502	0.565	湖南	1.004	0.563	甘肅	0.143	1.122
黑龍江	0.710	0.620	廣東	21.519	0.775	青海	0.002	0.571
上海	7.173	0.863	廣西	1.793	1.067	寧夏	0.036	0.770
江蘇	22.236	1.596	海南	1.435	0.981	新疆	0.143	1.999
浙江	6.444	1.917						

資料來源：《中國對外經濟貿易年鑑》，北京，中國社會出版社，1991年～2002年；《投資中國》月刊2002年6月第100期；中國統計年鑑，北京，中國統計出版社，1991年～2002年；各省區市統計年鑑，北京，中國統計出版社，1991年～2002年；http://www.investment.govh.cn/tjsj-guobie-template.asp。

從總體看，臺商直接投資東部沿海地區高於中部地區，中部地區高於西部地區，表現為由東部向中西部遞減的梯度格局，呈現自東向西遞減的規律，與中國大陸區域經濟模式基本相吻合。東部沿海地區表現為，以閩粵與蘇滬浙為核心向兩翼擴展的趨勢，兩核心所占比重近70%，江蘇為22.236%、廣東為21.519%、福建為12.911%、上海為7.173%、浙江為6.44%，這些省份在地理分布上偏於中南部，與臺灣接近；同時，福建、廣東與臺灣，還存在特殊的社會經濟文化聯繫。而在中國的東北地區，臺商的直接投資則相對較少。可見，無論從總體上，還是從臺商投資較為集中的東部沿海地區而言，臺商直接投資的邊界區域效應與距離因素，都起了重要作用。

（二）相對地域分異模式分析

絕對地域分異模式，可以充分反映臺商對中國大陸投資的空間差異與區域偏好，但不能反映臺商直接投資在中國大陸各省市區吸引外資中的相對地位與地域差異。因此，需要從受資方（中國大陸）角度分析臺商對中國大陸投資的地域差異，本文採用區域熵來衡量。區域熵的計算公式為：

$$LQ = (fdi_i/fdi)/(FDI_i/FDI)$$

其中LQ代表臺商對某省區市直接投資的區域熵；fdii是臺商對某省區市的直接投資總額；fdi是某省區市吸收外商直接投資總額；FDIi、FDI分別代表臺商直接投資總額和中國吸收外商直接投資總額。

LQ描述臺商投資在各省市區吸引外資中的相對地位，反映其地域差異。LQ＞1表示臺商投資對於某省市區有重要意義或臺商對該省市區的投資較多；LQ＜1則說明，臺商投資相對不重要或臺商對該省市區投資較少。這是對臺商在中國大陸投資的相對衡量，因而稱之為相對地域分異模式。

表1顯示：中國大陸臺商直接投資的區域熵，基本呈現為西部與東部高於中部的分布格局。廣大的西部地區，包括陝西、甘肅、新疆、四川、重慶、雲南、西藏、廣西、內蒙等省市區，與東部臨近臺灣的部分省市的臺商直接投資的區域熵相對較高，表示這些省市區臺商直接投資的地位相對重要。而絕對地域模式中地位相對重要的江蘇、廣東、福建、上海、浙江等省市的區域熵相對降低，特別是廣東省的區域熵更是降為0.775。可見，儘管這些省市的臺商直接投資額，在臺商對中國大陸投資總額中占有絕對比重，但是由於這些省市也是中國大陸吸收其他外資較為集中的地區；相較之下，這些省市的臺商直接投資在外資中的地位顯得相對不重要。而廣大的西部地區是中國大陸吸收外資最為稀少的地區（李莉，1995），因而臺商直接投資就顯得相對重要。

三、臺商在中國大陸直接投資的地域分異成因分析

（一）方法論

1.指標體系的建構

為了儘可能全面分析臺商直接投資產生地域分異的原因，本文參考前人的研究成果，在差異性原則、替代性原則、可定量化原則與主導性原則的指導下，在影響臺商直接投資的眾多因素中，從不同方面選取了12個因素。以這些因素的統計與實測指標，建構了一套分析臺商在中國大陸直接投資產生地域分異原因的

評價指標體系（見圖1），並以這12個具體指標作為回歸分析的解釋變量。

台商直接投資地域分異評價指標體系 {
　市場容量經濟水平
　GDP增長率
　資本產出率
　勞動生產率
　勞動力成本
　基礎設施
　產業結構層次
　政策優惠程度
　現有投資規模
　經濟開放度
　地緣因素
}

圖1　臺商直接投資地域分異評價指標體

2.指標辨識與量化應用

（1）市場容量用中國國內生產總值表示，中國國內生產總值能反映某地區的經濟規模，是市場容量最適合的替代變量；（2）經濟水平用人均中國國內生產總值表示，人均中國國內生產總值可有效反映某地區的經濟發展水平；（3）資本產出率用中國國內生產總值與總投資之比表示；（4）勞動生產率、勞動力成本分別用中國國內生產總值，與從業人員之比，與勞動報酬與從業人員之比表示，勞動生產率與勞動力成本表示勞動力的質量與價格；（5）基礎設施與產業結構層次分別用郵電運輸總產值、第二產業與第三產業比重之和表示；（6）現有投資規模指各省區市累計臺商直接投資總額；（7）經濟開放度用外貿依存度：進出口總額與中國國內生產總值之比表示；（8）政策優惠程度與地緣因素不能直接度量，為了反映這兩個重要因素的影響，提高分析結果的準確性，對其進行量化。政策優惠程度代表一個地區在吸引臺資方面自主權和國家給予的優惠政策的程度，該變量越大，國家的政策越優惠，在吸引臺資方面的優勢越大。東部、中部與西部的政策優惠程度，分別取3、2、1；對於地緣因素，東部與臺灣鄰近的省區為3，東部其他省區賦值2，中西部省區賦值1。

3.確定主成分

考慮到所選取的因變量之間存在一定的相關性，即所選取的因變量之間存在

多重共線性，多重共線性的影響表現在多個方面（任若恩，1997）。在本文中的主要影響是導致人為強化某些因變量的重要性，從而影響分析結果的客觀性，妨礙對臺商直接投資地域分異成因的正確判斷。為了避免這種誤差，本文引入了主成分分析方法。主成分分析方法（盧紋岱，1997）是一種常用的多元統計分析方法，其基本原理是：當變量之間存在多重共線性時，就用較少的新變量代替原來較多的變量，使這些新變量既能反映原來較多變量的訊息，而變量之間又無多重共線性，綜合處理後的變量叫原來變量的主成分或主因子。

首先將各解釋變量的原始數據進行標準化轉換，得到標準化數據：設原始數據為矩陣$X=(x_{ij})$，經標準化變換的數據為矩陣$Y=(y_{ij})$，其中$i=1，2，3，……，31；j=1，2，3，……，12$。然後用主成分分析法估計特徵值與貢獻率，依據主成分累計貢獻率的比例大於或等於85%的原則，決定主成分的個數K，並確定每個主因子對各解釋變量的因子載荷係數w_{ij}，其中$r=1，2，3，……，K$。

4.計算主因子變量值

將第i地區經過標準化後的各解釋變量，與其所對應的每個主因子的因子載荷係數相乘求和，可得i地區的每個主因子得分變量值Z。計算公式為：

$$Z_{ri} = \sum_{j=1}^{12} w_{rj} y_{ij}$$

Z反映i地區分別在r個主因子方面吸引臺商直接投資能力的差異，可用於進一步分析臺商在中國大陸直接投資產生地域分異的原因。

5.計算綜合指數

將i地區每個主因子變量值與所對應的特徵值相乘求和，即得i地區吸引臺商直接投資的綜合指數E。數學表達式為：

$$E_i = \sum_{r=1}^{k} \lambda_m Z_{ri}$$

其中E為吸引臺商直接投資的綜合指數，λ_m為特徵值，其中m＝1，2，3，……，K。

綜合指數是對主因子的綜合，它反映該地區在吸引臺商直接投資綜合能力的大小，是對受資方吸收臺商直接投資能力的全面衡量。

6.計算吸引偏差

根據各地區吸引臺商直接投資的投資規模與綜合指數的排序，確定各地區的投資吸引偏差D。計算公式為：

$$D_i = F'_i - E'_i$$

其中F'_i為I地區的投資規模的位次，E'_i為I地區的綜合指數的位次。

綜合指數是對受資方吸引臺商直接投資能力的全面衡量，在統計上應表現為各地區吸引臺商直接投資綜合指數排序，與它們累計利用臺商直接投資規模排序呈高度相關關係。而各地區的臺商直接投資規模受多種因素影響，綜合指數排序可能會與累計利用臺商直接投資規模排序存在偏差，投資吸引偏差可用於衡量這種偏差，以衡量各地區應利用與實際利用臺商直接投資的相對差距。其經濟學含義有二：一是測度該地區是否存在臺商過度投資或投資不足，進而可以預測其吸引臺商直接投資潛力的大小；二是衡量當地政府在對臺招商引資方面工作的努力程度和工作效率。

（二）臺商在中國大陸直接投資的地域分異成因分析

運用統計軟體SPSS，透過主成分分析運算，得到31個省市區12個解釋變量的特徵值與貢獻率。由表2可知，前4個主因子的累積貢獻率已達87%，這4個主因子已具有87%的解釋能力，可用這4個主因子替代上述12個解釋變量。

表2　特徵值及其比重

因子	特徵值	貢獻率	累積貢獻率
1	6.169	51.410	51.410
2	2.319	19.328	70.738
3	1.206	10.049	80.788
4	0.743	6.191	86.979

表3是各解釋變量在前4個主因子的載荷,為了進一步對4個主因子進行分析,在分析中採用方差極大正交旋轉的方法,經過旋轉後負荷係數已明顯向兩極分化了。第1主因子對經濟水平、勞動生產率、勞動力成本、產業結構層次、經濟開放度,有絕對值較大的負荷係數,從不同層面反映一個區域的經濟發展水平,可稱為經濟發展水平因子;第2主因子對市場容量、現有投資規模與基礎設施有絕對值較大的負荷係數,這3個解釋變量,對臺商投資具有強烈的吸引、集聚與支持作用,可稱為投資吸引因子;第3主因子對政策優惠程度、地緣因素有絕對值較大的負荷係數,稱為政策與地緣因子;第4主因子對GDP年成長率、資本產出率有絕對值較大的負荷係數,反映一個區域的經濟活力,稱為經濟活力因子。

表3　因子載荷與旋轉因子載荷矩陣

變量	因子載荷 第一主因子	第二主因子	第三主因子	第四主因子	旋轉因子載荷 第一主因子	第二主因子	第三主因子	第四主因子
市場容量	0.757	0.477	0.239	−0.273	0.215	0.911	0.165	−0.172
經濟水平	0.813	−0.425	−0.201	0.089	0.825	0.108	0.443	0.051
GDP年增長率	−0.067	−0.559	0.732	−0.043	−0.012	0.037	−0.021	0.923
資本產出率	0.269	0.804	−0.273	−0.057	−0.148	0.472	0.080	0.738
勞動生產率	0.791	−0.483	−0.236	0.078	0.860	0.052	0.418	0.062
勞動力成本	−0.764	0.186	0.427	0.241	−0.851	−0.226	−0.119	0.265
基礎設施	0.784	0.472	0.281	−0.197	0.195	0.914	0.248	−0.138
產業結構層次	0.687	−0.452	−0.082	−0.436	0.870	0.283	−0.065	0.178
政策優惠程度	0.808	0.222	−0.064	0.434	0.297	0.382	0.770	−0.258
現有投資規模	0.810	−0.353	0.103	0.136	0.231	0.775	0.345	0.048
經濟開放度	0.822	0.125	0.191	0.387	0.645	0.274	0.511	0.239
地緣因素	0.760	0.263	0.351	−0.073	0.272	0.481	0.757	−0.001

透過統計分析,結合區域經濟學原理,可得如下結論:

1. 經濟發展水平因子是吸引臺商直接投資的最主要的因素

該因子的特徵值為6.619，解釋變量貢獻率達51.41%。當一個區域該因子得分較大時，則表示該區域處於較高的經濟發展水平，對臺商直接投資的吸引能力較強。各省區市的經濟發展水平因子得分情況如表4所示，得分較高的主要集中在東部沿海省市，上海、廣東、北京、天津、江蘇的得分分別為0.357、0.311、0.286、0.225、0.218；得分較低省區集中在西部地區，貴州、西藏、甘肅、青海分別為0.027、0.033、0.039、0.048；其他省區市的得分處於上述東部與西部省區市的得分之間，除個別省區市外，經濟發展水平因子的得分情況，與臺商在中國大陸直接投資的絕對地域分異模式呈現較強的一致性。由此可見，在其他條件相同的情況下，臺商在中國大陸的直接投資將傾向於選擇經濟發展水平較高的地區，這是因為經濟發展水平較高的地區勞動力的素質較高，產業結構層次較高，經濟的外向程度較大，對資本有效需求的規模也較大。實際上，與外界經濟聯繫的強度是吸引外資的前提，也是吸引臺商直接投資的必要條件，經濟外向型程度在一定意義上決定了臺商直接投資的區域選擇。

表4　各省市區的主因子得分變量值

省份	經濟水平	投資吸引	政策與地緣	經濟活力	省份	經濟水平	投資吸引	政策與地緣	經濟活力
北京	0.286	0.184	0.238	0.071	湖北	0.083	0.132	0.088	0.001
天津	0.225	0.161	0.195	0.040	湖南	0.059	0.121	0.076	-0.005
河北	0.124	0.173	0.1334	-0.005	廣東	0.311	0.496	0.327	0.073
山西	0.064	0.085	0.070	0.007	廣西	0.054	0.115	0.098	0.003
內蒙古	0.056	0.076	0.061	0.016	海南	0.082	0.086	0.111	0.004
遼寧	0.153	0.193	0.156	0.040	重慶	0.052	0.071	0.054	0.017
吉林	0.071	0.083	0.078	0.020	四川	0.055	0.118	0.063	0.010
黑龍江	0.094	0.117	0.088	-0.001	貴州	0.027	0.050	0.039	0.019
上海	0.357	0.247	0.276	0.087	雲南	0.050	0.078	0.054	0.002
江蘇	0.218	0.407	0.241	0.069	西藏	0.033	0.033	0.042	0.055
浙江	0.179	0.249	0.193	0.050	陝西	0.050	0.082	0.057	0.023
安徽	0.056	0.107	0.073	0.005	甘肅	0.039	0.052	0.045	0.018
福建	0.184	0.281	0.211	0.004	青海	0.048	0.038	0.046	0.044
江西	0.054	0.100	0.073	-0.008	寧夏	0.052	0.041	0.051	0.040
山東	0.145	0.256	0.159	0.045	新疆	0.077	0.066	0.064	0.021
河南	0.062	0.151	0.081	-0.007					

在對經濟發展水平因子絕對值較大的負荷係數中，經濟水平、勞動生產率、產業結構層次與經濟開放度的負荷係數均為正，而勞動力成本負荷係數為負，這表示勞動力成本對臺商直接投資具有一定的排斥作用。一個區域伴隨經濟發展水平的提高，對臺商直接投資的吸引能力逐漸增強，而勞動力成本的提高所引起的對臺商直接投資的排斥作用也在加劇。可見，經濟發展水平因子對臺商直接投資的吸引能力是有限的。與東部經濟發展水平較高的省市相比，廣大的中西部地區具有相對廉價的勞動力資源。而臺資企業多數為勞動密集型產業，臺商在選擇投資區域時，勞動力成本當然成為臺商直接投資的考慮因素。由此也可部分解釋，近幾年來臺商直接投資向中國大陸內陸轉移的原因。

2.投資吸引因子是吸引臺商直接投資的重要因素

該因子的特徵值為2.319，解釋變量貢獻率達19.33%。得分較大的多是人口密集、經濟規模大、市場容量大、基礎設施完善與現有臺商投資規模較大的長江三角洲、珠江三角洲與環渤海地區。人口密集、經濟規模大、市場容量大的地區，一方面投資機會多，投資風險低，投資交易成本低，也容易得到利潤率高的投資項目；另一方面，這些地區對資本的有效需求大，吸收外資規模也大，而且還有條件獲得優於其他地區的配套投資和較好的投資環境。同時，這些地區也是交通郵電通訊等基礎設施比較完善的地區。另外，從臺灣看，臺灣經濟持續不景氣，許多面臨經濟轉型的企業紛紛擴展海外市場，同文同種並加入WTO世界貿易組織的中國大陸自然成為臺資企業投資的首選地區。廣東、江蘇、福建、浙江、上海、山東、遼寧、北京等沿海地區，已成為臺商投資的最佳經濟區域。

此外，臺商在中國大陸直接投資呈現明顯的集群特徵（鄭勝利，2002），這種集群性存在「區域性自我加速」機制，即現有臺商投資對吸引臺商後續投資具有重要吸引作用，導致臺商在中國大陸直接投資的地域模式呈現一定程度的剛性。正是由於這種機制的存在，使得臺商在中國大陸直接投資的區域格局基本保持穩定。現有臺商投資的這種特殊貢獻，主要原因是臺商投資過程中的諸多不確定性因素及資訊成本的關鍵性制約作用。從現有的臺商直接投資的絕對地域分異模式看，廣東、江蘇、福建、浙江、上海、山東、遼寧、北京等沿海地區，有較

長與外商投資者接觸的歷史,對於引進外資活動較熟悉,投資的風險相對較小,因而這些地區也是臺商直接投資密集的地區。

3.政策與地緣因子,不同程度地影響臺商直接投資區域的選擇

該因子的特徵值為1.206,解釋變量貢獻率達10.05%。該因子得分較多地區是廣東、上海、福建、江蘇、浙江等省市,這些區域是中國大陸改革開放的前沿,經濟特區、沿海開放城市、經濟技術開發區、高新技術開發區、經濟開放區等主要分布在這些省區。此外,這些區域有對外資非常優惠的鼓勵政策和專門的管理機構,對臺商投資的產業限制相對較少,增加了臺商的投資機會,可節省大量的交易成本。因此,這些區域成為臺商投資較為集中的地區。

地緣因素對吸引臺商直接投資的作用在早期尤其重要。廣東、福建等與臺灣相近,具有地緣優勢。早期臺商投資也主要集中廣東與福建兩省。在投資初期,臺商多抱著試探的態度,自然首先選擇臨近臺灣並且多僑鄉的閩粵地區。隨著臺資數量的增加,臺商越來越衝破地緣區域的限制,儘量選擇具有綜合性優勢的地區進行投資,並且逐漸考慮產品的銷售市場,因而形成了現有的臺商直接投資地域分異格局。

4.經濟活力因子在吸引臺商直接投資方面發揮著重要作用

該因子的特徵值為0.734,解釋變量貢獻率達6.19%。上海、廣東、北京、江蘇、浙江、山東、遼寧等,是經濟活力因子得分較高的省市。這些地區經濟成長速度快,資本產出率高,在中國大陸乃至世界都是經濟活力強勁的地區,以營利為主要目標的臺商,自然會將投資決策的砝碼偏向能帶來豐厚利潤的上述地區。

5.各省市區的綜合指數,總體上與絕對地域模式基本一致

經過分析可發現(見表5):從總體上,綜合指數是東部沿海地區高於中部地區,中部地區高於西部,呈現為自東部向中西部遞減的梯度格局,與臺商直接投資的絕對地域模式相一致。在沿海地區,綜合指數表現為以閩粵與蘇滬浙為核心向兩翼擴展的趨勢,廣東為3.477,上海為3.314,江蘇為2.588,北京為

243

2.531，福建位2.043，浙江位1.928；在中西部地區，一些人口與資源大省區的綜合指數比較突顯，如河南、湖南、四川、新疆、黑龍江等省區。

表5　各省市區的綜合指數與排序

省份	綜合指數	排序	省份	綜合指數	排序	省份	綜合指數	排序
北京	2.531	4	安徽	0.680	21	重慶	0.566	25
天津	2.025	6	福建	2.043	5	四川	0.694	19
河北	1.325	10	江西	0.648	22	貴州	0.344	31
山西	0.683	20	山東	1.671	8	雲南	0.555	26
內蒙古	0.608	23	河南	0.824	14	西藏	0.373	30
遼寧	1.573	9	湖北	0.926	12	陝西	0.585	24
吉林	0.736	15	湖南	0.735	16	甘肅	0.428	29
黑龍江	0.953	11	廣東	3.477	1	青海	0.474	28
上海	3.134	2	廣西	0.721	18	寧夏	0.504	27
江蘇	2.588	3	海南	0.840	13	新疆	0.722	17
浙江	1.901	7						

（三）各省市區投資吸引偏差分類與潛力評估

以5與-5、2與-2作為界線進行劃分，中國大陸31個省市區可分為5類地區：Ⅰ類為臺商直接投資過度地區、Ⅱ類為臺商直接投資輕微過度地區、Ⅲ類為臺商直接投資適中地區、Ⅳ類為臺商直接投資輕微不足地區、Ⅴ類為臺商直接投資不足的地區。

Ⅰ類地區，包括江西、陝西、廣西、雲南、四川。這些地區的綜合指數在中國大陸處於後列。由於這些地區在對臺招商引資方面的工作成效突顯，因此吸收了大大超過它們應吸收的直接投資，但是這些地區吸收臺商直接投資的潛力和後勁將顯得不足。

Ⅱ類地區，包括安徽、重慶、甘肅、貴州、江蘇、浙江、福建、山東。這類地區分為兩部分：一部分屬於綜合指數偏低的地區，如安徽、重慶、甘肅、貴州。這些地區對臺招商引資工作成效較為突顯，吸收了超過它們應有的臺商直接投資；另一部分是綜合指數較高的地區，如江蘇、浙江、福建、山東，同時也是臺商直接投資較為集中的地區。除了因為這些地區對臺招商引資工作成效較為突顯外，這些地區現有臺商直接投資所產生的「區域加速」機制作用也不可低估。

Ⅲ類地區，包括山西、內蒙古、遼寧、湖南、湖北、廣東與西藏。這些省區

綜合指數與實際吸收臺商直接投資規模的排序基本相當，吸收了應吸收的臺商直接投資，為臺商直接投資適中地區。

Ⅳ類地區，包括河南、青海、寧夏、上海。這些地區在吸收臺商直接投資方面的工作還需努力，特別是上海，其綜合指數處於第二位，僅次於廣東，但現有投資規模遠低於廣東、江蘇、福建，還有相當潛力。

Ⅴ類地區，包括河北、黑龍江、新疆、吉林、北京。這些地區在對臺招商引資工作方面與其他地區相比還有很大差距，這方面的工作力度還需加強。伴隨北京2008年奧運會申辦成功，北京的基礎設施與生態環境將得到極大改善，對臺商直接投資的吸引力必將進一步增強，且潛力巨大。

表6　各省市區的投資吸引偏差與分類

省份	偏差	類型	省份	偏差	類型	省份	偏差	類型
北京	-5	Ⅴ	安徽	4	Ⅱ	重慶	3	Ⅱ
天津	-1	Ⅲ	福建	2	Ⅱ	四川	5	Ⅰ
河北	-15	Ⅴ	江西	10	Ⅰ	貴州	3	Ⅱ
山西	1	Ⅲ	山東	2	Ⅱ	雲南	6	Ⅰ
內蒙	-1	Ⅲ	河南	-4	Ⅳ	西藏	0	Ⅲ
遼寧	1	Ⅲ	湖北	1	Ⅲ	陝西	9	Ⅰ
吉林	-8	Ⅴ	湖南	0	Ⅲ	甘肅	3	Ⅱ
黑龍江	-10	Ⅴ	廣東	-1	Ⅲ	青海	-3	Ⅳ
上海	-2	Ⅳ	廣西	8	Ⅰ	寧夏	-2	Ⅳ
江蘇	2	Ⅱ	海南	0	Ⅲ	新疆	-10	Ⅴ

四、主要結論與啟示

在統計資料的支持下，透過對臺商在中國大陸直接投資的地域分異及其成因的分析，有如下結論：

（1）1990年代以來，臺商對中國大陸直接投資由試探性階段走向成熟階段；投資戰略由投機型、追求短期資本高回報率型轉向扎根型、市場導向型投資。在地域上，主要分布在以江蘇與廣東為核心的沿海地區，而且一直存在分散化趨勢，總體上向北部和中西部轉移擴散。

（2）臺商在中國大陸直接投資的地域分異是空間經濟不平衡規律的體現，是各種因素長期共同作用的結果。區域經濟發展水平與經濟活力，是決定臺商直接投資的關鍵因素。加上臺商直接投資的「區域性自我加速」機制，使其地域模式在短期內不會發生本質性的改觀。決策者對空間均衡投資不要過分強求，必須充分認識臺商在中國大陸直接投資地域分異的必然性，按照其空間轉移規律指導各地區對臺招商引資工作。

（3）市場容量與基礎設施是決定臺商直接投資的重要因素。這啟示我們，擴大市場開放度、完善市場建設、改善市場環境，同時加強交通、郵電與通訊等基礎設施建設，增強區域綜合配套能力，將提升對臺招商引資的吸引力。

（4）地緣因素發揮了不可忽視的作用，臺商直接投資偏好於沿海地區、與之相鄰或存在特殊社會文化聯繫的地區。政策因素也是相當重要的因素，起著不可否定的作用。尤其在中國大陸改革開放初期。但到1990年代，全方位開放戰略的實施，政策因素的作用不斷弱化。

（5）各省市區吸引臺商直接投資的綜合指數，總體上與絕對地域模式基本一致，但在對臺招商引資工作的努力程度與潛力方面還存在差異。對臺招商引資工作，努力程度的不同是中國大陸，特別是沿海地區，臺商直接投資出現明顯差異的重要原因。

參考文獻：

1.Agodo O.，The determinants of US Private Manufacturing Investment Afri-ca，Journal of International Business Studies，1978，9（3），Winter，pp95-107.

2.Broadman H.G.，The Distribution of FDI in China， The World Econo-my，1997，20，pp339-361.

3.Caves， R.E.，International Corporations：the Industrial Economics of Foreign Investment， Economics，1971，38：1，p27.

4.Chen C.H.，Regional Determinants Of Foreign Direct Investment in Main-land China， Journal of Economics Studies，1996，23，pp18-30.

5.Cheng W.，What Are Determinants of the Location of Foreign Direct In-vestment？The Chinese Experience，Journal of International Economics，2000，51，pp379-400.

6.Clegg J.Explaining Foreign Direct Investment Flows，in Buckley，P.J.and Casson，M.，Multinational Enterprises in the World Economy：Essays in Honor of John Dunning，EdwardIgar，Aldershot，1992，pp54-74.

7.Dunning J.，Multinational Enterprises in the Global Economy，Addison Wesley PublishersL T D.，New York，1993，p81.

8.Hongmian G.Spatial patterns of foreign investment in China's Cities，1980-1989，Urban Geography，1995，16（3），pp189-209.

9.Jun，K.W.and H.Singh，The determinants of Foreign Direct Invest-ment：New Empirical Evidence，Transnational Corporations，1996，5（3），pp67-105.

10.Kumar N.，1991，Multinational Enterprises in Indid，London：Rout ledge.

11.Leonard H.Are Environmental Regulations Driving US Industry Over-seas？Washington D.C.：The Conversation Foundation.1984.

12.Little JS.Location decisions of Foreign Direct Investors in the U.S.New England Economic Review，1978，pp43-463.

13.Tatoglu L.and Gaister P.，An Analysis of Motives For Western FDI in Turkey，International Business Review，1998，7（2），pp203-230.

14.Torrisi C.，The determinants of Foreign Direct Investment in Small LDC，Journal of Economic development，1985，July，pp29-45.

15.Vernon，R.International Investment and International Trade in the Product Cycle，Quarterly Journal of Economics，1996，80，pp190-207.

16.Wei S.and Ying Q.，The Regional Distribution of Foreign Direct Investment in China，Regional Studies，1999，33，pp857-867.

17.Weis J.，How Taxing is Corruption International Investors? The Kennedy School of Government Working Paper，Harvard University.1997.

18.方寧生：〈臺商IT產業資本西進與兩岸產業分工〉，《特區經濟》2001年第12期，第14-16頁。

19.賀燦飛：〈港澳地區對中國內地直接投資的區域選擇及其空間擴散〉，《地理科學》1997年17（3），第193-200頁。

20.黃德春：〈北移與西進：臺資的區域比較研究〉，《國際經濟合作》2002年第7期，第21-24頁。

21.李非：《21世紀初期海峽兩岸經濟關係走向與對策》，九州出版社2002年版，第64-65頁。

22.李非：〈兩岸加入WTO對臺商投資中國大陸的影響〉，《亞太經濟》2003年第1期，第41-43頁。

23.李莉：〈加快中西部利用外資的若干設想〉，《國際經濟合作》1995年4月，第22-25頁。

24.林其屏：〈臺商投資中國大陸的第四波及福建的對策建議〉，《開放潮》2001年第12期，第43-44頁。

25.李小建：〈香港對中國大陸投資的區域變化與公司空間行為〉，《地理學報》1996年51（3），第213-221頁。

26.魯明泓：〈中國不同地區投資環境的評估與比較〉，《經濟研究》1994年第2期，第64-70頁。

27.魯明泓：〈制度因素與國際直接投資區域分布：一項實證研究〉，《經濟研究》1999年第7期，第57-66頁。

28.盧紋岱：《SPSS for Windows從入門到精通》，電子工業出版社1997年，第444-450頁。

29.任若恩：《多元統計數據分析——理論、方法、實例》，國防工業出版社

1997年,第35-38頁。

30.王永龍:〈臺商投資從集聚到集群的對策分析〉,《經濟問題》2002年第9期,第49-51頁。

31.魏後凱:〈外商在華直接投資動機與區域因素分析〉,《經濟研究》2001年第2期,第67-94頁。

32.許學強:〈改革開放以來廣東省利用外資的時空差異特徵〉,《地理學報》1999年50(2),第26-29頁。

33.楊建梅等:〈東莞臺資IT企業集群產業結構剖析〉,《中國工業經濟》2002年第8期,第45-50頁。

34.鄭勝利:〈臺商在中國大陸投資的集群特徵分析〉,《臺灣研究》2002年第2期,第71-75頁。

廈門與臺灣高科技產業發展合作戰略研究

戴淑庚　翁成受

　　臺灣於1979年開始投資以電子資訊業為主的高科技產業,臺灣當局稱之為「策略性工業」。經過20多年的發展,其資訊業在全球市場地位舉足輕重。因此,臺灣在高科技產業發展方面累積了一定的經驗。此外,資金比較充沛。但其發展現面臨著臺灣研究與發展人力不足,因基礎研究薄弱導致產業升級底蘊不足,以及成本上揚、相對優勢漸失、在國際市場的競爭力下降等問題。相較而言,廈門高科技產業的發展起步較晚,與臺灣還有很大差距,面臨資金短缺,營銷、管理經驗不足等問題。但廈門在發展電子資訊產業等高科技產業方面具得天獨厚的條件。尤其兩地在高科技產業發展上存在優勢互補、轉劣為優的特點,倘若兩地加強高科技產業的合作,這對於促進各自產業升級、提升國際競爭力和經濟水平具重要意義。因此,在經濟全球化加速發展和區域經濟整合進程加快的新

世紀，如何加強兩地高科技產業的合作，確實是值得研究的課題。

一、廈門與臺灣高科技產業發展比較

（一）發展時間

廈門高科技產業的發展準確地說是始於1990年。在這方面有些學者則認為是始於建國初。事實上，從中國大陸高科技產業發展的歷程看，「863」計劃的實施，才真正揭開中國大陸高科技產業發展的序幕。而作為廈門高科技產業發展標誌的廈門火炬高技術開發區，則在國家「863」計劃及隨後的「888火炬」計劃之後才於1990年成立。不可否認，之前是有一些高科技項目，如1986年的H165和H200型電機，以及1987年研製的KLS-600型快速離子色譜儀等項目。但項目少、規模小，尚未邁入產業化的軌道。相較而言，臺灣則於1980年以新竹科學工業園區的建立為標誌，開始邁向高科技時代。由此看來，廈門高科技產業的發展比臺灣晚了10年。

（二）高科技產業的選擇原則和選擇項目

臺灣在新四年（1982年～1985年）計劃確定，在產業發展方面不再主張發展資本密集的產業，確定選擇新興產業應依據市場潛力大、產業關聯性大、附加價值高、技術層次高、汙染程度低及能源依存度低等，所謂「兩大、兩高、兩低」的六項原則。據此原則，臺灣「行政院」於1986年確定通訊、資訊、消費電子、精密機械與自動化、高級材料、半導體、特用化學品與製藥、航空太空、醫療保健和汙染防治等十大新興產業，作為引導臺灣經濟再成長的重點發展主力產業。1990年代末，臺灣又把通訊、生物技術、航空、精密機械、特殊材料和電動機車，作為未來重點發展的科技產業。

至於廈門對高科技產業的選擇原則，主要依據「863」及「火炬」計劃的宗旨，即「跟蹤世界科學發展技術前沿」、「以國內外市場為導向，以高新技術發展計劃引進、消化的成果、發明專利為依託，按照技工貿一體化的原則，促進高

新技術成果的商品化、產業化,積極開展國際合作、努力開拓國際市場,走國際化道路。」據此原則,廈門市選擇:(1)電子資訊產業,包括微電子、電腦、軟體技術、現代通訊、雷射和基礎元器件等;(2)光機電一體化產業,包括各種數據類機床和超精密設備等;(3)新材料產業,包括稀土材料的研製開發、新型感光材料等;(4)生物技術產業,包括海洋生物和高科技農業技術等。

(三)發展模式

臺灣高科技產業的發展模式,概而言之是慎重地選擇產業,產官學界通力合作,以科學工業園區為基地,主要依靠中小型企業的「臺灣模式」。

1.產官學界通力合作

臺灣當局在發展高科技產業方面,主要從認識、政策上予以引導。自1978年~1996年召開了5次由學術界、企業界及政府機關三方代表參加的「全國」科技會議。其中於1982年的第二次會議,在「重新」修訂「科學技術發展方案」時即確定:光電、軟體、材料應用、能源節約、生物技術、高級感測、產業自動化與資源開發等,八大技術為重點高科技。同時頒布「加強培育及延攬高級科技人才方案」。而在1986年的第三次會議,則明確提出發展高科技產業。

透過召開上述會議達成發展高科技產業的共識,並制定多種鼓勵民間研究發展補助與獎勵的制度、租稅及優惠融資的辦法等,如「鼓勵民間事業開發工業新產品辦法」、「主導性新產品開發輔導辦法」及「促進產業升級條例」中有關獎勵研究與發展之投資抵減、免稅規定等。尤其值得一提的是,臺灣當局於1998年頒布了「科技基本法」,透過立法以促進高科技產業的發展。由此可見,臺灣當局高度重視高科技產業的發展。

臺灣當局在政策上予以引導的同時,積極推動產學合作。具體地說,即由臺灣當局提出專案計劃,委託工研院等研究機構研究,再轉移給民間企業或衍生出民營高科技企業的合作機制。如臺灣第一家晶圓製造廠——「聯華電子公司」、「台積電公司」、「臺灣光罩公司」、「世界先進積體電路公司」等,即是這種機制的產物。

2.以科學工業園區為基地，培育高科技產業成長最大值

1980年臺灣在新竹創立第一個科學工業園區。至2000年園區廠商289家，年營業額9,283億元臺幣，年貿易額9,685億元臺幣，從業人員96,642人。其發展速度和研發比率遠高於臺灣製造業數倍，而生產力則可與美、日等國高科技產業相媲美。園區建立20年多以來，推動了臺灣高科技產業的快速發展。1999年，臺灣資訊硬體，包括電腦及其周邊產品的產值約399億美元，僅次於美國的906億美元、日本的426億美元，居第三位。其中主機板、滑鼠、影像掃描儀、鍵盤、電腦、數據機、電源供應器、監視器、網卡、繪圖卡等十多項產品的產值，名列世界第一。2000年，其資訊硬體業產值為470.19億美元，居世界第四位。可見，其資訊硬體業在國際市場的地位舉足輕重。事實上，臺灣已是世界的個人電腦研發製造中心。客觀地說，新竹科學工業園區，成為臺灣許多高科技產業的主要發展基地；而且，成為臺灣高科技產業的成長最大值，產生了明顯的極化效應和擴散效應。其極化效應體現為：隨著新竹科學工業園區的不斷發展，相關產業亦逐漸聚集，形成上中下游產業俱足、周邊產業十分健全的完整的產業結構體系。而擴散效應表現為：新竹科學園區的成功榜樣，極大地推動其他科學園區的建立。1995年，臺灣「行政院」即著手籌建另一個核心園區——臺南科學工業園區。此外，在新竹科學工業園區附近的竹南、銅鑼建兩大衛星園區。在中南部地區興建若干科學園區或科技工業園區，臺灣稱之為「智慧型工業園區」。屆時將形成北、中、南三大核心科學園區為主幹、擁有多個技術性工業區的「科技島」，以此帶動科技產業進而促進臺灣經濟發展。

3.臺灣高科技產業的發展主要依靠中小型企業

臺灣中小型企業占據臺灣企業總數的90%以上，競爭激烈，各企業為求生存、圖發展，更注重產業轉型升級，尤其重視發展技術密集度高的產業。中小型企業另一個優點是，對市場變化反應敏捷、經營靈活，能根據市場需求進行快速反應、迅速調整，緊跟技術發展的前沿，相較於大企業而言，更適合發展其生命週期短、風險性大的高科技產業。但是，中小型企業融資比較困難。

廈門高科技產業的發展起步較晚，模式尚在形成之中。與「臺灣模式」相

比，有相似之處，但有其本身特點。

（1）廈門高科技產業以外資企業、國有企業所占比重較大、其他形式企業兼有的多元化發展格局。截至1998年底，在全市105家高新技術企業中，外資企業45家、國有企業24家、民營17家、內聯企業11家、集體企業8家。

（2）廈門高科技產業的關聯性較大，具較好的輻射效能。隨著高新技術企業的發展，一批技術落後的企業得到了改造。至1998年，廈門市主要工業企業的主要技術裝備達到1990年代的水平，在興辦特區的20年間，技術進步平均速度為11.23%，新增產值有50.1%是技術進步帶來的。

（3）廈門發展採「一區多園」，產業各有側重的形式。火炬高新技術開發區以電子、光機電一體化為主；五通高科技園區以電腦軟體為主；海滄新陽高科技園區及其專利技術園區，則以生物工程、精細化工為主。這種形式具有一定的前瞻性，但在高科技產業發展的起步階段，這種遍地開花式的格局很難在短期產生聚集效應和擴散效應。此外，科技園區「三資企業」所占比重大。火炬開發區先後引進外資企業42家。一些國際知名的大公司，如ABB跨國集團、美國DELL電腦公司、日本松下、富士、東芝株式會社、丹麥GNDanavox公司、美國柏恩氏公司，以及臺灣多家大型公司，都紛紛進入開發區投資置業，並成為開發區的產業支柱。這些外資企業對於廈門高科技產業的發展具有推動作用，但若未能創造「自己品牌」，則易淪為跨國合作夥伴的代工基地。

（四）科學研究水平和科技產業化水平

R&D的投入以及R&D占GDP的比重，是代表一國一地科學研究水平的重要指標。臺灣2000年R&D經費占GDP的比重為2.05%，1998年的排名居世界第14位，每萬名勞動力中從事R&D工作的科技人員，臺灣58.9人。而廈門若以科學研究和綜合服務業作為R&D經費計，1999年僅0.39%，每萬名勞動力中從事R&D工作的科技人員（以科學研究人員和工程技術人員計）僅14人。

臺灣科技化水平較高，1998年高技術產品出口額占製成品出口額達45.8%，在亞洲「四小龍」中僅次於新加坡，居第2位。廈門高技術產品出口額占製成品出口額的14.90%（1998年）。

由以上比較可知，在高科技產業發展上，廈門與臺灣還存在很大差距。但也應該看到，兩地高科技產業的發展各具優劣勢。尤其引人注目的是，若兩地高科技產業合作，則可以優勢互補、轉劣為優。

如前所述，臺灣高科技產業發展時間早，累積了一定的生產和管理經驗，產業化水平較高，選擇了一條適合其發展的模式。此外，資金比較充沛。這些優勢正可彌補廈門高科技產業起步晚，經驗不足、資金缺乏、產業化水平低等缺陷。雖然，臺灣高科技產業的發展具有一定的優勢，但其高科技產業的發展面臨以下諸多問題：（1）臺灣市場狹小。（2）有部分科技產業尤其是資訊硬體業，其生產技術已較成熟，隨著臺灣成本上揚而獲利日減，相對優勢漸失。（3）科學研究發展人力不足。據臺灣電機電子公會公布，預計1999年～2001年，臺灣資訊、電機與電子產業所缺人才將達到5.7萬人。（4）基礎研究薄弱、對跨國性的研發聯盟無能力參與，只能扮演技術追隨者的角色，同時導致產業升級的底蘊不足。臺灣研究發展經費中用於基礎研究的僅占10.2%（1998年），與韓國的13.2%（1997年）、日本的13.8%（1997年）、法國的22.2%（1997年）、美國的15.6%（1998年）相比，仍有較大差距。

就廈門本身而言，市場有限、科學研究水平不高、研發人力不足，但廈門背靠整個中國大陸，經濟腹地廣闊，科學研究水平及研發人力可以得到全國的支持。中國大陸改革開放後，人才流向東南沿海即所謂「孔雀東南飛」之勢，如滾滾春潮。尤其突顯的是廈門具獨特的區域優勢。這種優勢不只體現在與臺灣距離最近、習俗相近、方言相通、血緣相親等優勢上，更重要的是具適合發展高科技產業的優良自然環境。廈門屬於亞熱帶海洋性氣候，溫暖適宜，冬無滬、寧、杭、蘇、錫、常等長江三角洲城市之冷濕，更無北京、大連、天津、青島等北方城市之嚴寒，夏無酷暑，大大節省了保暖降溫費用，降低許多生產成本。而且環境優美、汙染指數低、空氣中粉塵含量少、空氣潔淨度在全國名列前茅，很適合發展電子、資訊等，對環境條件要求嚴格的高科技產業。這些優勢恰好彌補了臺灣市場狹小，急需向外尋找生產基地和拓展市場，以及研發人力不足、基礎研究薄弱、臺灣環境惡化、汙染嚴重等弊端。

因此，從優勢互補、轉劣為優的意義來說，兩地高科技產業的發展合作具客觀條件和堅實的基礎。

二、廈門與臺灣高科技產業發展合作的現狀

（一）廈門與臺灣高科技產業的合作，是隨著兩地經貿往來的不斷發展而得以逐漸加強的

兩岸關係自1979年開始緩和後，廈臺經貿隨之發展。不過兩地經貿的發展以貿易為先導，隨後才帶動投資的發展。兩地的貿易首先由民間，主要是漁民在海上進行的，開始時貿易額很小，1990年以後迅速發展。1979年～1992年，這14年的兩地貿易額僅12.67億美元，而1995年一年的貿易額就達12.6億美元；2000年兩地的貿易額達11.91億美元，呈下降趨勢。至於臺灣對廈門投資則始於1984年，至2000年，臺商在廈門直接投資協議項目和金額，累計達1,785項、39.83億美元，分別占外商直接投資項目和金額的35.51%和19.13%。其間臺商在廈門投資項目和金額，受臺灣當局對中國大陸經貿政策的時緊時鬆，而呈現跌宕起伏的特點。

臺商在廈門投資的產業仍然是勞力密集型占絕對優勢。第一產業，主要投資於集美、杏林及同安區的種植及農產品加工等行業；而在約占三產70%的製造業，則主要集中在化工、塑膠、紡織、電子下游裝配等行業；第三產業方面，主要投資房地產、商場、旅遊、餐飲服務、娛樂設施等。這些產業其技術含量低，勞力密集度高。

1990年代以後，臺商在廈門投資產業逐漸向資本技術密集型轉變，一些高科技產業開始涉足廈門。已有22家臺資企業投資高科技園區，項目主要是電腦主機版及外圍設備、模具設計及製造、光學儀器、新材料工程等方面，屬於高科技產業的中下游產品。

（二）兩地高科技產業的合作以務虛性為主，務實性合作仍顯貧乏

兩地高科技產業的合作，在科技人員與科學研究機構的交流與互訪已較頻繁。1990年以來，臺灣大學理學院、臺灣農協、臺灣新竹科學工業園區等，先後派代表團來廈門訪問交流。與此同時，廈門也多次組織科技人員赴臺進行科技考察、講學、訪問、參加學術會議，以及合作洽談。值得肯定的是，兩地的科技交流，加深了科技界人士的相互了解，增進了友誼，對將來高科技產業的合作有一定的促進作用。但由於臺灣當局對技術引進與合作實行「出嚴寬進」政策，嚴格控制臺灣高科技產業轉移中國大陸，致使臺灣在廈門投資的高科技產業項目少，因而雙向技術引進與合作，科技產業的雙向投資等務實性合作顯得貧乏。總的來說，目前兩地的合作處在「雙邊貿易、單向投資」這樣的非對稱合作大格局下，因而兩地高科技產業的合作顯得相當薄弱、合作層次低、發展合作舉步維艱。之所以出現這種窘境，主要受臺灣當局「戒急用忍」的中國大陸經貿政策等因素的限制。不過，受相對優勢驅使和新世紀加速發展的經濟全球化的推動，以及兩岸加入WTO的情勢所逼，尤其是廈門與臺灣「小三通」的開啟，兩地高科技產業合作的深度和廣度也將進一步加強。

三、廈門與臺灣高科技產業發展合作的戰略構想

（一）以知識經濟為導向，以高校、科學研究機構為依託，以「一區多園」、資訊港為基地，進一步推動兩地高科技產業合作

新世紀世界經濟，從工業經濟時代向知識經濟時代邁進的步伐將加快。知識經濟不僅體現在經濟與科技結合日益緊密，而且體現在國際間、地區間科技、經濟的交流與合作不斷擴大。因此，不論是廈門，還是臺灣，都應順應時代的潮流，以知識經濟為導向，以互惠互利為準則，積極地進行科技的交流與合作。這是知識經濟時代的當然要求和必然選擇。而廈門與臺灣的獨特區域優勢，尤其是兩地合作所產生的優勢互補和轉劣為優效應，為兩地高科技產業的合作提供了客觀條件和合作基礎。基於此，兩地可在以下幾方面進行合作：

1.以高校、科學研究機構為依託,建立兩地人才培養基地、科學研究基地

臺灣新竹科學工業園區成功的因素之一是依託園區附近的「清華」、「交大」、「工研院」等科學研究學術機構培養科技人才,和進行科學研究項目的研究。因此,廈門應該以廈門大學、集美大學等高校、科學研究機構為依託,與臺灣的「清華」、「交大」、「工研院」等進行合作,建立人才培養基地、科學研究基地,互派學生、科學研究人員、企業人員到各自高校、科學研究機構進行培訓,開展研究工作,以彌補各自人才的不足。

2.以一區多園、資訊港為基地,力爭與臺灣將要形成的北、中、南三大核心科學園區、科技島對接

廈門火炬高技術產業開發區,經過10年多的建設,初步形成高科技產業各有側重的「一區多園」的格局:火炬高新技術開發區、五通高科技園區、海滄新陽高科技園區及其專利技術園區。同時形成產品技術層次較高,「三資企業」所占比重大,以出口創匯型企業為主的自身特色。因此,可就「一區多園」已形成的電子、光機電一體化、電腦軟體、生物工程、精細化工等高新技術產業,與臺灣相關產業進行合作研究與產品開發。同時,可就網路服務、軟體服務、數據庫服務和系統集成等資訊服務業與臺灣合作,以加快廈門資訊港建設,推動兩地資訊服務業的發展。

(二)確定廈門高科技產業的龍頭產業,並就兩地各自的龍頭產業進行合作,以提升各自的競爭力

所謂龍頭產業,是指該產業關聯性強、滲透面廣、經濟效益好,一旦獲得發展,即能帶動相關產業迅速發展的產業。臺灣在發展高科技產業時,雖然確定了十大新興產業,作為引導臺灣經濟再成長的重點發展主力產業,但並非十大新興產業均衡發展,而是各有側重,確定龍頭產業進行重點發展。臺灣重點發展資訊、半導體產業。而資訊產業,為十大新興工業的龍頭老大,1992年~1996年,僅資訊產業一項的產值就占十大新興產業總產值的1/3左右。

近年來,半導體工業獲得迅速發展,1997年其產值達2,479億元新臺幣(約合75.96億美元),排名在世界僅次於美、日、韓居第四位。即使資訊、半導體

產業其內部也各有側重。在資訊工業中側重發展硬體業，1997年其產值達301.74億美元，而軟體業的產值34.9億美元左右，僅及硬體業的1／10。在半導體工業中，重點發展集成電路（IC）製造業，1999年產值為2,649億元臺幣，占半導體工業產值的62.6%；IC封裝業產值659億臺幣，占15.6%；IC設計業僅49.4億元臺幣，占1.17%。至於其他新興產業，除精密機械與自動化工業，特用化學品與製藥工業的發展尚可外，其餘如航空航天、高級材料、消費性電子、醫療保健、汙染防治等工業發展均較緩慢，其中消費性電子和醫療保健工業的產值還一度呈下降趨勢。

之所以如此，是因為：（1）使有限的資金、科學研究力量產生最佳效益；（2）龍頭產業易於產生聚集效應和規模效應。

因此，廈門在發展高科技產業時，應當有所選擇、有所側重。雖然電子資訊、航空維修、生物技術、海洋工程和新能源、新材料等，都是應當大力發展的高新技術產業。另外，市政府也確定機械、電子、化工三大支柱產業。但鑑於資金、科學研究力量的緣故，同時考慮到廈門自身環境和條件：（1）海島城市、氣候宜人、環境優美。（2）礦產資源、淡水資源缺乏。（3）僑胞集中，其自然條件與新加坡、臺灣有相似之處。加上，廈門的電子產業已有一定基礎。1999年，全行業完成現價工業總值147.55億元，占全市工業總產值的25.66%。在1999年中國大陸重點高新技術企業（103家）排行榜裡，廈門有三家：廈新電子有限公司、廈門共和電子有限公司、廈門華聯電子有限公司。基於此，應當選擇電子工業作為高科技龍頭產業。

之所以選擇龍頭產業進行合作，是因為：（1）目前各自的龍頭產業能產生優勢互補效應。廈門電子產業以消費類為主，投資類、基礎類產品比重較小；而臺灣則以投資類為主，產業形成區域分工。（2）臺灣資訊工業技術已較成熟，獲利受影響，在國際市場上受美、日的直接壓力，其發展面臨瓶頸。倘若將中下游產品乃至上游產品移轉至廈門，皆可獲勞力、土地尤其是市場優勢。據中國大陸資訊產業部「十五」規劃的預測，到2005年，中國大陸個人電腦銷量會達到1,500萬臺，可望成為與美國市場相等，甚至超過美國的市場。

顯然，在上述產業進行合作可以創造雙贏的局面。

（三）培養、延攬善於經營管理、勇於開拓國際市場和技術創新的經營管理和技術人才，以與臺灣形成「人才、土地、市場——技術、資金」的合作模式

廈門本身管理和技術人才，尤其是適合發展高新技術產業的各類科技人才匱乏，僅靠廈門大學、集美大學乃至福建全省的高校、科學研究機構培養的人才，遠遠滿足不了廈門發展高科技產業的需要。因此，必須培養、延攬國內外人才，以發展廈門高科技產業。

一方面，要重視自身人才的培育和厚養。透過各種途徑，如出國深造或到國內一流大學、科學研究機構、國內外著名公司從事學習、訪問、科學研究、培訓等，以提高他們的科學研究水平和創新能力。同時要不斷完善住房、戶籍制度，為他們營造一個良好的生活環境和科學研究工作環境。堅決反對重外輕內、厚洋薄土的作法。要牢固樹立在水平和能力面前一視同仁的觀念。

另一方面，積極吸收國內外高尖端科技人才。因此，建議市政府制定引進高級科技人才、高級管理人才的方案，以便貫徹執行。另外，透過設立，諸如臺灣「傑出人才基金會」之類性質的基金會，優待重獎高級人才。

透過以上政策，從而造成源源不竭的人才優勢，以此人才之優勢而與臺灣高科技產業進行合作，形成廈門提供人才、土地、市場，而臺灣提供技術、資金，這樣一種「人才、土地、市場——技術、資金」的合作模式。

（四）完善風險資金市場，推動金融合作實驗區建設，為兩地高科技產業發展合作提供資金保證

高科技產業很重要的一個特點是高風險，因而從銀行取得資金融通比較困難。為解決此難題，美國於1930年代成立了世界上第一家風險投資公司，1970年代以來，西歐和東南亞也紛紛成立風險投資公司。臺灣透過建立「高科技風險投資公司」為發展高新技術產業提供資金來源。截至2000年初，臺灣共有110餘家創業（風險）投資公司，籌集新臺幣660億元的資本（即實收資本），共投出

新臺幣600億元。廈門於1998年創辦高技術風險投資公司，現有股東僅3個，總資金3,000萬元。資金少、規模小。因此，要進一步培育資金市場。當前，要特別注重短期資金市場和包括有價證券、股票在內的長期資金市場的發育；建立投資風險保障機制；積極推動廈門、臺灣金融合作試驗區建設，以增大臺資對廈門高科技產業的投資幅度，同時也解決廈門臺資企業的融資問題。另外，市政府應考慮儘快建立「高科技發展基金」，以提供較為穩定的高科技風險投資資金。

（五）為使兩地的高科技產業合作走上持續發展之路，在戰略步驟上分兩步走

1.2001年～2005年，奠定堅實的合作基礎。在這局部定點直航及「小三通」已經開啟，而全面「三通」需假以時日的情況下，兩地高科技產業發展合作面臨機遇。廈門應當努力完善發展高科技產業的軟硬環境，吸引和儲備高級科技人才；重點選擇電子資訊產業與臺灣的資訊產業進行合作，以促進各自產業升級和提升科技產業的競爭力。在合作中應該不斷探討合作方式、累積合作經驗，從而為全方位的合作奠定堅實的合作基礎。

2.2006年～2010年，力爭與臺灣的高科技產業形成高科技產業合作體。隨著經濟全球化的加速發展，兩岸關係的日益密切，兩地在高科技產業的整合進程將加快。在前一階段合作的基礎上，廈門應該拓寬與臺灣高科技產業的合作領域，可就新材料產業、生物技術產業、醫療保健和污染防治等與臺灣合作，同時提升合作的層次，形成上中下游產業及周邊產業緊密聯繫，且具合理結構和一定功能的高科技產業合作體。

四、結語

誠如上述，廈門與臺灣在高科技產業發展方面還有很大差距，但兩地高科技產業的發展各具優劣勢且具優勢互補、轉劣為優的特點。因此，兩地高科技產業的發展合作具客觀條件和堅實的基礎。但由於諸多因素，尤其是臺灣當局「戒急

用忍」的中國大陸經貿政策限制，使得兩地高科技產業的發展合作顯得相當薄弱。不過，隨著新世紀經濟全球化的加速發展和區域經濟整合的日益加快，兩地高科技產業發展合作的廣度和深度將進一步加強。因此，若能有計劃、有步驟的以各自的高科技園區實行「園區」對接，以廈門「資訊港」與臺灣「科技島」對接，以龍頭產業為突破口實行全方位的產業整合，進而形成高科技產業合作體；同時，構築「人才、土地、市場——技術、資金」這樣一種合作模式，那麼，兩地高科技產業的發展合作必將躍升到更高的層次。

第五篇　經濟全球化與臺灣經濟研究

東亞經濟一體化格局下臺灣經濟的邊緣化

石正方

一、東亞區域經濟一體化發展現狀及其未來走勢

區域經濟一體化，或說區域經濟整合，存在「功能性」和「機制性」兩個層面。前者是指地區域內部貿易投資活動越來越多的在本地區域內部進行，而後者則是指透過區域的制度性安排（協定）促進區域內貿易、投資及其他經濟合作；前者傾向於描述市場機制下區域內部市場的自然整合，後者則強調借助政府協商、談判功能，對區域市場整合加以人為制導，因而，一些西方學者又稱「功能性」一體化為「區域化」、「機制性」一體化為「區域主義」。

（一）東亞經濟「機制性」一體化發展新格局

東亞經濟的功能性一體化從1950年代末期開始，至今已獲得長足發展，主要體現在此間東亞諸國（地區）經濟起飛時序的錯落有致，區域內部相互貿易、投資快速成長，以及區域產業分工模式的形成和深化等方面，「東亞模式」和「東亞奇蹟」，無疑都是東亞經濟功能性一體化結出的果實。然而，東亞經濟一體化的「機制性」建設不但停滯落後於其「功能性」一體化，而且遠遠落後於世界區域經濟集團化迅猛發展潮流。直至1990年代末期以來，隨著「10＋3」、

「10＋1」合作框架的確立，東亞經濟的「機制性」一體化步伐才獲得了突破性進展，形成以「10＋3」為主管道，以「10＋1」等多樣化合作，為務實發展的東亞區域經濟整合新格局，見表1。

表1 東亞區域經濟「機制性」一體化發展新格局

	確立時間	性質	成員	發展目標
東盟自由貿易區（AFTA）	1992.1	FTA協議	東盟十國	實現東盟自由貿易區計畫；關稅減讓、自由貿易
"10＋3"合作	1997.12	合作論壇	東盟與中、日、韓	以經濟合作為重點、金融合作為先導，推動各個領域合作的全面展開；最終目標：建成東亞自由貿易區
日韓自由貿易協定	2000.9	FTA計畫	日本、韓國	減少關稅壁壘和技術壁壘，實現零關稅。並開展農業、科技、旅遊、人力資源開發等多個領域合作
中國—東盟自由貿易區（CAFTA）	2001.11	FTA協議	中國、東盟（10＋1合作）	2010年建成中國—東盟自由貿易區
日新經濟夥伴關係協定（JSEPA）	2002.1	FTA協議	日本、新加坡	促進貿易、投資自由化、便利化；建立夥伴關係和合作
日本—東盟自由貿易區	2002.11	FTA計畫	日本、東盟	十年內建成自由貿易區
大湄公河開發合作	2002.11	國際合作開發	中、越、緬、老、柬、泰六國	開展能源、交通、電訊、環保、旅遊等多個領域的互利合作，實現地區共同開發，逐步消除邊貿壁壘

註：此表由筆者根據最新資料整理而成。

（二）東亞經濟「機制性」一體化新特點

1.多層次、多樣化發展。表1-1中所列東亞地區內部主要的區域性、次區域性，以及雙邊經濟合作框架，其中有鬆散的「對話」、「論壇」形式；有已經簽署按照時間表推進的自由貿易協定，也有醞釀中的自由貿易區計劃。它們構成了東亞區域經濟合作多樣化發展框架，代表著東亞區域經濟「機制性」一體化演進的方向。這些新興合作框架與圖們江流域開發、新柔廖成長三角等早期政府協議，以及APEC、亞歐會議、亞洲合作對話等跨區域合作（後兩者雖非純經濟意義，但經濟合作是其重要組成部分）一起賦予東亞區域經濟一體化多樣化發展新

特徵。

  2.發展趨勢迅猛。東亞經濟的「機制性」一體化雖然起步晚，但一經「破題」，即呈迅猛發展趨勢。自2001年11月，中國與東盟正式達成在10年內建成中國——東盟自由貿易區協議後，「一石激起千重浪」——中國、東盟「10＋1」的務實合作，極大地促進了東亞經濟整合的步伐，此後的2002年可謂東亞經濟一體化取得突破性進展的一年：東亞區域內相繼簽署了《日本和新加坡新時代經濟夥伴關係協定》、《中國與東盟全面經濟合作框架協議》；啟動了大湄公河次區域合作計劃；以及日本和東盟就10年內建立「日本——東盟自由貿易區」達成一致等。目前東亞還有一系列處於洽簽、研議中的雙邊自由貿易提案（如日本與泰國、馬來西亞、菲律賓之間；新加坡與韓國之間）。另外兩大亮點是中、日、韓三邊合作，和大中華經濟圈整合。在《中日韓推進三方合作聯合宣言》的推動下，中日韓三方全面經濟夥伴關係的制度性安排可望出籠；《內地與香港關於建立更緊密經貿關係的安排》（CEPA）的簽署，被解讀為啟動「大中華經濟圈」的起點。可以預計，接下來將是中國大陸與澳門的CEPA簽署，而中國大陸與臺灣的緊密經貿安排，雖然會因臺灣當局的政治問題有所拖延，但經濟融合趨勢是不可阻擋的。

  東亞經濟一體化的迅猛發展不僅表現在「量」的擴張，而且體現在「質」的提升。以東盟自由貿易區建設最為突顯。事實上，AFTA從1993年1月1日啟動以來，一直處在一個不斷加速的過程中，最終從開始提出時的15年框架，經過一系列加速提前到了2002年，現在六個老成員之間已如期實現既定目標，其餘新成員也在按照時間表實施減稅計劃。在今年10月舉行的印尼峇里島第9次東盟峰會上，東盟各國領導人又簽署了《峇里第二協約》的宣言草案，聲明於2020年實現「東盟經濟共同體」的構想藍圖，屆時東盟10個成員國將整合成為一個龐大的生產基地，以及一個貨物、服務和資金自由流通的單一市場。這些跡象表示，東亞經濟的「機制性」一體化，在量的擴張和質的推進方面都經歷著迅猛發展的過程。

  3.更加注重「經濟夥伴關係」的建立。綜觀東亞經濟現有機制性整合框架，

大多數屬於FTA的性質，但其合作領域卻遠遠超越了傳統FTA範疇。除了貨物貿易、投資便利化外，還延伸到服務貿易、技術合作、人力資源開發等領域，表示締約方更加注重建立經濟夥伴關係，而謀求在更多領域更深層次的經濟整合。

4.政經互動趨勢初露端倪。政治聯盟與經濟合作互動發展，可以說是東亞經濟一體化發展的新動態。實際上，東盟自由貿易區就是一個在政治聯盟基礎上推進經濟合作發展的典型實例，另外兩個新案例可以進一步印證這一觀點。今年10月，印尼峇里島東盟系列峰會期間，中國大陸與東盟簽署了《中國—東盟戰略夥伴關係聯合宣言》，同時中國大陸加入《東南亞友好合作條約》，表示雙方政經互動關係的確立；中、日、韓三國為保障三方經濟合作的深化，也於同期發表了《中日韓推進三方合作聯合宣言》，為促進中日韓全面經濟夥伴關係的制度性安排奠定了政治基礎。這些表示，東亞的經濟一體化有政治承諾為基礎，在政治夥伴關係護航下，將獲得穩步、健康、快速發展。

（三）「機制性」一體化將主導東亞區域經濟發展潮流

無論從內部要求、外部環境，還是發展趨勢來看，東亞區域經濟將進入「機制性」一體化發展的繁榮階段。首先，從內部要求看，隨著1990年代，東亞「雁行模式」解體，東亞經濟成長的傳動機制宣告終結，原有基於「雁行模式」中技術、產業逐級傳遞「順勢而為」的功能性一體化受到衝擊，區域市場因而面臨分化和重組的挑戰。這種情況下，推動東亞經濟一體化的「機制性」建設，借重貿易、投資自由化的制度框架，以及技術、金融等，更廣泛領域的合作安排實現區域內資源優化配置，以提高整個地區在國際市場的經濟競爭力、保證各國經濟的持續成長，就成為東亞經濟體的內在要求。其次，從外部環境分析，面對西歐、北美自由貿易集團化發展的強勁趨勢，東亞諸經濟體的最有效的應對之策，就是組建自己的自由貿易集團，利用區域內資源和市場優勢謀求區域經濟運行的高效率。因為只有以「機制性」一體化為實質的區域自由貿易集團化，才能夠保證區域內投資、貿易自由化；才能使域內經濟資源突破關稅、非關稅壁壘的制約。在市場規律導引下實現優化配置，也才能夠形成有法律契約保障的區域風險共擔機制——透過區域經濟一體化的制度性建設整合區域力量因應全球化的衝擊

――這也是東亞經濟對金融危機的反思。最後，就發展現狀和特點而言，東亞經濟「機制性」一體化遵循了理性、靈活、務實原則，體現出多層次、多樣化板塊競相發展，以及政經互動等特色，這些特徵對於克服東亞社會經濟、政治、民族、文化多樣性所帶來的合作障礙具有重要意義，因而也折射出東亞經濟「機制性」一體化的強大生命力。

總而言之，東亞經濟一體化由「功能性」向「機制性」的邁進，不僅是東亞內部經濟體謀求經濟持續發展的有力依託，而且是東亞經濟因應全球化挑戰、追逐世界經濟一體化浪潮的必然要求。作為區域經濟整合的必然規律，東亞經濟「機制性」一體化的繁榮發展的歷史潮流不可阻擋。

二、東亞經濟一體化格局下臺灣經濟邊緣化的危機

上述東亞經濟整合的多樣化板塊中，包括除臺灣之外的所有原屬APEC中的亞洲經濟體，臺灣如果繼續其游離於外的趨勢，則最終會成為東亞自由貿易板塊中的一塊「飛地」，因發展空間縮小而導致經濟邊緣化。也就是說，在東亞經濟一體化大發展的格局下，臺灣經濟存在邊緣化的危機：

（一）由市場空間縮小導致經濟邊緣化的可能性

一般而言，自由貿易區的建立能夠帶來兩種效應：一為貿易創造效應（Trade Creation），一為貿易轉移效應（Trade Diver-sion）。前者是由於區域內貿易壁壘的拆除，使成員間相互貿易量增加，從而促進資源優化配置的正向效應；後者則基於「區域內貿易優先」原則而不是「比較成本優勢」原則，能夠導致成員國與區域外非成員之間既有貿易鏈條的斷裂。因而貿易轉移效應不利於資源優化配置，是一種負面效應。貿易創造效應、貿易轉移效應是同時並存的，二者相較於區域內成員而言一利一弊，但相較於區域外經濟體而言，則都意味著負面衝擊。因為無論是由貿易創造效應導致的區域內市場擴張，還是由貿易轉移效應導致的既有貿易鏈條的斷裂，都會對區域外經濟體產生貿易排擠，致使其市場

空間縮小。

綜上所述，東亞經濟的機制化整合，對於以東亞市場為重心的臺灣經濟而言意味著巨大的衝擊，而且這種衝擊會隨著時間的推移而日益顯現。

按照東亞經濟未來整合趨勢，將臺灣的東亞市場劃分為幾大板塊，見表2。可以看出：（1）東亞市場在臺灣對外貿易中占有重要地位，權重高達50%以上；（2）AFTA、「10＋1」、「10＋3」、中日韓、CEPA等板塊，各占一定比重，共同支撐著臺灣對外經濟的半壁江山。表2所示，格局只是鬆散組合狀態下各貿易往來的加總。而這些板塊未來的自由貿易整合，勢必產生貿易創造和貿易轉移效應，導致臺灣在東亞市場貿易比重的減少。其一，無論是即將建成的東盟自由貿易區、已進入談判階段的中國——東盟自由貿易區，還是未來遠景中的東亞自由貿易區，都是以區域內成員間自由貿易和投資便利化為宗旨的，其結果是增加區域內貿易流量，提升區域內資源配置效率，提高區域內各經濟體的福利水平。相關研究證明了這一點。臺灣游離於上述區域一體化板塊之外，則無法享有區域內成員間的貿易、投資優惠，這意味著臺灣製品在東亞市場競爭力的削弱、企業經營成本的上升、福利水平的下降。其二，東亞自由貿易諸板塊的整合，勢必在擴大區域內成員之間貿易的同時，引發區域內成員對於臺灣貿易的削減，特別是存在可替代性競爭的產業領域，這種效應將更加明顯。有臺灣相關研究指出，東盟提前降稅時程對臺灣產業具有「有限」的排擠效應，認為臺灣以東盟各國為主要出口市場的部分產業，如紡織、電子電器、機械及其零組件、鋼鐵及化學製品等，「初期或可能因不得適用『共同有效優惠關稅』而致競爭力略受衝擊，唯影響不大」。這是樂觀的預估，我們姑且給予認同。因為東盟內部的互補性貿易並不發達，對臺灣主力產品的替代性不強，所以屆時由「貿易轉移」所導致的對臺灣經濟的排擠效應可能不大。但我們知道，東盟自由貿易區只是東亞自由貿易進程的一個里程碑，綜觀東亞區域經濟一體化演進情勢，在時程上應該是東盟自由貿易區、中國—東盟「10＋1」（未來也可能出現與另外兩個「10＋1」，即「日本—東盟」、「韓國—東盟」三路並進的局面）、「10＋3」（中、日、韓—東盟）的循序推進；在涵蓋面上不斷擴大，逐漸把東亞13國全部納入其中。隨著東亞經濟一體化時程的推進和空間的擴展，與臺灣具有貿易競

爭力的韓、日、中國大陸，將挾自由貿易優惠在諸市場板塊取代臺灣現有之優勢地位，使臺灣製品在東亞的市場空間縮小。

表2　臺灣的東亞貿易格局

單位：億美元；%

	2000 年		2001 年		2002 年		2003 年	
	總額	比重	總額	比重	總額	比重	總額	比重
對外貿易總額	2883.2	100.0	2300.9	100.0	2431.3	100.0	2714.3	100.0
東亞地區	1502.6	52.1	1185.9	51.5	1333.9	54.9	1480.7	54.6
AFTA* 板塊	382.5	13.3	305.4	13.3	320.7	13.2	340.9	12.6
"10＋1" 板塊*	706.1	24.5	605	26.3	730.8	30.1	804.1	29.6
"10＋3" 板塊*	1386.6	48.1	1090.9	47.4	1123.4	46.2	1318.9	48.6
中、日、韓板塊	1004.1	34.8	785.5	34.1	918.5	37.8	978	36.0
CEPA 板塊	439.6	15.2	394.6	17.1	504.8	20.8	625.0	23.0

資料來源：此表係根據臺灣關稅總局資料（http://www.moeaboft.gov.tw）整理而成。*東盟十國對臺貿易以東盟六國（新加坡、馬來西亞、泰國、菲律賓、印尼、越南）為主，故以東盟六國數據代替。

除了上述傳統意義上的貿易轉移效應外，臺灣還將無法參與自由貿易區域內部資訊科技、電子商務協調及發展資訊科技基礎設施等方面的合作，並且其吸引外商投資的優勢也將受到衝擊：一方面是自由貿易區所簽訂的對各成員的投資保護及各種投資貿易準則，有利於成員間的相互投資；另一方面，自由貿易區域內生產要素流通自由化，將增加區域內對外部資金的吸引力。結果將是，外商對臺灣追加投資減少，甚至將轉移投資至自由貿易區域內，以符合享受優惠所要求的「原產地規則」。經由上述貿易、投資「轉移效應」，臺灣經濟邊緣化就決非危言聳聽了。

（二）由產業分工地位演變導致經濟邊緣化的可能性

沃勒斯坦（I. Werllerstaing）在其「世界體系理論（world system theory）」中，按照發展程度的不同把世界劃分為核心（core）、半邊陲（semiperiphery）及邊陲（periphery）三類不同地區。認為半邊陲地區的存在，可使核心地區與邊陲地區之間的不平等交易極嚴重程度的減低，同時也可提供一個發展機會給邊陲地區去轉型為半邊陲位置，而半邊陲地區也可有機會轉型為核

心位置。因此,所有在世界體系內的地區,都會因它們發展程度的不同,在體系內進行上下流動(mobility),並獲取不同的位置。從「世界體系理論」視角看東亞區域經濟連動發展格局,具有下述階段性演進特徵:其一,1980年代中期以前,以日本為基軸(核心)、「亞洲四小龍」為中間(半邊陲)、東協與中國大陸為周邊(邊陲)的經濟傳動關係;其二,1980年代中期以後,特別是20世紀末期中國大陸經濟崛起,其「市場磁吸」效應改變了以往東亞經濟以日本為基軸的垂直帶動模式,代之以「平軸互動」模式(中國作為一個軸心,帶動東亞地區各個國家的共同發展,從而在東亞各個國家之間成為一種互利的關係,形成一個新的產業結構、產業共同體)。在這一轉變過程中,臺灣於其間所處的「承上啟下」地位日益陷入「上壓下擠」的窘況。再從全球生產鏈角度考察,1990年代中期以來,由於網路與低價電子資訊產品時代的來臨,以低價競爭策略為訴求的「供應鏈管理模式」,使整個國際電子資訊產業鏈發生重組。由於臺灣電子資訊產業採取低成本代工製造的經營模式,在這次全球產業重組中面臨中國大陸、東南亞國家等更低成本地區的挑戰而漸失優勢。這種趨勢,對於以電子資訊產業立足的臺灣經濟而言,其危機性是可想而知的。據臺灣《臺灣日報》2003年4月11日報導,臺灣「陸委會」主委蔡英文在臺灣「立法院」演講中認為,「在全球化的過程中」,參與國際分工可初步分為三類:「第一類為歐美國家,其供給、需求防衛有一定的程度主導全球化的過程;第二類為新興工業國家;第三類如中國新興開發的市場。這三類的國家……在產品的供應鏈上或在生產鏈是有垂直分工的情況出現的,且在同一個階層的國家也有所謂平行分工的情況,這三類的國家有一定程度的垂直分工。很多人都擔心,位於中間層的國家有一天會不會直接跳入第三層,而在國際上的經濟合作就變成第一層與第三層的合作,第二層就被取代掉了。」從中可以看出,臺灣對於自身經濟邊緣化危機的體認和擔憂。

　　事實上,由全球和區域產業分工格局演變所導致的臺灣經濟邊緣化危機是明顯的,而且隨著東亞經濟一體化整合的推進,有雪上加霜的趨勢。因為,以東盟自由貿易區為基礎、「10＋1」為驅動、「10＋3」為最終框架的東亞自由貿易區的整合推進,在實現區域內貿易與投資自由化的同時,具有提高區域內生產要素配置效率的功能,有利於增強區域內國家(地區)的經濟競爭力,從而顯著提

升其在全球化經濟格局中的地位。這些意味著，東亞經濟版圖內以往競爭均勢格局的改變，對於東盟與中國大陸這些發展中經濟體而言，無疑是獲得由「邊陲」上升至「半邊陲」的契機；而對於臺灣來說，則意味著由「半邊陲」下滑至「邊陲」的可能。能否遏制這一趨勢，保持臺灣在亞洲乃至全球經濟中的既有地位，有賴於其正確、有效的因應之道。

三、兩岸經濟一體化——臺灣經濟邊緣化危機防範的最佳選擇

透過前述分析我們可以看到，東亞經濟一體化由「功能性」向「機制性」的邁進，是經濟全球化下區域經濟整合的大勢所趨。而就現有多樣化板塊整合格局而言，其對於游離於外的臺灣經濟，具有貿易轉移和投資轉移的不利效應，而且這種不利效應是動態而非靜態的，其程度會隨著各板塊內部以及各板塊之間整合的深入而加劇，結果是導致臺灣經濟的邊緣化。因此，未雨綢繆，及早採取有效的因應措施，是防範邊緣化危機、促進臺灣經濟持續發展的必然抉擇。於此，臺灣學者頗多探討，比較有代表性的觀點是：（1）推動產業升級以擺脫由該市場（東亞區域市場）整合所帶來的替代效應；（2）鼓勵產業加強全球布局，建立全球分工體系；（3）針對歐、美、東亞（含中國大陸地區）三大板塊之區域條件及需求，研擬「營運中心」之發展策略，並儘速實施；（4）利用各種機會參加各種國際經貿組織。實際上，上述因應措施能否取得預期實施效果，關鍵在於以兩岸經貿關係協調發展為基礎的兩岸經濟一體化的推進。兩岸經濟一體化是防範臺灣經濟邊緣化危機的最佳途徑。

（一）兩岸經濟一體化是兩岸經濟關係發展的必然趨勢

兩岸經濟一體化是中國大陸和臺灣之間經濟整合併最終融為一體的過程，不僅意味著兩岸在貿易、投資、產業分工合作諸方面，相互聯繫的日益緊密和經濟互賴程度的日益增強，而且意味著以貿易、投資協定或其他組織形式為規範的制

度框架的建構和完善。雖然迄今為止，兩岸間沒有締結任何正式的經濟協議，沒有直接暢達的經貿溝通管道，甚至存在臺灣當局「戒急用忍」的政治封堵，但兩岸經貿交流仍然興盛不衰、日益頻密。據臺灣有關部門統計，兩岸間接貿易額2003年已達463.2億美元，至2003年底累計達3,142.5億美元。中國大陸成為臺灣最大出口市場和最大的貿易順差來源地；臺灣對中國大陸出口市場依存度進一步提高：2003年，臺灣對中國大陸、香港出口額占臺灣出口總額的比重，由前一年的32%上升為34.5%，增加了2.5%。中國大陸對臺灣經濟成長率的貢獻率超過70%，若無對中國大陸的出口，臺灣經濟成長將下調約2%。依中國大陸統計，2003年臺商投資中國大陸協議金額為85.6億美元，較2002年同期成長27%，中國大陸批准臺資項目為4,495個，實際投資額為33.8億美元；到2003年底，臺商對中國大陸累計投資項目為60,618個，協議臺灣資金額累計為700.3億美元，實際投資金額為366.7億美元，占臺灣對外投資總額的53.7%。此外，由投資帶動的產業內貿易構成兩岸貿易的主流，兩岸在產業轉移、承接的互動中，已逐漸形成了以垂直分工為主、兼具水平分工特徵的互補性產業分工格局。兩岸這種基於資源互補優勢的產業分工合作雖然剛剛起步，但其在促進臺灣產業結構升級、推動中國大陸外向型經濟發展方面，已經顯示出了舉足輕重的作用。

綜上所述，兩岸經濟聯繫業已十分緊密，並顯露出功能性的一體化特徵。兩岸經貿往來的豐碩成果和上升趨勢，說明了兩岸經濟具有明顯的資源互補優勢和廣闊的互動發展空間，是符合市場經濟規律的。兩岸經濟的進一步融合並最終走向機制性一體化，是兩岸經濟關係的必然發展趨勢。順應這一趨勢，推動兩岸經濟一體化的深入發展（首先是開啟兩岸直航，然後以此為契機推進兩岸經濟更深層次協作，以實現兩岸經濟資源優化配置為目的，建構協議性經濟合作框架等），不但是提高兩岸福祉的要求，而且是臺灣經濟融入區域整合浪潮、重振經濟競爭力、防範經濟邊緣化危機的最佳選擇。

（二）兩岸經濟一體化是臺灣經濟融入區域整合浪潮的便捷通道

便捷，即方便快捷，意味著「經濟性」和「效率性」。首先，經濟資源的互補優勢，一衣帶水、同文同種的地緣、文緣優勢，使得兩岸經濟合作不僅可以互

利互補,而且能夠享有交通運輸便利(在「三通」實施前提下)、較低的「跨文化」磨合成本,從而具有低成本、高收益的「經濟性」。其次,兩岸經濟一體化有利於提升臺灣產業「全球布局」的效率。「全球布局」是臺灣學者提出的因應全球化競爭的臺灣產業發展策略,核心在於利用全球資源與市場,拓展臺商經營實力。新世紀以來,中國大陸已經成為全球吸納外資最多的地區,成為跨國資本集聚的「世界工廠」,客觀上為全球產業、技術、管理模式的對接提供了廣闊的平台。臺灣經濟要實現「全球布局」,不但不可以忽略中國大陸這個全球最具潛力的市場空間,而且應該積極推進兩岸經濟一體化,藉此一方面獲得中國大陸腹地的有力支撐,一方面利用中國大陸市場平台有效拓展經濟空間。最後,兩岸經濟一體化是臺灣經濟融入區域整合浪潮的最佳途徑。如果說,經濟全球化透過跨國公司的主體性運作有使民族國家界限模糊化的趨勢,那麼區域經濟一體化作為以民族國家為結構單元的板塊整合,則突顯出主權國家的談判功能。在這種情勢下,臺灣要融入區域化浪潮,利用兩岸經濟一體化管道是最佳選擇,互利互惠、你中有我、我中有你的兩岸經濟一體化發展格局,能夠保證臺灣企業在有中國大陸參與的區域一體化板塊中,享有與中國大陸企業相同的待遇。

(三)兩岸經濟一體化有利於重振臺灣經濟競爭力

依前文分析,臺灣經濟邊緣化,指臺灣經濟面臨市場空間縮小、產業技術「中介」地位喪失兩方面的風險,其癥結在於核心競爭力缺失,以及區域市場空間萎縮的問題。按照臺灣宏碁集團董事長施振榮的「微笑曲線」,臺灣所擁有的核心競爭力,在全球產業價值鏈中處於以製造加工為主的附加價值環節,而且在全球化的趨勢下受到低成本經濟體的競爭。要擺脫「低成本競爭」的陷阱,臺灣經濟必須致力於重塑核心競爭力,努力向「微笑曲線」的兩端攀爬,爭取在高附加價值的研發、設計和行銷、服務等領域有所作為。在這一過程中,兩岸經濟一體化具有積極的促進作用。因為在各依優勢、分工合作、互惠互利的經濟一體化格局下,臺灣可以利用中國大陸的腹地資源從事低附加值的製造流程,而集中臺灣資源從事研發、設計和行銷、服務,如此一來,等於在兩岸合作的平台上、利用兩岸的資源優勢提升臺灣的競爭力。再看臺灣經濟面臨市場空間萎縮的問題。在1980年代中期以前,臺灣經濟在技術和市場上過分依賴美國和日本,缺乏多

元化的發展；1980年代末期以來，臺灣開始推行經濟「國際化、自由化、制度化」，實施「分散市場」策略。以「南聯、西和、北進」為契機，臺灣投資及貿易重心逐漸轉移到亞洲地區，特別是中國大陸和東南亞地區。但由於臺灣當局總是在其經濟發展策略上摻加過多政治考量，在與中國大陸的經貿合作上始終保持著若即若離的態度，每每以政治企圖干擾兩岸經濟一體化的發展，特別是遲遲不開放兩岸「三通」，使兩岸經貿合作不能享有地緣優勢，不能突破政治藩籬，向更高層級——機制性一體化邁進。

如今面對東亞區域經濟一體化發展格局的挑戰，臺灣經濟要融入區域整合浪潮，防範由市場空間萎縮導致的邊緣化危機，走兩岸經濟一體化之路是其最佳的選擇。如前述分析，兩岸經濟一體化具有經濟性和效率性，是臺灣經濟融入區域一體化浪潮的便捷通道。這條通道不僅可以整合兩岸資源優勢、重塑臺灣經濟競爭力，而且能夠使臺灣經濟儘快融入區域一體化，實現其「全球布局」的產業擴張策略，拓展更廣闊的市場空間。

臺灣對外投資、僑外投資的發展探析

石正方

一、新世紀以來，臺灣對外投資、僑外投資的發展特徵

（一）對外投資的發展特徵

臺灣對外投資，廣義上應包括其對中國大陸的投資部分，但長期以來，臺灣有關統計部門實行對中國大陸投資單列統計，因而其所謂「對外投資」，大多是指對中國大陸以外的海外地區的直接投資。本文的「對外投資」，除具體標註外，取其廣義內涵。

1.對中國大陸投資主導臺灣對外投資地域分布格局，這是新世紀以來，臺灣對外投資的最明顯特徵。自2002年起，臺灣對中國大陸投資（含補辦金額），已超過其對其他海外地區投資總和，占臺灣總對外投資比重高達66.6%。與之相對照，臺灣對中國大陸以外地區投資在2000年後一路下滑，2001年負成長13.5%，2002年又再下降23.3%。這種下降趨勢直到2003年末才有所轉變。

總之，如果考慮中國大陸部分，則新世紀以來，臺灣對外投資是成長趨勢（見表1）；若不考慮中國大陸部分，則是一路下滑的傾向。

從臺灣對外投資（不含中國大陸）地區別變化情況來看，其中最值得關注的，首先是美國。由於美國經濟景氣衰退以及「9.11事件」等政治、安全因素，對投資環境產生負面影響，致使臺商對美國投資在2002、2003兩年持續縮減，2003年，在臺商投資單一國（地區）別排行中降至第二位；其次是香港。2000年以來，臺灣對香港投資一改「97回歸」前後的萎靡局面，自2001年始連年成長，2003年更出現大的躍進，以高達283.9%的年成長率和641.3百萬美元的投資總額脫穎而出，成為年增幅最大的地區。臺商對香港投資的急遽增加，透露出臺商看好香港與中國大陸簽署更緊密經貿關係安排（CEPA）的商機，尤其是金融業對借道香港轉進中國大陸將成趨勢；第三是越南。由於具有廉價而豐富的勞動力資源，和較其他東盟國家穩定的政經環境，加上2001年底，美越簽署了貿易協定，規定越南可享受美國的「最惠國」關稅率，因此引發臺商登陸搶占商機的投資熱潮，使之成為東盟國家中臺商投資成長較快的地區；第四是巴拿馬。在「臺巴自由貿易協議」諮商、簽訂的利多情勢帶動下，臺商對巴拿馬直接投資自2002年起恢復正向成長，當年成長幅度高達1,070.2%。

表1 2000年以來臺灣對外投資地區別變化情況

單位：百萬美元；%

國別、地區別	2000年 金額	增減	比重	2001年 金額	增減	比重	2002年 金額	增減	比重	2003年 金額	增減	比重
英屬中美地區	2248.1	65.4	44.3	1396.7	-37.9	31.8	1575.1	12.8	46.7	1997.2	26.8	50.3
美國	861.6	93.6	17.0	1092.7	26.8	24.9	577.8	-47.1	17.1	466.6	-19.2	11.8
日本	312.2	156.2	6.1	169	-45.9	3.9	23.6	-86.0	0.7	100.4	325.4	2.5
新加坡	219.5	-32.4	4.3	378.3	72.3	8.6	25.8	-93.2	0.8	26.4	2.3	0.7
巴拿馬	212.1	-4.7	4.2	5.7	-97.3	0.1	66.7	1070.2	2.0	169.1	153.6	4.3
韓國	93.1	15	1.8	12.1	-87.0	0.3	5.2	-57.0	0.2	10.7	105.8	0.3
歐洲	62.2	2	1.2	45.6	-26.7	1.0	123.4	170.6	3.7	77.4	-37.3	2.0
越南	54.0	56.4	1.1	30.9	-42.8	0.7	55.2	78.6	1.6	157.4	185.1	4.0
香港	47.5	-52.6	0.9	94.9	99.8	2.2	167.1	76.1	5.0	641.3	283.9	16.2
東盟六國	1310.7	-33.3	25.8	1361.5	3.9	31.0	685.9	-49.6	20.4	994.5	45.0	25.1
合計1	5077.1	55.3	100.0	4391.7	-13.5	100.0	3370	-23.3	100.0	3968.6	17.8	100.0
中國1	2607.1	108.1	33.9	2784.1	6.8	38.8	3858.8 (2864.3)	38.6	53.4 (66.6)	4595.0 (3103.8)	19.1	53.7 (66.0)
合計2	7684.2	69.9	100.0	7175.8	-6.6	100.0	7228.8 (10093.1)	40.7	100.0	8563.6 (11667.4)	15.6	100.0

註：合計1不含中國大陸部分；合計2含中國大陸部分；中國大陸1為占合計2比重。（ ）內數字為補辦投資金額。資料來源：根據臺灣「經濟部」投審會「對外投資統計」資料整理而成

2.電子電器業主導臺灣對外投資產業格局，這是近年來臺灣對外投資的又一重要特徵。實際上，自1999年開始，電子電器業占臺灣對外投資製造業比重就達到了59.8%，2000年、2001年更高達64.5%和63.3%。此後，由於全球電子產業泡沫化崩潰，加上復甦不如預期，2002年、2003年，臺灣對外投資電子電器業比重有較大幅度下滑，分別降至45.5%和34.5%，但仍占據臺灣對外投資製造業的絕對優勢地位。在對中國大陸投資中，電子電器業比重平均高達42.6%；在對中國大陸以外地區投資中，所占比重為17.2%。

3.從臺灣對外投資的企業規模、形態來看，近年來，逐漸形成以大型高科技廠商為主導、產業鏈整體外移的局面。目前，臺灣許多大型電腦廠家已在中國大陸生產電子資訊產品。包括神達、宏碁等桌上型電腦廠商；鑫明、華碩等主機板廠商；旭麗、虹光等掃描儀廠商，以及生產光碟機的興建、英群；生產監視器的冠捷、源興等大型電子資訊企業，分別在上海、蘇州、東莞、中山、順德、福州等地投資設廠。2002年，臺灣當局有限度地相繼開放筆記型電腦、8英吋芯片廠等高科技項目赴中國大陸投資後，臺灣電子大廠，包括廣達、仁寶、明電、華碩、台積電、聯電等大企業全員聚集上海，帶動臺灣相關配套企業在上海周邊地區形成產業鏈。

（二）僑外投資的發展特徵

僑外投資包括外人投資、華僑投資兩部分。其中外資投資占絕對比重，華僑投資所占比重不足1%（數據來自臺灣「經濟部」投審會「核准華僑及外國人投資統計」，下同）。2000年以前，臺灣的僑外投資大體上呈穩定成長趨勢，但自2000年出現79.8%的高成長後，接下來的兩年裡則是持續、大幅度下滑，2001年負成長32.6%，2002年負成長36.2%。即使在全球經濟景氣復甦、產業投資趨於活絡的2003年，也僅出現低基期基礎上的小幅回升，升幅僅為9.3%。比照世界經濟景氣波動走勢，臺灣僑外投資的衰退以及復甦乏力，是遠遠超出合理性價值的。據聯合國貿易和發展會議2003年9月5日發表的「2003年世界投資報告」，2002年亞洲經濟體吸收外來直接投資排名中，中國大陸排名首位，香港居次，以下依序為日本、新加坡、馬來西亞和韓國，臺灣排名第7位，居亞洲「四小龍」之末。這種局面是前所未有的。

從外人投資地區別變化情況來看，英屬中美洲地區所占比重大幅提升，四年內成長了21.8%；日資比重持續上升，2003年較2000年提高了10.4%，達到20.4%；美國和歐洲比重則呈波動上升。其中下降幅度最大的是來自新加坡的外人投資，2003年較2000年下降了13.7%，其次是香港，由2000年的3.2%降至2003年的1.2%。

長期以來，臺灣僑外投資主要集中在電子電器製造業、金融保險業、服務業、批發零售業、化學品製造業等五大產業。2001年、2002年五大產業連續兩年負成長，其中以金融保險業下降幅度最大，2003年較2000年比重減少7.6%；電子電器製造業所占比重則持續上升，2003年較2000年提高了12.6%；此外服務業比重也上升了6%。臺灣僑外投資的產業分布格局與臺灣產業結構調整、演進方向具有一致性，同時與臺灣對外投資的產業分布格局形成很大反差，這種結構性的差異也是導致臺灣「新產業空洞化」的一個基礎性因素。

二、從對外投資、僑外投資的演變看臺灣經濟問題

（一）「新產業空洞化」問題

「產業空洞化」（Hollowing-Out），是指由於海外直接投資的增大而帶來的本土生產、投資、僱傭等減少的現象。1980年代末、1990年代初，臺灣先後發生了以輕紡工業為代表的勞動密集型產業，以石化工業為代表的資本密集型產業資本大舉外移，由此引發了臺灣學者對臺灣產業空洞化的擔憂。臺灣是否存在產業空洞化？兩岸學者頗多爭議。後來由於臺灣快速推進向以資訊電子（電子資訊）產業為主體的技術密集型產業轉型，一定程度上緩解了由產業外移造成的轉型壓力，臺灣產業空洞化爭議漸歸沉寂。東南亞金融危機後，尤其2000年以來，臺灣資本外移逐漸從傳統產業轉向高科技產業。與此同時，臺灣經濟遭受50年來最嚴峻衰退，出現工業生產和進出口貿易下降，民間投資、外資投資劇減，失業率攀升等現象。臺灣部分學者認為，資訊產業大量外移引發的「產業空洞化」，對臺灣產業競爭力造成嚴重侵蝕，是導致臺灣經濟困境的主要原因之一。於是，「產業空洞化」又成焦點。由於此次的「產業空洞化」是針對高科技資本外移現象而言，與之前所提及「產業空洞化」概念，在內涵和外延上均有所不同，故稱之為「新產業空洞化」。按照產業空洞化的一般性衡量指標來看，臺灣確實存在「新產業空洞化」趨勢。具體分析如下：

1.臺灣資訊產業海外生產比重大幅成長。據臺灣經濟主管部門的「2003年製造業經營調查報告」顯示，臺灣製造業海外生產比重逐年增加，臺灣自製比例逐年減少。2002年，委由海外生產基地生產的比重達到18.7%，相較2000年提升了近10%，其中資訊硬體產業的海外生產比重攀升更快，2002年已達到64.3%，較2000年提升了13.4%，2003年更高達79.1%。實際上，2000年以來的四年間，臺灣資訊產業委由海外生產的比例平均達到61.8%，較1990年代末期的四年提升了17.1%；其中中國大陸生產比重相應地由29.1%增加到44.8%。

2.資訊電子產業的海外投資逐年上升。以其中之電子電器業為例（見表2），1952年～1990年，臺灣FDI製造業淨流入達71.8億美元，其中電子及電器產業21.4億美元，占製造業比資本淨流入的29.8%。自1993年起，臺灣FDI製造業投資，除了1995年為淨流入外，其餘各年均為淨流出，表示臺灣製造業資本

外移超過外部製造業資本進駐，形成資本淨流出的局面。1991年～2003年，FDI製造業淨流出高達236.5億美元，其中電子電器業FDI淨流出65.3億美元。2000年以來四年間，臺灣製造業FDI淨流出158.9億美元，占過去13年總淨流出額的67.2%，其中電子電器業FDI淨流出68.0億美元，占過去13年淨流出總額的104.1%。可見，近年來，在臺灣製造業資本外移的大背景下，以電子電器為主體的高科技產業外移更加迅速。

表2　臺灣對外投資製造業概況

單位：億美元；%

年份	僑外對台灣製造業投資金額 (A)		台灣對外（含中國）投資製造金額 (B)			對中國投資製造業金額 (D)				對外投資製造業淨額 (A－B)	
		電子與電器	電子與電器 (C)	比率 (C/B)		比率 (D/B)	電子與電器 (E)	比率 (E/D)			電子與電器
1952－1990	94.1	31.4	22.4	9.9	44.2	—	—	—	—	71.8	21.4
1991	12.3	5.7	8.9	0.6	6.7	1.7	7.6	0.3	17.6	3.3	5.1
1992	7.4	3.2	5.0	0.7	14.0	2.5	50.0	0.3	12.0	2.4	2.5
1993	6.7	2.3	38.3	5.5	14.4	29.5	77.0	4.5	15.3	-31.6	-3.2
1994	9.2	3.0	14.4	4.7	32.6	8.8	61.1	1.6	18.2	-5.2	-1.5
1995	19.8	12.4	15.7	4.1	26.1	9.9	63.1	2.1	21.2	4.1	8.3
1996	8.9	4.4	17.6	5.3	30.1	11.2	63.6	2.8	25.0	-8.7	-0.9
1997	23.1	9.5	48.7	14.0	28.7	39.1	80.3	8.8	22.5	-25.6	-4.5
1998	18.5	12.1	28.7	12.7	44.3	18.3	63.7	7.6	41.5	-10.1	-0.7
1999	15.4	10.3	21.4	12.8	59.8	11.7	54.7	5.4	46.2	-6.0	-2.4
2000	16.7	10.9	32.6	21.1	64.5	23.0	70.6	14.6	63.5	-15.8	-10.1
2001	17.7	10.6	42.8	27.1	63.3	25.1	58.6	12.5	49.8	-25.1	-16.5
2002	12.3	6.6	69.4	31.5	45.5	60.8	87.6	26.2	43.1	-57.1	-24.9
2003	14.7	9.6	75.6	26.1	34.5	68.2	90.2	23.3	34.2	-60.9	-16.5
1991－2003	182.9	100.6	419.2	165.9	39.6	309.8	73.9	110.0	35.5	-236.3	-65.3
2000－2003	61.4	37.7	220.4	105.8	48.0	177.1	80.4	76.6	43.3	-158.9	-68.0

資料來源：根據臺灣「行政院」主計處「國情統計通報」（2003年7月22日）的數字整理而成。

3.與臺灣FDI製造業投資淨流出趨勢同步，臺灣本土製造業從業人數、設備投資率、生產指數年增加率、勞動生產力均呈下降趨勢：①從業人數方面：2001年下降4.5%，2002年又下降1.8%；2003年也僅在前兩年下降的低基期上成長1.7%；②臺灣設備投資率：2001年負成長35.3%，2002年負成長0.7%，2003

年僅回升0.5%；③製造業生產指數：近4年平均年增率為3.2%，較1990年代末期4年平均下降3.7%；同期電子電器業下降幅度更大，達到10.2%；④製造業勞動生產力：2000年以來，4年較之1990年代末期4年平均下降851.9美元。上述現象表示，臺灣製造業資本外流，不但引發失業率增加、投資規模萎縮外，而且進一步導致其國際競爭力的弱化；臺灣製造業資本外移已不單是「防禦型」投資性質，而是向「擴張型」投資轉變，其結果也不單是擴張經濟勢力和促進本土產業升級，而是造成高科技與上游工業「連根拔起」式大規模外移。

由於近年來臺灣製造業資本集中流向中國大陸（見表2），特別是電子電器業為主的高科技產業，70%以上投資在中國大陸，因此臺灣當局藉機把產業空洞化現象歸咎於中國大陸的「磁吸作用」，並將其作為阻扼臺商中國大陸投資的政治「口實」。客觀地看，以資訊電子產業為主體的臺灣高科技產業外移，與其早期傳統產業大舉外移，在動機上存在很大程度的一致性，即利用中國大陸在資源、重要因素、市場方面的相對優勢，延續產業的生命週期——「防禦型」投資屬性；但同時也存在一定程度的特殊性——「擴張型」投資的屬性。這一方面是中國大陸市場「引力」作用；另一方面是臺灣當局限制性兩岸經貿政策的「推力」影響。迄今為止，兩岸經貿關係一直存在「制度性扭曲」的背景，其中「三通」問題更是吞噬兩岸經貿福址的巨大「黑洞」。既有的兩岸經貿模式，是基於產業內垂直分工的區域專業化模式，這一模式由於享有兩岸資源互補優勢，以及相對福址而言可承受的貿易成本而得以存續，並且成為臺灣保持貿易順差、賺取外匯的主要泉源。但加入WTO條件下，中國大陸市場門檻的降低意味著兩岸經貿將為此追加相應的「貿易成本」，從而會損害這一利基。結果是：為規避巨大的貿易成本，中國大陸臺商會加快本土化步伐，臺灣跨國公司也會伺機轉移至中國大陸。實際上，中國大陸臺商本土化已從最初的採購、生產、人才、管理領域向市場、營銷、研發、融資等領域全方位拓展，且其市場取向日益突顯。這意味著兩岸產業分工結構中，中國大陸正在從原來價值鏈中的零部件生產基地，轉變成面對全國乃至全球的經營中心，「中國大陸接單、中國大陸出貨，面向中外市場」的新經營模式，對原有「兩頭在外」的經營模式形成挑戰。新世紀以來，這種經營模式迅速向臺灣經濟賴以支撐的支柱產業——資訊電子產業延伸，形成以

寡占優勢廠商為核心的上下游配套產業的整體外移——不可否認，臺灣當局的「三通」壁壘，對臺灣「新產業空洞化」造成了推波助瀾的作用。

實際上，產業資本外移只是導致「產業空洞化」的必要條件而非充分條件，產業升級停滯緩慢，導致新、老產業銜接不力而出現產業「斷層」，才是「產業空洞化」的根本源頭。就臺灣的資訊電子產業而言，雖然近幾年生產總值持續擴增，發展成績斐然，但主要因循「代工模式」，缺乏自主研發、創新，技術提升緩慢。在產品附加價值、品牌和服務方面都很薄弱。當較低層級的資訊硬體製造業，為適應全球化下資訊產業「供應鏈管理」模式而外移，尋求新發展空間時，臺灣高階產品成長有限、新形態應用領域開發不足，自然無法填補產業外移造成的「空洞」。

因此，解決臺灣「新產業空洞化」問題，一方面要從推動技術創新、增強產業核心競爭力著手，從根本上解決其產業升級問題。臺灣當局雖有針對性地推出了，諸如「知識經濟」、「綠色矽島」等發展規劃，但產業升級問題由來已久，難在短時間內奏效；另一方面，臺灣當局應反省對中國大陸經貿政策，儘快開放兩岸直接「三通」，矯正兩岸經貿的「制度型扭曲」，以借助兩岸經濟互補優勢的充分發揮，促進其結構升級，逐漸消除「產業空洞化」。

（二）政治因素干擾增強

綜觀2000年以來臺灣投資關係演變趨勢，可以發現，政治因素干擾增強的特徵，主要是指臺灣政治動盪以及兩岸關係僵持等方面。從社會、制度、管理層面，對臺灣的投資環境和經濟運行造成直接而深刻的負面影響。

最近4年，臺灣的投資環境急劇惡化，僑外投資年成長率持續下滑，主要原因在於政黨輪替後，陳水扁臺灣當局以意識形態左右經濟發展，不惜犧牲經濟為其「臺獨政治」服務，從而對臺灣經濟造成巨大戕害。明顯表現在：①臺灣財經政策方面搖擺不定，缺少透明性，如「核四」事件中的政策反覆；②在兩岸經貿關係方面，名為「積極開放，有效管理」，實則「假開放，真管理」，以遏制兩岸經貿往來發展為出發點推行「全球布局」戰略、遲遲不開放兩岸直接「三通」等；③在臺灣施政方面，則是「政治掛帥」、「選舉第一」，引發臺灣政黨爭鬥

不斷、社會動盪不安。這些最終導致民進黨政府「信用」危機，致使臺灣投資環境急劇惡化。民進黨執政以來，不僅外商對臺灣投資大幅衰退，2001年、2002兩年，分別衰退32.6%和36.2%，而且已在臺灣建廠的美歐商會會員廠商撤退達1／4；同時臺灣投資自2000年後連續三年下滑，以2003年與2000年比較，3年衰退達24%，合計減少投資1.6萬億元新臺幣，從而使近兩年臺灣投資率降到46年來新低。

政治因素對於臺灣經濟的影響，在民進黨執政的4年內上升到主導地位，其對臺灣經濟所產生的負面效應是顯而易見的。根據世界經濟論壇（WEF）公布的全球競爭力排名，2003年臺灣經濟的成長競爭力、科技競爭力、創新競爭力指標排序差強人意（分別為第5名、第3名、第2名）。而諸如政府財政（第79名）、「國家」信評等級（第24名）、政治家公共信用（第24名）、景氣衰退預期（第57名）、利率差距（第50名），及政府不當補貼的嚴重程度（第21名）等排名則大幅落後。而今年3月20日，臺灣「大選」後所引發的社會動盪，無疑會使臺灣業已惡化的投資環境雪上加霜：一是影響民間投資，二是不利於吸引外資投資，三是影響股市，進而影響民間消費與企業籌資，使原已疲弱的臺灣經濟，在政治動盪的風雨飄搖中進一步耗損「真氣」。臺灣總體經濟環境極待改進，尤其是政府施政層面，否則臺灣的潛在經濟競爭力將由於臺灣政治、制度等因素的制約而難以發揮，難以轉化為現實競爭力。

三、對中國大陸投資仍將主導臺灣對外投資格局

近年來，臺灣當局為適應全球化、區域化變局，同時分散臺商對中國大陸投資、降低兩岸貿易依存度、減少臺灣經濟對中國大陸的依賴。一方面對兩岸經貿實行「假開放，真管理」；一方面整合各「部會」資源，運用投資促進、貿易拓銷，以及積極洽簽FTA等策略全方位推行其「全球布局」戰略。但從臺灣對外投資地區格局的演進趨勢來看，美、日、東南亞所占比重總體上呈現縮減趨勢；而

對中國大陸投資則連續四年刷新最高紀錄。此外，在2000年以來，臺灣對外投資（不包括中國大陸）地區分布格局中，以英屬中美洲板塊成長最為亮麗，2002年其所占比重達到46.7%，2003年更高達50.3%。英屬中美洲免稅區的所得稅率低，並與中國大陸簽訂有避免雙重課稅協定，因此成為臺商企業規避臺灣金融管理體制的眾多限制，對中國大陸進行間接投資的據點或中繼站。其在臺灣對外投資中所占比重的快速成長，說明臺商轉投資中國大陸比重的成長。2003年，中國大陸與香港CEPA的簽署，促進了臺商對香港投資的大幅成長，創下283.9%的高成長紀錄。總之，臺商對外投資中，與中國大陸直接、間接相關的比重，都獲得了穩定、快速的成長。

事實上，就經濟向度而言，臺灣經濟「全球布局」，與企業赴中國大陸投資，非但不是矛盾的對立面，而且具有本源的一致性——兩岸經濟合作是臺灣經濟「全球布局」的重要組成部分和關鍵性環節。新世紀以來，中國大陸已經成為全球FDI最集中流入地區，成為跨國資本聚集的「世界工廠」，客觀上為全球產業、技術、管理模式的對接提供了廣闊平台。臺灣經濟要實現「全球布局」、提升產業競爭力，就應該善用這一平台，放寬臺灣企業赴中國大陸投資，以及中國大陸企業赴臺灣投資的政策限制，使兩岸經貿往來回歸市場機制。借助兩岸產業合作的深化，發展促進臺灣產業結構升級，以有效解決臺灣產業空洞化等問題。

臺灣對外投資板塊的消長情況表示，市場經濟規律是主導臺商對外投資布局的關鍵因素。兩岸經濟整合所創造的市場利基是吸引臺商投資中國大陸的根本動力，越南及其他新興市場的成長也是如此。目前，兩岸經濟一體化還僅限於「功能性」層面，其向「機制化」的邁進將會開啟更為廣闊的市場空間。兩岸經濟關係具有巨大生命力，對中國大陸投資仍將主導臺灣對外投資格局。

試析臺灣對外經濟關係的轉變

鄧利娟

對外經濟關係一向是臺灣海島型經濟的命脈。戰後幾十年，臺灣經濟能夠較順利地發展，在相當程度上可以說是其對外經濟關係較順利發展的結果。但自1980年代下半期以來，伴隨著世界經濟全球化與區域化的加速發展，全球經濟，特別是亞太經濟格局發生了巨大改變。與此同時，臺灣經濟結構也在加速調整過程中，臺灣在國際經濟分工體系的地位相應調整轉變，其對外經濟關係因而形成新的格局，這一新格局反過來又對臺灣經濟發展產生深刻的影響。

一、亞太經濟格局的變動

要了解臺灣對外經濟關係發展變化，首先要了解與之密切相關的亞太經濟格局的變動。

1930年代，日本經濟學家赤松要教授提出「雁行模式理論」，認為各國經濟成長過程中實際上存在著一個一個的國際產品週期，而在這種產品週期中，隨著資本的深化、技術能力的提高，以及工人技能和薪資水平的改進，領先國將其生產模式傳遞給追隨國。戰後東亞國家及地區實際的經濟發展情況，大致與「雁行模式理論」的闡述相吻合。各經濟體先後經歷了多次產業結構調整與轉移，產業發展依次由農業、輕工業、重化工業及高技術工業演進。其中，最近也是規模最大的一次產業結構調整與傳遞，是從1980年代中期後開始。1985年，五國財長簽署了「廣場飯店協議」後，日本、亞洲新興工業化經濟體，相繼貨幣大幅度升值，相關國家及地區勞動成本迅速上升，東亞地區普遍進行新的一次大調整。日本與亞洲「四小龍」，紛紛向海外進行產業轉移。日本一方面向「四小龍」及亞洲其他國家轉移其不具競爭力的產業；另一方面，在國內大力發展技術密集型產品的生產和出口。而「四小龍」，一方面接受日本轉移的資金與技術，加強其重化工業的發展，並積極培育高新技術產業；另一方面，則將其不具競爭力的勞力密集型產業轉移到東南亞、中國大陸。至於東南亞各國的總體趨勢是，著重促進出口導向型勞力密集工業的擴張，同時著手資本密集型工業的進口替代。由此

可見，東亞國家及地區，在產業結構調整與轉移的過程中形成了日本作為「領頭羊」、東亞各國及地區產業呈明顯階梯型分工的模式，即日本（最高階梯）——新興工業化國家及地區（中間階梯）——東盟等（低級階梯）。不過，東亞這種動態的階梯型分工模式之所以能夠順利運行，進而促進東亞經濟的繁榮，還離不開美國所起的作用。戰後美國出於自身全球戰略和國際經濟地位的考慮，採取了有利於東亞經濟發展的政策。一方面，美國向東亞，特別是日本轉移了大量技術。有資料表示，1970年代中期以前，日本所引進的大量外國先進技術，超過60%來自美國。這為日本其後向東亞其他國家及地區擴散技術及轉移產業提供了重要基礎；另一方面，美國成為容納東亞國家及地區出口產品的龐大市場，使東亞出口導向戰略能較順利實施。

然而，進入1990年代後，由於內外條件的改變，東亞地區原有的階梯型分工模式發生了重大變化，各國及地區之間的經濟聯繫及分工體系出現新的格局。

其一，多層網絡型分工模式取代了階梯型分工模式。東亞原本階梯型分工體系的形成，是建立在各個經濟體之間技術水平與產業結構差異較大的基礎上的。但自1990年代以來，由於兩個原因使這個基礎發生了變化。一是，日本以往依靠「模仿性技術創新」模式，使其技術水平居於世界領先地位，但在資訊技術革命全面深入展開的1990年代，這一模式的有效性受到了極大限制。美國以其自主創新科學研究體系的優勢，在資訊技術開發與應用方面，把日本遠遠地拋到後面，這使日本在東亞產業技術轉移鏈條中的功能大為削弱。同時，日本自1991年「泡沫化經濟」破滅以後，經濟一直蕭條不振，產業升級緩慢。日本作為東亞地區經濟發展的「領頭羊」地位面臨嚴峻挑戰。二是，由於資訊技術產業的特性，使「四小龍」、東盟及中國大陸等各級階梯上的經濟體，有可能跨越某些技術階段而攀上更高的產業技術階梯。隨著資訊技術革命迅速發展，新技術商品化、標準化，以及擴散速度均大幅提高，這使新技術和新產品可以從創新的美國跨越日本到達「四小龍」，甚至可以直接進入到東盟及中國大陸，這些相對落後的國家，這些國家及地區的技術水平及生產能力因而明顯提高。由於東亞各個經濟體之間技術水平與產業結構差異相對縮小，甚至趨同，原以日本為最高階梯、以線型單向垂直分工為特徵的梯級雁行分工模式逐漸模糊化，取而代之的是多

向、垂直分工與水平分工交織的多層網絡型分工體系。在這個新的分工體系中，各經濟體所扮演的角色相對的發生很大的改變。

其二，區域內市場迅速擴大，改變過去以美國市場為導向的格局。在以往的東亞經濟格局下，美國是東亞國家及地區的最主要出口市場。然而，隨著東亞對美國貿易順差的不斷累積擴大，美國開始無法容忍，貿易保護主義傾向逐漸強化，美國與東亞國家及地區的經濟貿易摩擦因此日益增多。為此，美國一方面透過持續的貿易談判，迫使東亞國家及地區開放內部市場，以增加美國對東亞地區的出口；另一方面，則是在1980年代中期，透過西方五國財長會議，迫使日圓大幅度升值，隨後又迫使「四小龍」貨幣升值。1989年1月，開始取消對「四小龍」享有的特惠關稅制度，透過這些措施來減緩美國來自東亞的進口。在此背景下，東亞國家及地區對美出口成長放慢，對美出口比重相應下降。1985年～1998年，日本對美出口占其出口總額的比重由37.6%降到30.3%；同期，「四小龍」對美出口的比重也由34.8%減至21.5%。與此同時，伴隨著匯率的大幅上升、日本及「四小龍」對東亞地區產業轉移與投資激增，大大促進了東亞區域內貿易的成長。這是因為各類產業轉移過程中，所需的機器設備、零配件及原材料等，仍然主要由原投資國家及地區提供，即所謂投資提升貿易的效應。1985年～1998年，日本對「四小龍」的出口占其出口總額的比重，由13.1%上升到20.5%；對東盟四國的出口比重，由4.2%升到8.3%。同期，「四小龍」相互間的出口比重，由8.5%增至13.0%；「四小龍」對東盟四國及中國大陸的出口比重，則分別從7.6%與7.2%，上升到10.3%及15.0%。而東盟四國同期對「四小龍」的出口比重，也由20.5%升為23.5%。由此可見，東亞區域內經貿聯繫明顯加強，而東亞地區對美國市場的依賴性則趨於下降。

其三，中國大陸經濟迅速崛起，成為東亞國際分工體系中重要的組成部分。中國大陸自改革開放以來，特別是1990年代以來，隨著東亞國家及地區投資的大量湧入，中國大陸與東亞地區的經貿關係日趨密切，中國大陸已成為東亞國際分工體系中十分重要的組成部分。中國大陸的經濟發展與產業結構，在受到周邊國家及地區重大影響的同時，也對東亞國際分工體系的演變產生深刻影響。主要體現於三方面：（1）中國大陸經濟持續的高速成長，特別是在1997年亞洲金融

風暴對東亞經濟產生重創之後,仍能保持快速成長局面,這使中國大陸成為帶動東亞地區的經濟復甦與經濟成長的重要動力;同時,也為東亞各國及地區的經濟轉型,與東亞地區經濟的進一步整合提供了極好的機會。(2)中國大陸作為一個特殊的後起發展中大國,由於其生產力發展的不平衡性,決定了其產業結構具有多層次的特點。即擁有勞力密集型產業、資本密集型產業及技術密集型產業,所謂「全套產業結構」。這樣一來,中國大陸就大致可以同時接受美國、日本及「四小龍」的產業技術轉移。在參與東亞國際分工中,既可以發展垂直分工關係,也可以發展水平分工關係,促進東亞原有梯級雁行分工模式向多層網絡型分工模式轉變。(3)中國大陸是個人口眾多的大國,隨著多年經濟持續高速成長及人均收入的明顯提高,國內巨大市場的潛力日益顯現,中國大陸市場對東亞地區整體發展的重要性越來越突顯。1990年代以來,中國大陸已成為世界貿易大國,而中國大陸對外貿易的60%是與東亞國家及地區進行的。

二、臺灣應對亞太經濟新格局的政策措施

面對亞太經濟格局的不斷演變,為了維持臺灣在亞太國際分工中的相對優勢,促進臺灣經濟的持續成長,臺灣當局自1980年代下半期起採取了相關因應措施。除了對內積極提升產業結構,大力發展以電子資訊產業為主的高科技產業,提升臺灣參與東亞分工的地位外,對外主要就是在推動經濟自由化基礎上進一步推動經濟國際化政策,並逐漸放寬對中國大陸經貿政策的限制,從而使臺灣經濟進一步融入國際經濟與中國大陸經濟。

(一)對外投資政策改為「指導為主,管理為輔」

臺灣在1962年公布「對外投資辦法」,規定對外投資政策的方針是「管理為主,指導為輔」。這是因為當時臺灣的資本、外匯不多,有關投資的基本政策是引進外資而不是鼓勵臺灣資本向海外投資。這種政策精神基本上一直延續到1980年代中期。1985年修正公布「對外投資與技術合作審查處理辦法」,將對

外投資企業的資本額由新臺幣5,000萬元降為2,000萬元,並以免稅政策鼓勵企業在海外投資天然資源開發有關領域。1989年2月,再次修訂「對外投資與技術合作審查處理辦法」,進一步將對外投資政策的方針改成「指導為主,管理為輔」。在外匯政策方面,1987年7月修訂「管理外匯條例」,廢除經常帳外匯管制,並允許居民可以自由持有及運用外匯。1990年代以來,逐漸放寬資本帳戶交易的管制。自1992年起,個人每年匯入與匯出的最高限額由300萬美元提高為500萬美元;而公司、行號每年匯入與匯出的最高限額,則自1994年1月起由500萬美元提高至1,000萬美元,隨後再提高至5,000萬美元。這些資金的進出均不需事前審核,也不限制用途。此外,直接投資案件若經有關主管機關批准,其匯出及匯入就不受上述額度的限制。臺灣當局對外投資政策與外匯政策的大幅調整放寬,為臺灣企業產業轉移及對外投資的進行提供了政策上的支持。

(二)對外貿易政策基本實現自由化

對外貿易是臺灣參與亞太區域產業循環的重要途徑。1980年代中期後,臺灣當局推行貿易自由化政策,對臺灣的產業向外發展及對外經濟關係格局的變動產生了很大影響。其主要措施是:大幅解除進口管制及限制。從1986年起逐年放寬進口貨品項目,推動免除輸入許可證進口制度。1989年修正對社會主義國家貿易政策,除前蘇聯、阿爾巴尼亞、古巴、朝鮮及中國大陸外,放寬為直接貿易。1993年正式通過《貿易法》,將進口行政管理改為「原則自由,例外限制」,進口項目改成「負面表列」方式。二是,持續大幅降低進口關稅稅率。據統計,1982年~1996年間,臺灣共進行9次海關進口稅則修正,合計修正為免稅者有7,062項,而降低稅率者13,996項次。平均名目關稅稅率由1982年的31.04%,逐年降至1998年8.25%,降幅達22.79資。至2001年,臺灣平均名目關稅稅率進一步降為8.20%。

(三)逐漸放寬對中國大陸經貿政策的限制

自1987年起,迫於情勢發展的需要,臺灣當局逐漸放寬兩岸人民往來、文教及經貿交流等方面的限制。對中國大陸經貿政策調整放寬較重要的有:貿易方面:1988年4月,臺灣當局規定兩岸間接貿易只要符合「三不原則」,即「不直

接由中國大陸通商口岸出航、不直接與中國大陸進行通匯、不直接由臺灣公司進行接觸」，即屬允許與「合法」範疇。1988年8月與1990年9月，分別制定了《中國大陸地區產品間接輸入處理原則》與《對中國大陸地區間接輸出貨品管理辦法》。1993年4月進一步公布實施《臺灣地區與中國大陸地區貿易許可辦法》，將自中國大陸輸入與向中國大陸輸出合併管理。1996年7月，將實行多年的進口中國大陸工業物品的「正面表列」管理方式，改為較寬鬆的「負面表列」。投資方面：1990年10月公布實施《對中國大陸地區從事間接投資與技術合作管理辦法》，並同時公布了3,353個可以赴中國大陸投資的產品項目。這個辦法是臺灣當局對臺商赴中國大陸投資的首次政策性開放，同時也使臺商已先行赴中國大陸投資的「化暗為明」。1993年2月，再提出新的《在中國大陸地區從事投資或技術合作許可辦法》，進一步規定管理臺商對中國大陸投資的相關事宜。此後，對中國大陸間接投資的產品項目逐漸增加。除了貿易與投資相關經貿法規外，對兩岸往來影響較大的是1992年9月，臺灣公布實施《臺灣地區與中國大陸地區人民關係條例》，對兩岸經貿活動的管理從此有了「法源」依據。不過，臺灣當局逐漸放寬對中國大陸經貿政策限制的發展趨勢，在1996年9月，李登輝提出所謂「戒急用忍」政策後，發生了轉折性的變化，臺灣對中國大陸經貿政策進入調整緊縮階段。

三、臺灣對外經濟關係的新格局

隨著亞太經濟格局的演進及臺灣當局相關政策的調整轉變，自1980年代下半期起，臺灣的對外經濟關係相應發生很大變化，呈現出若干新的特徵。

（一）對外投資成為對外經濟關係的主要內容

1980年代中期以前，臺灣實行出口導向戰略，積極吸引外資，大力擴張出口是其主要的對外經濟活動。而自1980年代下半期起，臺灣對外經濟關係的主要內容，逐漸轉變為對外投資的擴張。

1980年代中期以前，臺灣只有零星的對外投資活動，臺灣一直是個資本淨輸入地區。1952年～1986年的35年間，臺灣對外投資總額僅2.72億美元，而同期僑外資本對臺投資總額則達59.31億美元，臺灣資本淨流入56.59億美元。以1987年為轉折點，臺灣對外投資呈迅速擴張之勢。1987年臺灣當局核准的對外投資金額即達1.03億美元，此後每年對外投資額均呈倍數成長。1990年達15.52億美元。1990年代後隨著對中國大陸間接投資的「合法化」，臺灣對外投資更呈加速成長趨勢，並一舉成為資本淨輸出地區。1991年臺灣對外投資（包括對中國大陸投資）金額達18.3億美元，超過僑外資本對臺投資額0.52億美元。至2002年，對外投資金額高達72.39億美元（不包括對中國大陸投資的補辦登記數28.64億美元），資本淨輸出額達39.69美元。（參見表1）

表1　臺灣海外投資發展情況

單位：億美元

年份	對外投資	對中國投資	僑外對台投資	資本出進差額
1952－1986	2.72	—	59.31	－56.59
1987	1.03	—	14.19	－13.16
1988	2.19	—	11.82	－9.63
1989	9.31	—	24.18	－14.87
1990	15.52	—	23.02	－7.50
1991	16.56	1.74	17.78	0.52
1992	8.87	2.47	14.61	－3.27
1993	16.61	31.68	12.14	36.15
1994	16.17	9.62	16.31	9.48
1995	13.57	10.93	29.26	－4.76
1996	21.65	12.29	24.60	9.34
1997	28.94	43.34	42.66	29.62
1998	32.96	20.35	37.39	15.92
1999	32.69	12.53	42.31	2.91
2000	50.77	26.07	76.07	0.77
2001	43.92	27.84	51.29	20.47
2002	33.70	67.23*	32.72	68.21

註：*包括補辦登記數28.64億美元。

資料來源：臺灣「經建會」，Taiwan Statistical Data Book 2000，P258、262；「經濟部投審會」http://www.moeaic.gov.tw；「新聞稿」2003年1月23日。

隨著臺灣對外投資的迅速擴張與產業加速向外轉移，臺灣在亞太國際分工體系中的地位與角色相應發生明顯的改變。在1980年代中期以前，臺灣在亞太經濟體系中，臺灣基本上是與美國、日本構成一種三角分工關係，即臺灣從日本進口機器設備與工業原料，生產加工勞力密集型的製成品，出口到美國市場。在此分工體系中，臺灣作為產品的最終加工生產基地，處於產業分工鏈條的末端。臺灣僅能從中賺取微薄的「加工費」。1980年代中期後，伴隨著對外投資活動的迅速擴張，臺灣失去相對優勢的傳統勞力密集型產業大量轉移到東南亞地區與中國大陸，臺灣在亞太經濟分工體系中的角色隨之轉換，所占地位逐漸提高。一方面，臺灣獲取國外產品訂單後，負責產品設計等工作，然後交由海外工廠加工生產，再出口至美日等國家，臺灣在梯級雁行分工體系的地位上升為「中介者」；另一方面，隨著臺灣產業結構的調整升級，臺灣由勞力密集型產品加工出口基地轉換為技術密集型產品加工出口基地，臺灣對美、日又形成了新的、層次相對高的三角分工關係。臺灣引進日本的技術、設備及關鍵零部件，在臺灣生產加工技術密集型的成品或半成品，再出口到歐美市場。1990年代中期後，隨著臺灣以電子資訊產業為主的高科技產業逐漸成熟，並日益成為對外投資的主流，臺灣在高科技產業分工鏈條中的位置亦逐漸上升至「中介者」。

（二）對外經濟關係地區構成上轉向以亞洲為主

　　整個亞太經濟分工的深化發展與臺灣當局政策措施的調整放寬，在推動臺灣對外投資與產業外移加速發展的同時，也促進了臺灣對外經濟關係的地區結構極大變化，臺灣與亞洲地區的國家及地區的經貿關係日趨緊密。自1980年代下半期起，臺灣對外經濟關係逐漸改變了以往嚴重依賴美國的格局，不論是投資地區，還是貿易夥伴，都逐漸轉向以亞洲國家及地區為主。據臺灣「經濟部投審會」的統計數據，1959年～1985年，臺灣對美國的投資占其對外投資總額的比重為52.9%，對東南亞投資所占的比重是29.5%。但是1986年～1991年，臺灣對美國投資所占的比重下降至31.9%，而對東南亞投資的比重大幅上升至52.8%，對中國大陸投資的比重為6.1%。1990年代後，隨著臺灣對中國大陸投資的加速發展，臺灣海外投資的地區分布上，亞洲持續占壓倒性的優勢。在1996年～2001年臺灣累計海外投資金額中，投資於亞洲地區的占53.2%，投資於美洲地區

的占44.3%。而對美洲的投資則主要集中於對「租稅天堂」英屬中美洲地區的投資，占25.5%，其中相當部分又轉投資中國大陸，投資美國所占的比重僅有10.8%。在臺灣外貿地區結構方面，也相應出現同樣趨勢。臺灣對美國的出口占其總出口的比重，由1984年的最高峰48.8%，逐年下滑1990年的32.4%，1995年的23.7%及2002年的20.5%。而亞洲市場則自1980年代下半期起日趨成為臺灣外貿的重心。1986年臺灣對亞洲市場的出口占其出口總額的比重為25.9%，至1990年上升為38.2%，1995年更升至52.6%，2002年達56.9%。亞洲地區無疑已成為臺灣最大的出口地區。不過，1990年代，美國作為臺灣重要出口市場與技術供應地，仍是臺灣對外經濟關係十分重要的夥伴。

（三）兩岸經貿關係日益成為臺灣對外經濟關係最主要的內容

在臺灣加強與亞洲國家及地區的經貿關係過程中，加速發展與中國大陸的經貿關係最引人注目。海峽兩岸在相互隔離了30年、40年之後，迅速發展成為密不可分的經貿夥伴，成為戰後臺灣對外經濟關係發展新的、也是最重要的特徵。目前，中國大陸不僅是臺灣最大的投資地區，還是臺灣的最大出口市場。據臺灣「經濟部投審會」的統計數據，1991年～2001年，臺灣對中國大陸投資額累計達198.86億美元，占同期臺灣海外投資總額的比重為41.29%。2002年，臺灣對中國大陸投資額，則超過其海外投資總額的半數，所占比重上升至53.31%。（參見表1）倘若加上臺商未經「投審會」核准或報備、而自行透過其他各種管道和方式對中國大陸投資的金額，這一比重顯然還要更高些。中國大陸作為臺灣的主要出口市場，其重要性同樣日趨突顯。據臺灣「經濟部國貿局」的統計數據，1991年，臺灣對中國大陸出口額為69.27億美元，占其出口貿易總額的比重為9.09%；1995年，臺灣對中國大陸出口額增加為178.98億美元，所占比重上升至16.0%；2000年，臺灣對中國大陸出口額達261.44億美元，所占比重為17.6%；2002年臺灣對中國大陸出口額進一步增至294.46億美元，比重提高到22.5%。至此，中國大陸首次取代美國成為臺灣最大的出口市場（香港市場尚未加入計算）。

海峽兩岸經濟聯繫的日趨緊密，可以說是1990年代以來東亞經濟發展格局

的最新內容。兩岸經濟在頻繁的互動中所形成，並不斷深化的產業分工關係，有力地促進了整個亞太國際分工體系的深化發展，對東亞區域經濟的發展發揮十分重要的作用。而對於海島型經濟的臺灣而言，迅速發展的兩岸經貿關係具有更重大的意義：一方面，在臺灣產業結構調整的過程中，中國大陸先是成為臺灣轉移勞力密集產業的最主要基地，1990年代中後期，中國大陸又開始承接臺灣較為成熟的電腦及半導體等產業，臺灣產業轉型因此得以較為順利的進行；另一方面，中國大陸市場已成為支持臺灣經濟成長的主要來源。2002年臺灣經濟成長3.5%，就其成長動力來源而言，外部淨需求對經濟成長貢獻2.33%，對經濟成長貢獻所占比重達65.8%。而外部需求則主要依賴於對中國大陸出口大幅成長22.4%。同期，臺灣對其他主要貿易夥伴美國、日本及歐洲的出口均是衰退的局面。

四、臺灣對外經濟關係面臨的問題

近10多年來，臺灣在亞太經濟變動的格局中，逐漸轉換自身的角色與地位，其對外經濟關係相應形成了新局面，這在相當程度上支持了臺灣經濟較順利地持續發展。但在此過程中，臺灣的對外經濟關係的發展也明顯存在困難與阻力。進入21世紀後，面對國際經濟環境與兩岸關係的新變動，這種挑戰越加突顯出來。

（一）兩岸經貿關係遲遲沒有正常化

如上所述，1990年代以來，兩岸經貿關係已日益成為臺灣對外經濟關係最主要的內容。儘管如此，兩岸經貿往來在總體上仍一直是在不正常狀況下運行，迄今為止，兩岸經貿關係仍基本呈「間接、單向、民間」畸形發展。具體表現如下：

1.經貿往來限於間接方式

近年來，兩岸間通商與通郵已事實上實現，但通航卻遲遲沒有解決。兩岸商

品運輸及人員往來仍須借道第三地,而不能全面直接通航。這種經貿活動間接往來方式,不僅徒增成本費用,加大商業風險,而且常常導致商機延誤。

2.經貿關係結構呈單向、不平衡性

迄今為止,兩岸在經貿往來的內容上沒有體現對等與公平原則。投資關係方面,基本上是臺灣方面的人、物、資金等生產要素單向流入中國大陸,而中國大陸則不能入臺灣投資設廠。兩岸貿易關係儘管已實現一定程度的雙向交流,但卻長期存在嚴重的不平衡性。據中國大陸外經貿部的統計,2000年～2002年,兩岸貿易往來,中國大陸方面每年逆差額均高達200億美元以上。兩岸貿易的嚴重失衡,固然與兩岸經濟發展水平及產業結構的差異有關,但更重要的直接原因是,臺灣當局不僅禁止兩岸直接貿易,而且至今仍對中國大陸產品輸入臺灣實行嚴格限制。

3.兩岸經貿交流缺乏正常的仲裁管道與法規依據

受制於政治因素,目前兩岸經貿往來主要是基於經濟上的相對優勢而自發性的合作,兩岸經貿關係仍停留在民間性質層次。對於經貿往來,海峽兩岸只是根據各自的立場和需要進行規範、推動或限制,並未共同建立起正常有效的協調與仲裁管道,也沒有制定雙方共同遵守的規範性條例。因此,對於兩岸經貿往來中所出現的越來越多的經濟糾紛、稅收問題等一系列問題,均難以及時、有效與合理地解決,嚴重影響了兩岸經貿關係的健康發展。

(二)僑外對臺投資出現明顯下降趨勢

如果說,對外投資代表一國或一地區掌握海外資源與市場的程度的話,那麼,海外資金的流入則反映授資國或地區從全球投資中所得到的資金,也反映該國及地區加入WTO世界貿易經濟及區域經濟的程度。進入21世紀以來,與臺灣對外投資、特別是對中國大陸投資持續擴張相較,僑外對臺投資出現明顯下降趨勢且很明顯。如表1所示,僑外對臺投資在2000年達到76.07億美元高峰後,2001年下降至51.29億美元,降幅達32.6%;2002年持續減少為32.71億美元,再衰退36.2%。臺灣在全球投資布局中作為被投資者的地位由此趨於弱化。據聯合國貿易和發展會議2003年9月5日發表的「2003年世界投資報告」,2002年亞洲

經濟體系吸收外來直接投資排名中，中國大陸排名首位，第2名是香港，第3至6名依序是日本、新加坡、馬來西亞及韓國，臺灣排名為第7位。臺灣不僅位居亞洲「四小龍」之末，還落後於馬來西亞。

臺灣吸引外來投資明顯減少，固然受到21世紀以來，全球直接投資在全球經濟景氣衰退下大幅滑落的影響，但臺灣投資環境惡化加劇顯然是更重要的原因。2000年臺灣政局變動後，臺灣政局持續動盪不安，兩岸關係緊張僵持，臺灣當局財經政策嚴重搖擺不定，這一系列變數嚴重打擊了臺灣海外資本的投資信心。特別是隨著中國大陸經濟的迅速崛起，外商最為關注的兩岸直接「三通」、兩岸經貿往來正常化遲遲無法達成，臺灣吸引外資的誘因明顯縮小。正如臺北美國商會會長Richard Henson指出的，「臺灣目前面臨的最大風險，是作為外商前進中國大陸市場門戶的地位與機會正在快速消失」。

（三）在東亞區域經濟合作中面臨被「邊緣化」的危機

在1990年代東亞區域經濟重新整合與發展過程中，日益密切的海峽兩岸經貿關係成為支撐臺灣經濟持續發展的新的、十分重要的動力來源。但是，如上所述，由於政治因素的影響，兩岸經貿往來一直無法擺脫「民間、間接、單向」這種較低層次的格局，從而大大限制了兩岸經濟分工合作進一步有效深入地發展。新世紀以來，東亞區域經濟合作呈現加強發展的新趨勢，由於臺灣當局堅持「臺獨」立場，導致兩岸關係緊張加劇，臺灣游離於東亞區域經濟合作發展潮流的趨勢越加明顯。

進入21世紀以來，全球經濟普遍陷於不景氣之中，而中國大陸經濟則持續快速成長，成為帶動東亞乃至整個亞太地區經濟復甦與發展的重要動力。與此同時，中國大陸加入了WTO，積極加強與東亞各國經濟聯繫，推進東亞經濟區域化的進程。除了中、日、韓與東盟10國的合作框架機制（10＋3機制）持續運作外，自2001年啟動中國與東盟10國10年內組成自由貿易區的協議（10＋1合作）。2003年中國大陸又與香港簽署了《內地與香港關於建立更緊密經貿關係的安排》。面對區域經濟一體化強勁發展趨勢，大多數國家及地區均採取了積極主動參與區域經濟合作的立場，以便從區域經濟成長中分享更多的利益。臺灣當

局卻逆潮流而動，基於政治立場，繼續實行限制性的兩岸經貿政策，拖延兩岸全面直接「三通」，阻礙兩岸經貿關係的正常化。其結果勢必將導致臺灣在新的東亞政經秩序中被「邊緣化」，影響臺灣經濟的長遠發展。

經濟全球一體化與兩岸經濟協作

林長華

臺灣經濟兩年來處於低潮，民間投資2001年衰退29%，2002年預測衰退0.3%；民間消費這兩年的成長率不到2%，失業人數由30萬激增至50萬以上，薪資在2002年也呈負成長，外商赴臺投資連續兩年衰退逾30%，而臺商來中國大陸投資則大幅成長。臺灣經濟的衰退原因不能只歸於全球經濟不景氣，更不能歸罪於臺商不熱愛臺灣，積極向海外投資，特別是來中國大陸投資。

在1980年代，經濟全球化尚未形成，跨國投資貿易仍受到各種限制，各個國家和地區都在發展製造業，投資主要在國內。例如日本，憑其生產技術及品質管理，成為全球製造業的生產重鎮，其對外投資在1980年僅占全球的3%。臺灣在1990年代以前，經歷了1960年代至1970年代，以出口為導向的勞力密集型製造業的大發展時期，1970年代中期至1980年代的重化工業製造業發展期，以及1980年代中期以後的技術密集型製造業的發展期，同樣把製造業生產基地放在本島。

可是到了1990年代以後，由於資訊時代的到來，為國際資本和商品的跨國流動提供了條件。主要表現在：第一，高新科技的進步迅速，並在生產和生活中得到廣泛的應用，工業化國家和地區的產業結構也發生重大變化，製造業從勞力密集型轉變為技術密集型。發展中國家和地區製造業在發展勞力密集產業的同時，也涉足技術密集產業。第二，國際間的資本流動加快和擴大，跨國公司大發展。第三，國際貿易更加廣泛，世界貿易組織成立和擴大，基本形成一個世界市場。總之，商品、資本、勞工的跨國移動不再有重重障礙，形成了生產全球化和

資本無國界的國際經濟環境。在這個世界經濟環境下，中國大陸，東南亞各國，以及一些發展中國家或地區，市場開放，憑其勞動力、土地價廉和充沛，致力於改善投資環境以吸引國際資本投資，使國際生產基地向這些國家或地區轉移。工業化國家和地區的資本相對減少自身的投資而向這些國家和地區流動。日本在1997年對外直接投資金額，從1980年占全球對外投資總額的3%擴大至12%。臺灣從1950年代初至今，國際資本在臺灣的流動，概括起來說，經歷了三個階段的變化：即在1980年代以前，基本上是一個吸收外資而未對外投資的時期；1980年代則是吸收外資大於對外投資的時期；1990年代至今，則是對外投資大於吸收外資時期。

表1　1952～2001年外資對臺投資統計

單位：百萬美元

時間	1952——1979	1980——1989	1990——2001
金額	160523.2	869740.8	3939218.8

資料來源：臺灣《統計手冊》，2002年。

臺灣對外投資始於1959年，但到了1987年以後才有大幅度的擴大。1959年～1987年的29年期間，臺灣對外投資累計金額為3.75億美元，平均每年只有0.13億美元。1988年和1989年，臺灣對外投資地區主要是東南亞和美國。1990年以後，臺灣對外投資迅速擴大。

表2　臺灣的外資投資與對外投資比較

單位：百萬美元

	1996	1997	1998	1999	2000	2001年上半年	截至2001年上半年的累計投資額
外資投資①	2460.8	4266.6	3738.8	4231.4	7606.8	2800.9	25106.3
對外投資②	3394.6	7228.1	5330.9	4521.8	7684.2	3889.9	32049.5
②/①	137.95	169.41	142.58	106.86	101.00	138.88	127.66

註：①對外投資額包括對中國大陸的間接投資額。②累計額是指從1996年～2001年上半年的累計額。資料來源：臺灣「經濟部投審會」，《統計月報》。

表2中的統計數字顯示，從1996年～2001年上半年累計數看，臺灣對外投資額已超出外資對臺投資27.66%。如果從1952年～2001年上半年計算，外資對臺投資總額為473.67億美元，而臺灣對外投資總額（含對中國大陸間接投資額）為479.49億美元，臺灣對外投資總額與外資對臺灣投資總額基本持平，前者只超出1.23%。

另據臺灣「經濟部投審會」統計，2002年上半年，臺商對中國大陸投資金額為15.35億美元，比2001年上半年成長12.86%；而外資對臺灣投資與2001年上半年相比則減少47%。這表示臺灣對外投資額比外資對臺灣投資額更明顯增大。

臺灣對外投資的發展過程，就投資地區來說發生了較大的變化。1970年代中期至1980年代，其投資地區主要集中在東南亞和美國，以一個國家來說，美國最多。自臺灣當局開放臺商對中國大陸間接投資以後，臺商紛紛到中國大陸考察投資環境，發現中國大陸投資環境（包括土地、勞力價格、政治社會安定和中國大陸對臺資的各種優惠政策和服務）比東南亞諸國更加優越，又是同種同文、語言習俗相同，因而臺商把投資重點移至中國大陸，隨著時間的推移，這種趨勢越來越明顯。

表3　臺商從1991～2001年上半年對中國大陸投資統計

單位：百萬美元、%

	1990	1991	1992	1993	1994	1995	1996	1997	1998	1999	2000	2001	1990–2001 累計
對外投資	1552.2	1830.1	1134.3	4829.3	2579	2449.6	3394.6	4508.3	5330.9	4521.8	7684.2	7171.65	46986.25
其中對中國投資	—	174.2	247.0	3168.4	962.2	1092.7	1229.2	1614.5	2034.0	1252.8	2607.1	2780	17162.1
對中國投資佔對外投資比重		9.51	21.78	65.6	37.31	44.61	36.21	35.81	38.16	27.71	33.93	38.76	36.53

註：1990年～2001年累計中的臺灣對中國大陸投資占對外投資總額累計所占比重，是扣除1990年數字計算的。資料來源：臺灣「經濟部投審會」：《統計月報》。

另據臺灣《工商時報》2003年1月17日報導，2002年1月至11月，臺商對中國大陸投資占同期臺灣對外投資總額的47%。中國大陸已成為臺灣最大對外投資

區。

儘管李登輝和陳水扁在兩岸經貿關係上先後推行「戒急用忍」和「有效管理」政策，使臺商投資中國大陸有所影響，但卻阻擋不了臺商對中國大陸投資的趨勢。臺灣之所以在1990年代以後積極向海外投資，特別是對中國大陸的投資，其主要原因在於：

第一，經濟全球化趨勢使然。世界經濟在進入1990年代以後，高科技和資訊化成為時代的經濟特徵。這個時代的世界經濟趨於一體化，資本、商品、人才、資訊在世界各國和地區自由流動在加速，跨國公司的大量出現，使各國和各地區的經濟結構產生重大調整。新高科技研發中心及其應用的生產基地不一定要在同一國家和地區。例如美國、日本的高新科技研發，可以讓臺灣代工作為產品生產基地。其之所以如此，一是利用其他的國家和地區土地、勞動力比本國本地區便宜，降低了生產成本；二是就近市場並減免進口關稅，從而可以獲得更豐厚的利潤。這樣一來，有關國家和地區的經濟就緊密聯繫在一起，形成經濟一體化，經濟都獲得發展。

中國大陸和臺灣先後加入WTO以後，進一步納入了世界經濟體系。進入21世紀以後，中國大陸經濟一二十年的持續發展，特別在近一年多以來，美日經濟處於低落時期，中國大陸仍然在高速成長，世界主要國家的資本紛紛流入。2002年，中國大陸吸收外資達520億美元，成為吸收外來投資最多的國家。臺商對中國大陸的投資仍在擴大。其投資帶動了兩岸貿易。兩岸經貿關係發展到今天，臺灣與中國大陸沿海一帶的經濟已連為一體。正如同臺灣邱永漢先生所說的，海峽兩岸已形成一個經濟實體。兩岸經貿關係的發展，體現了經濟全球化和區域化的趨勢。

第二，陳水扁上臺以後，政局不安、社會動盪、政策搖擺不定，使臺灣投資環境更加惡化，臺灣外商投資信心下降，臺灣外商投資也轉移至中國大陸等地。

陳水扁上臺的得票率還不到40%，在縣、市長中民進黨也未占多數。在「立法院」中，民進黨雖是第一大黨，也未占過半，因而在臺灣政局中形成「朝小野大」的局面，「立法院」與「行政院」政爭不斷。加上民進黨、臺聯黨「臺獨」

意識形態掛帥，不斷挑動族群矛盾，更使整個臺灣社會動盪不安。臺灣當局的政策朝令夕改、搖擺不定，這種政治社會環境對經濟發展造成極大的傷害。戰後菲律賓獨立後的政局動盪使經濟起起落落，不能跟上亞洲各國經濟發展步伐就是證明。難怪臺灣有些有識之士擔心臺灣經濟會變成「菲律賓第二」。

第三，臺灣經濟自1980年代中期以後，就已經出現資本相對過剩。所謂資本相對過剩，是指由於利潤率下降或利潤率較低而引起的多餘資本。臺灣產業結構，在1980年代中期以後，製造業就已開始從勞力密集產業向資本和技術密集產業過渡，在1990年代尤其明顯。這就使臺灣整個社會資本有機構成不斷提高、平均利潤率下降。特別是當時土地價格由於泡沫經濟而飆漲，使平均利潤率更加下降。在這種情況下，臺灣資本必然要輸往海外。開始時主要輸入東南亞諸國，1990年代以後，逐漸轉移到中國大陸。其轉移的目的是為了獲取更多的利潤，因為中國大陸和東南亞各國資本相對較缺乏，工資低、地價較賤、原料也較便宜。

臺商對中國大陸投資的不斷成長，帶動了兩岸的貿易，因而兩岸貿易額成長很快。

另據臺灣「經濟部國貿局」公布的統計，2002年1至8月份，臺灣對中國大陸出口20,486百萬美元，中國大陸出口臺灣4,896百萬美元，臺灣貿易順差達15,590百萬美元。這樣一來，從1990年～2000年8月，兩岸貿易臺灣順差達1,882.87億美元，而臺灣外匯存底至2002年6月為1,482.42億美元，兩岸貿易臺灣順差遠遠比外匯存底多得多。如果沒有兩岸貿易順差，臺灣外匯存底就負4百億美元以上。實際上，在1993年，臺灣對中國大陸的貿易順差就已經超過臺灣對全球的貿易順差。

表4　海峽兩岸貿易統計表

單位：百萬美元、%

	台灣對中國進口		台灣對中國出口		台灣對中國貿易順差	
	金額	增長率	金額	增長率	金額	增長率
1990	4395	31.9	765	30.3	3629	32.2
1991	7494	70.5	1126	47.2	6368	75.5
1992	10548	40.8	1119	-0.6	9429	48.1
1993	13993	32.7	1104	-1.3	12890	36.7
1994	16023	14.5	1859	68.4	14164	9.9
1995	19434	21.3	3091	66.3	16342	15.4
1996	20727	6.7	3060	-1.0	17668	8.1
1997	22455	8.3	3915	27.9	18540	4.9
1998	19841	-11.6	4111	5.0	15730	-15.2
1999	21313	7.4	4522	10.0	16790	6.7
2000	25030	17.4	6223	37.6	18807	12.0
2001	27340	9.22	5000	-19.7	22340	18.8

資料來源：臺灣經濟研究院：《兩岸經濟統計月報》2001年1月。轉引自李非主編：《21世紀初期海峽兩岸經濟關係走向與對策》，九州出版社2002年10月版，第19頁。

　　從以上兩岸經貿關係的發展情況可以看出，臺灣經濟與中國大陸沿海地區經濟已密不可分。值得注意的是，2002年前8個月的兩岸貿易中，臺灣對中國大陸出口的前十項單項商品排名中，有6項屬於電機電子產品，而中國大陸出口臺灣的單項排名中的前十項商品中，有8項屬於同類產品。也就是說，兩岸貿易有很大一部分屬於「產業貿易」。臺商一方面向臺灣購買許多原材料，在中國大陸生產很多產品；另一方面，又回銷一部分原材料或產品回臺灣。這是一種整個產業結構的組合。即兩岸貿易與投資和生產結合在一起，形成一整個產業結構，關係密切不可分割。隨著兩岸加入WTO以後，這種貿易、投資和生產結合在一起的情況還會更加擴大。臺灣加入WTO，其過渡調整時間只有3年。臺灣在兩岸投資和貿易所設的障礙必須撤除。因此，臺灣經濟與中國大陸經濟融為一體將更加深入。這是不可逆轉的趨勢。

　　臺灣當局面對經濟全球化和區域化趨勢，特別是在兩岸加入WTO和中國大陸逐漸形成世界生產基地的情勢下，處理兩岸經貿關係只能有兩種截然不同的選擇，即順應這種趨勢考慮臺灣經濟的發展前途；抑或繼續設置人為障礙破壞兩岸經貿關係的正常發展，在這種趨勢下，這兩種選擇都會對臺灣經濟產生重大影

響。

臺灣當局如果把發展兩岸經貿關係放在全球經濟一體化，和中國大陸與東盟建立自由貿易區的框架下，消除兩岸貿易關係的人為障礙，儘早實現兩岸直接「三通」，臺灣保留高科技研發中心以及傳統產業製造業上游企業，而把下游企業移至中國大陸，把中國大陸作為生產基地，那麼兩岸經濟就能發揮優勢互補，把臺灣在資金、應用科技、營銷的優勢與中國大陸的市場、土地、勞力等自然資源的優勢結合起來，就可以大大提高兩岸經濟的競爭力。臺灣雖然在短時間內可能出現因生產基地外移而產生失業問題，但可以用發展第三產業來解決，特別是開放中國大陸人士去臺灣旅遊等行業，不但能擴充就業門路，也可以大大獲利；同時，也有利於臺灣產業升級；有利於跨國公司在臺灣的投資；還有利於投資帶動貿易，解決臺灣的市場問題，獲得更多的貿易順差。而中國大陸也可促進經濟發展、擴大就業。這樣一來，就實現兩岸雙贏的局面，使中華民族經濟更加振興。中國大陸在兩岸經貿協作方面，是樂觀其成的，不會設置障礙。即使在目前存在單向投資（臺灣不開放中國大陸資本赴臺投資）和兩岸貿易出現大量逆差的情況下，也不設置不合理的障礙，發展兩岸經貿關係。

臺灣有些人士擔心，臺灣如果順應經濟全球化的趨勢，發展兩岸經貿關係和實現兩岸直接「三通」，臺灣很可能出現產業空洞化。實際上，臺灣是否會產業空洞化，很關鍵的問題在於臺灣當局能否切實改善臺灣自身的投資環境。這包括：第一，臺灣當局是否真正要振興經濟，所實施的經濟政策是否符合經濟發展趨勢，以及經濟政策的連貫性，而不能搖擺不定。第二，臺灣當局能否切實改善兩岸關係，使內外投資者對臺灣經濟發展增強信心。臺灣當局如果能夠切實做好這兩方面的工作，提高臺灣內外投資者的投資信心，不論臺灣內部的傳統產業或技術密集產業，其上游產業和公司的總部就很可能仍設在臺灣；同時，外國公司也可能把臺灣作為投資中國大陸的立足點，把在亞洲投資的總部設在臺灣。如此一來，臺灣怎麼會出現產業空洞化呢？正相反，投資兩岸的臺商和外國公司，龍頭地位是在臺灣，中國大陸只是下游的生產基地和出口基地而已。

但是，臺灣當局如果還是以其「臺獨」意識指導兩岸經貿關係，視中國大陸

為敵對勢力，阻擋兩岸經貿關係的正常發展，則對兩岸經濟發展都會有所損害，而對臺灣經濟的損害則更大。第一，經濟全球化和臺灣資本外流的趨勢是阻擋不了的，這已有十餘年的實際情況所證明。依照臺灣「經濟部」2002年對3,200家廠商所做的調查，過去廠商最關切的問題是土地取得困難，現今對各類投資障礙的評比則以「政局不安定」占39.2%居首位；其餘依次是：「健全資本市場，便利資金融通」占30.8%；「改善兩岸關係」占24.8%；「協助開發產品及新技術」占22.7%。臺灣下游企業移至中國大陸不但阻擋不了，甚至可能連同中上游企業都移至中國大陸，兩岸垂直分工將變成在中國大陸完成。而對於中國大陸來說，以2002年為例，中國大陸吸收外資達520億美元，其中臺灣資本大約只占1／20左右，即使臺灣資本不來也無妨。第二，中國大陸與東盟正在建立自由貿易區，這是一種政府主導型的區域經濟合作組織。區域內實行關稅等優惠待遇，臺灣生產基地不設在中國大陸，臺商的產品不能享受自由貿易區域內的優惠待遇，無疑對臺商的經貿發展不利，從而對臺灣經濟的發展不利，並且會產生臺灣經濟在亞洲被邊陲化的危機。第三，阻礙兩岸經貿關係的發展，會導致臺灣經濟的脆弱性，經濟的脆弱性又必然導致政治的脆弱性。臺灣當局兩年來經濟衰退使民意支持度不斷下降，已說明了這個問題。

經濟全球化、WTO與兩岸四地經濟一體化

唐永紅

　　經濟全球化是當前世界經濟發展的一個主流趨勢；世界貿易組織（WTO）是經濟全球化深化發展的一個階段性產物與組織實現形式，是經濟全球化在全球多邊層面上賴以深化發展的一個制度與組織保障。順應經濟全球化深化發展的趨勢和自身經濟發展的需要，海峽兩岸經濟體（中國大陸和作為單獨關稅區的臺灣）在新世紀初始相繼加入WTO，全面參與了以現代市場經濟體制為前提和基礎、以經濟全球化為主要特徵和內容、以多邊經濟貿易協定為核心的世界經濟體系，並

與作為單獨關稅區的香港、澳門,在WTO中形成一國四方格局。在進一步參與經濟全球化進程中,在同一多邊貿易體制的約束下,兩岸四地經貿關係的發展將面臨新的機遇和挑戰,兩岸四地經濟往來與合作方式將面臨著變革的要求,需要在WTO下探索經濟往來與合作的新形式。一個可以選擇的方式就是:中國大陸、港、澳、臺四方,在WTO框架下實行某種形式的經濟一體化安排。本文將在經濟全球化視野中、在WTO框架下,從經濟全球化理論與WTO法律規則角度,闡析兩岸四地制度性經濟一體化的必然要求、法律依據與準繩、基本原則與內容。

一、經濟全球化發展推進了兩岸四地功能性經濟一體化

經濟全球化指的是在國際分工深化發展的基礎上,隨著各國或各地區(以下簡稱經濟體)經濟開放度的增加,各經濟體間的各種壁壘逐漸消除,整個世界相互滲透、相互依存、相互影響的程度不斷加深,規模與形式不斷增加的過程。這一過程是以經濟體利益和企業利潤最大化為目標,透過國際分工、國際貿易、國際金融、國際投資和國際重要因素流動等方式,實現世界各經濟體市場和經濟相互融合的過程。自中國大陸採取改革開放政策,主動參與經濟全球化後,兩岸四地的經濟往來與合作,在經濟全球化進程中日益加強。當前兩岸四地經濟,無論在貿易、投資還是在分工或其他方面,都有著較為密切的聯繫,並在經濟發展上形成了一定的相互依存性。這種密切聯繫與相互依存性,主要體現在以下幾個方面:

其一,1990年代中後期以來,港澳臺始終是中國大陸最重要的貿易夥伴,中國大陸與港澳臺的貨物與服務貿易額占中國大陸對外貿易額的第一位。以2002年為例,在貨物貿易方面,中國大陸與港、臺、澳的進出口總額為1,152億美元,占中國大陸對外貿易額的18.6%,超過中國大陸與世界上其他地區的貿易。目前香港不僅掌握中國大陸四成左右的出口貿易,而且與澳門一起,在兩岸經貿關係由疏而密的發展過程中扮演著重要的中介角色。

其二，中國大陸不僅是香港最重要的貿易夥伴，而且與臺灣一起還是香港重要的轉口貿易夥伴。根據香港政府統計處公布的數據，2002年，香港對中國大陸的出口為6,132.44億港元，在12年中翻了兩倍。香港對中國大陸出口占其總出口的比重，從1990年的24.8%增加到2002年的39.3%。2002年，香港轉口貨物為14,296億港元，其中中國大陸占60.4%，臺灣占16.6%。

其三，臺灣與香港、澳門的經貿聯繫歷史悠久且意義重大。中國大陸與臺灣的經貿交流，儘管受到臺灣方面長期以來的間接、單向經貿政策的壓制，1979年～2002年兩岸貿易平均年成長率高達36%以上，僅兩岸貿易對臺灣經濟成長率的貢獻度就已達1%～2%。目前臺灣為中國大陸第四大貿易夥伴，而中國大陸已經成為臺灣最大出口市場和最大的貿易順差來源地；兩岸經濟貿易的依存度不斷提高，臺灣外貿對兩岸貿易的依存度已達到16.5%，出口貿易依存度則高達25%，而中國大陸自臺灣進口也已占中國大陸進口總額的13%。

其四，港澳臺與中國大陸區域內貿易比重較高，易產生貿易創造效應。兩岸四地總貿易額從1997年的9,595億美元，增加到2001年的11,355億美元。兩岸四地區域內貿易占四地貿易比重在1997年～2001年間平均達40.14%，其中總進口平均為41.6%，總出口為40.7%。在沒有區域貿易協議的制度安排的條件下，卻有著如此高的區域內貿易比重，這在世界貿易發展史上是罕見的。

其五，港、澳、臺是中國大陸最重要的境外資金來源，香港、臺灣分別是中國大陸外資的第一大、第三大來源地。港、澳、臺投資占中國大陸外資的半壁江山，對中國大陸經濟發展及國際競爭力形成發揮了極其重要的作用，而中國大陸市場則為港澳臺資本提供了豐富的商機。2001年，港、澳和臺灣對中國大陸協議投資分別為224.6億美元和72.7億美元，占中國大陸協議外資總額的比重分別達到31.6%和10.2%，共占41.8%。如果計算累計投資額，則港、澳、臺占中國大陸協議外資總額仍在40%以上。在實際利用外資方面，2001年，港、澳和臺灣對中國大陸實際投資分別為182.9億美元和33.7億美元，占中國大陸實際利用外資的比重分別為37.5%和6.9%，共44.4%，累計投資則達到45%以上。

其六，隨著兩岸四地貿易和投資的發展，兩岸四地的重要優勢、市場需求結

構等方面的差異，自然形成了一種產業分工和合作，兩岸四地已開始形成緊密的垂直和水平分工形態。目前，兩岸四地產業合作層次不斷提高，分工協作日益深化，已由勞動密集型向資本、技術密集型產業轉變，由產業之間分工向產業內部分工推進，形成了「研發、生產、銷售」一體化和較為緊密的產業發展鏈。

兩岸四地在經濟全球化過程中形成的上述密切聯繫與相互依存性，不僅表示兩岸四地經濟往來與合作的重要性，而且表示兩岸四地功能性經濟一體化正在形成和深化，從而為兩岸四地制度性經濟一體化構成了一個內在需要及基礎條件。事實上，兩岸四地經濟全球化發展中自發形成的功能性經濟一體化，正在呼喚兩岸四地高層次的制度安排（制度性經濟一體化），以為其持續深化發展提供保障。

二、兩岸四地制度性經濟一體化是經濟全球化深化發展的必然要求

經濟全球化是一個利弊兼存的動態發展過程。一方面，經濟全球化以效率原則內在要求產品和重要因素在全球範圍的自由流動，以及在全球範圍資源配置的無歧視性，因而經濟全球化內在要求世界經濟做全球一體化的制度安排（WTO就是這種全球一體化的一個制度安排），以突破市場障礙和各種約束，降低直接的生產成本和間接的交易成本，提高資源配置及使用的效率與效益，從而為追逐利益最大化的各經濟體的結構調整和經濟發展，提供了更多機會與空間；另一方面，當前的經濟全球化既是市場機制在全球範圍內的擴展，就不可避免地具有市場機制的內在局限性。特別是在加劇市場競爭與傳遞效應的同時，增加了各經濟體經濟發展與運行的風險。因此，全球化下的經濟安全與風險防範，以及競爭力培育，特別是參與全球化方式和路徑選擇，是任何追逐利益最大化的經濟體都必須認真考慮的問題。各經濟體應主要根據自身經濟發展水平、經濟開放度、政策取向等因素及其變化，選擇單邊的、雙邊的、區域多邊的乃至全球多邊的不同方

式,採取國際垂直分工、水平分工和交叉分工等不同的途徑,介入經濟全球化進程的不同階段。相對地,各經濟體之間的往來與合作,也將隨著經濟全球化發展而變化發展。就當前兩岸四地進一步參與經濟全球化而言,創新經濟往來與合作方式,實行某種一體化安排,是一個必然要求和選擇。

其一,實行一定程度的經濟一體化安排,是兩岸四地充分利用彼此的經濟互補性,在經濟全球化深化發展中謀求各自最大化利益的需要。眾所周知,兩岸四地經濟體具有較強的互補性:中國大陸具有廣闊的市場、低廉的成本和高素質的人力資源,在勞動密集型產業領域具有相對優勢;香港是國際金融、貿易和航運中心,在服務貿易領域具有眾多的人才和資源優勢;臺灣是全球重要的IT製造中心和設計中心,在資訊科技、金融等領域具有優勢;澳門在博彩、旅遊業方面獨具特色,在語言和法律制度方面具有優勢。兩岸四地實行一定程度的區域一體化安排,能夠透過協議方式,合理地協調各自的經濟政策,創造超越WTO框架提供的機會,最大限度地整合兩岸四地互補性的潛在優勢,獲得經貿創造與擴大效應、規模經濟效應、競爭促進效應和結構調整等效應,在進一步的全球化進程中獲得更大的利益:一是兩岸四地經濟一體化安排,有助於港、澳、臺的投資,能夠最大限度地利用中國大陸巨大市場與經濟持續快速發展中所提供的一切投資與貿易機會;二是兩岸四地經濟一體化安排,將使香港眾多外資銀行機構在中國大陸和臺灣取得進一步發展的便利,拓寬在一體化區域內的發展空間,從而增強香港作為世界金融中心的地位,也將為中國大陸的上海和臺北取得世界金融中心地位創造條件;三是兩岸四地經濟一體化安排,將整合兩岸四地的強大海運能力和眾多的優良海港,將提升一體化區域內海運服務業的競爭能力和地位,使一體化區域的航運能力處於全球航運服務提供國的領先位置;四是兩岸四地經濟一體化安排,將充分發揮澳門在語言和法律制度方面的優勢,使澳門成為中國大陸、香港與拉丁美洲國家經濟往來的橋樑。此外,兩岸四地經濟一體化安排,將整合兩岸四地的潛在經濟貿易實力,成為國際貿易、國際投資和世界經濟中舉足輕重的力量,提高參與經濟全球化和WTO等全球多邊經貿體制的實力與能力。

其二,實行一定程度的經濟一體化安排,是進一步增強兩岸四地經濟往來與合作,因應經濟全球化不確定性與風險的需要。如前所述,經濟全球化是一個充

滿不確定性和風險的過程，全球化下的經濟安全與風險防範，是任何追逐利益最大化的經濟體都必須認真考慮的問題。國際市場多元化戰略與一體化戰略，以及自身經濟結構調整成為因應全球化不確定性與風險的主要手段。加入WTO意味著進一步參與經濟全球化，兩岸四地經濟體各自的開放度與對外依存度日益提高，在獲取越來越多的經濟利益同時，面臨著越來越高的經濟風險。事實上，當前兩岸四地各自對外經貿活動的夥伴與市場都呈現過度集中和倚重現象，經濟全球化的風險已在兩岸四地頻頻顯現。特別是臺灣，其典型的外向型經濟模式，更深受國際市場不確定性因素與風險的影響和制約。長期以來，臺灣經濟對美國、日本等少數幾個市場的高度依賴，以及過分圍繞這些市場的經濟結構定位，已嚴重影響到自身經濟的持續、穩定發展。日本經濟已經長達10年的衰退、美國經濟隨著知識經濟泡沫破滅而來的成長減速，明顯地對當前臺灣經濟的發展構成了阻礙。分散和規避全球化風險需要兩岸四地進一步強化相互間的經濟往來與合作。有鑑於此，兩岸四地經濟體，特別是臺灣方面，在經濟全球化深化發展中，在謀求市場多元化發展以減輕對少數國家經濟的過度依賴，分散經濟風險的同時，應積極促進兩岸四地的區域經濟一體化安排，進一步增強兩岸四地經濟往來與合作，以相對穩定的一體化內部市場規避經濟全球化不確定性與風險，並促進經濟結構調整，增強市場競爭能力和抗風險能力。

其三，實行一定程度的經濟一體化安排，是兩岸四地在經濟全球化與區域化深化發展中增強國際競爭力和防止邊緣化的必要做法。一方面，經濟全球化追逐利益最大化的內在動機，和制勝國際市場競爭的外在壓力要求變革經濟活動的方式，降低經濟活動的直接成本與間接成本，不斷提升國際市場競爭能力，要求貿易、投資等經濟活動的自由化與便利化，撤除經濟活動的各種壁壘和約束，不斷擴張經濟活動的市場；另一方面，眾所周知，作為參與經濟全球化的一個現實途徑與方式，全球性的區域經濟一體化運動正在方興未艾。在可預見的將來，在歐洲，以歐盟為核心的大歐洲經濟一體化將達到一個新境界，歐盟將變成擁有至少30個成員、占全球GDP40%、占全球貿易50%的最大區域性經濟體；在美洲，以北美自由貿易區為核心，將發展成為至少15個國家參加的美洲自由貿易區；在非洲，以南部非洲經濟與貨幣聯盟為基礎的一體化安排將會進一步實施；在南

亞，南亞區域合作聯盟將會加快建立與實現自由貿易區方案；在東亞，日本、韓國都將更積極地參與簽署若干個自由貿易協議，建立自由貿易區。在經貿活動與利益方面，具有或多或少的排他性和轉移效應的區域經濟一體化組織的廣泛建立和發展，無疑將使國際經濟競爭主體多元化的同時加劇國際經濟競爭，從而使單一經濟體在國際經濟競爭及全球多邊經貿談判中面臨更大的挑戰和壓力。因此，兩岸四地經濟體應意識到，強化業已形成的功能性利益共同體的必要性和急迫性，必須積極建設制度性的利益共同體，防止被邊緣化，增強參與經濟全球化和WTO等全球多邊經貿體制的實力。

其四，實行一定程度的經濟一體化安排也是因應加入WTO及經濟全球化深化發展，對兩岸四地經貿關係再發展的挑戰的需要。WTO下，兩岸四地經濟體在經濟全球化深化發展中掌握機遇、迎接挑戰，以及更緊密經貿關係的形成與發展，有賴於經濟一體化組織這一特殊形式的運作。WTO是經濟全球化深化發展在全球層面上的一個階段性產物與組織實現形式。順應經濟全球化深化發展的趨勢和自身經濟發展的需要，兩岸四地經濟體相繼加入WTO，全面參與了以現代市場經濟體制為前提和基礎、以經濟全球化為主要特徵和內容、以多邊經濟貿易協定為核心的世界經濟體系。這意味著兩岸四地經濟體在進一步參與經濟全球化進程中，都將在同一多邊貿易體制的約束下，進一步按照世界市場經濟運行規則運作。特別是在對外開放、參與經濟全球化方面，必須遵循WTO無歧視原則。從過去的單邊的、主動的、選擇性的方式，向著WTO下多邊的、有規則的、全方位方式轉變。從而，兩岸四地經貿關係的發展將面臨新的機遇和挑戰，兩岸四地經濟體之間的往來與合作方式，將面臨變革的要求，需要在WTO下探索兩岸四地經濟往來與合作的新形式。眾所周知，這些年來，中國大陸對香港、澳門、臺灣實行的特殊優惠政策，對於三地在與中國大陸的經濟合作中的顯著成就的取得具有不可小覷的作用。而隨著中國大陸與臺灣先後加入WTO，港、澳、臺對中國大陸的經貿活動，將在分享中國大陸市場的進一步開放的好處中面臨一些挑戰：一是WTO的無歧視原則等有關規定必然要求拉平港、澳、臺與其他成員方在中國大陸所享有的待遇差別，從而使港、澳、臺面臨更大的競爭壓力；二是WTO下，中國大陸的市場開放和關稅減讓將對所有成員方適用，這可能會使港、澳、臺當前一些缺乏

價格和質量優勢的產品,在進入中國大陸市場的出口競爭中被淘汰;三是WTO下,中國大陸市場環境的穩定性與透明性的增強,加上中國大陸將著眼於擴大外資來源及其規模與技術含量的外資政策調整,可能會使港、澳、臺當前一些中小型的、勞動力與資源導向型的海外投資,受到歐美和日本的資金、技術密集型大型企業或財團的大規模的、市場導向型對華投資的強大競爭;四是隨著中國大陸改革開放的進一步深化發展,WTO下,中國大陸必然會逐漸調整或取消其特殊經濟區的某些不符合WTO規定,和市場經濟發展要求的特殊優惠政策,這也可能會對兩岸四地經貿往來帶來一定程度的影響。顯然,隨著中國大陸與臺灣加入WTO及一國四方格局在WTO中的形成,兩岸四地更緊密經貿關係的形成與發展,以及港、澳、臺經濟在中國大陸市場中競爭利益的保障,需要在WTO下重新探索兩岸四地經濟往來與合作的新形式。一個可以選擇的方式就是:中國大陸、港、澳、臺四方在WTO框架下,建立諸如「中華自由貿易區」之類的經濟一體化組織形式。因為,兩岸四地結成經濟一體化組織,運用WTO最惠國待遇等原則的例外安排,相互間才可以給予較WTO一般成員方更為特殊優惠的政策措施,從而有利於保護並促進兩岸四地間的投資與貿易。

三、WTO下兩岸四地制度性經濟一體化的法律依據與準繩

如前所述,經濟全球化發展不僅加強了兩岸四地經濟聯繫和相互依存性,推進了兩岸四地功能性經濟一體化,而且要求創新兩岸四地經濟往來與合作方式,實現制度性經濟一體化,進一步增強兩岸四地經濟往來與合作。而與此同時,作為經濟全球化深化發展的一種組織實現形式和制度保障的WTO,則為兩岸四地制度性經濟一體化提供了法律依據,規定了法律準繩。

作為經濟全球化在全球多邊層面上的一個階段性產物與組織實現形式,GATT/WTO全球多邊貿易體制,有條件容許作為經濟全球化在區域雙邊或多邊

層面上的一個階段性產物與組織實現形式的區域經濟一體化安排的存在和發展。WTO的生命力，不僅在於它順應並加快了經濟全球化發展的進程，更在於它能夠從經濟非均衡發展的現實條件出發，去尋求各國都能夠接受的經濟全球化步伐，即在其整個法律框架體系（法律原則及有關規定）中，能以一種現實主義精神安排遊戲規則，保證各成員方都能夠從參與經濟全球化中獲益。這種現實主義精神的核心就是「原則中有例外，例外中有原則」。它充分考慮了經濟全球化發展的趨勢及要求，和其面臨的各種現實條件的約束與制約，對經濟非均衡發展的各成員方利益給予了必要的尊重與均衡，特別是對成員方在國際或國內採取非均衡發展戰略所做的各種特殊安排，包括區域經濟一體化措施也給予了有條件的關注與認同。即把區域經濟一體化安排作為多邊最惠國待遇等原則的一個例外，同時為其形成與發展限定了一些基本條件，以保障區域組織之外的經濟體的貿易利益，並以此約束區域經濟一體化安排的發展方向，保障GATT／WTO的全球多邊主義精神免遭侵蝕。

　　GATT／WTO全球多邊貿易體制，對區域經濟一體化安排的有條件許可，明確體現在GATT第24條及烏拉圭回合有關GATT第24條解釋的諒解（關於最惠國待遇原則在關稅同盟與自由貿易區的例外安排）、GATT文本第四部分（貿易與發展）與1979年「東京回合」形成的「授權條款」（涉及發展中成員方建立經濟一體化組織的規定）、烏拉圭回合所達成的《服務貿易總協定》（GATS）第5條（關於服務貿易方面的區域經濟一體化安排）等規定之中。限於篇幅，這裡不予贅述。這些條款安排在為區域經濟一體化安排的形成和發展，限定一些實質性條件的同時，還規定了通知、報告及透明度等程序性要求，以監督其是否滿足這些條件。要求並保障區域性安排以一個良好而且可靠的全球多邊經貿體制的存在為前提，充分體現了GATT／WTO法律框架體系的「原則中有例外，例外中有原則」的現實主義精神。WTO關於區域經濟一體化的靈活而又不失原則的安排，既較好地防止了成員方濫用有關規定來規避其義務、侵蝕多邊最惠國待遇原則及全球多邊貿易體制，維護了全球多邊貿易體制的嚴肅性與權威性。又在一定程度上保證了區域性經貿集團，在增強經貿創造與擴大等效應的同時，又不至於對區外的其他WTO成員方造成過大的經貿轉移，使其真正成為向全球多邊貿易體制乃至

全球經濟一體化過度的一個有效途徑和有益補充,從而促進經濟全球化及貿易自由化的健康發展。

根據《中華人民共和國加入議定書》第4條,「自加入起,中國應取消與第三國和單獨關稅區之間的,與《WTO協定》不符的所有特殊貿易安排,包括易貨貿易安排,或使其符合《WTO協定》。」這一條款表示,WTO下,中國大陸所建立的任何形式的區域經濟一體化安排,都要符合《WTO協定》有關規定。具體而言,就是要遵循上述WTO關於區域經濟一體化安排的一般規則。WTO對作為單獨關稅區的港、澳、臺也有著類似的要求。WTO下,兩岸四地制度性經濟一體化,應遵守WTO的法律原則和有關規定。

四、當前兩岸四地制度性經濟一體化的基本原則與內容

一方面,WTO為兩岸四地制度性經濟一體化規定了法律準繩,WTO下,兩岸四地制度性經濟一體化應遵守WTO的法律原則和有關規定;另一方面,當前海峽兩岸的特殊政治經濟格局,決定了兩岸四地制度性經濟一體化不能全盤照搬目前國際區域經濟一體化安排的現成原則與內容,而只能在有所借鑑的基礎上,考慮WTO框架的相關要求,形成一套適合海峽兩岸及WTO下一國四方現實情況的原則和內容,以便進一步參與經濟全球化進程。筆者認為,當前兩岸四地經濟一體化安排,應以政經暫時分離原則、平等互利原則和符合WTO規則原則為前提,以超越WTO談判內容原則為核心。

其一,政經暫時分離原則

雖然政治與經濟具有相互作用的互動關係,但經濟活動有著自身內在規律,並在長期上對政治問題起著決定性作用。而進一步發展兩岸四地經貿關係是客觀趨勢所致,海峽兩岸有關方面應就建立兩岸經濟合作機制問題積極地交換意見。有鑑於中國大陸和臺灣當局在短期內難以就中國統一問題達成共識,兩岸四地制度性經濟一體化可以採用經濟合作和政治合作暫時分離的原則。兩岸四地之間經

濟往來與聯繫的不斷加強、經濟一體化程度的不斷提高，將為消減臺灣和中國大陸之間的政治分歧提供堅實的經濟基礎。

其二，平等互利原則

在「一個中國」原則下，具有各自關稅領土、同是WTO成員方的兩岸四地經濟一體化成員的關貿地位應是平等的，一體化安排應是互利的。兩岸四地經濟一體化安排本身不決定兩岸四地之間的政治地位問題，所有成員都以WTO成員身份參加經貿合作。成員關貿地位平等原則影響兩岸四地經濟一體化組織管理機制的設置。根據平等互利原則，可以由各成員參加WTO會議的部長級首腦組成的「部長會議」，作為兩岸四地制度性經濟一體化的最高決策機構。有鑑於中國大陸和香港、澳門之間有著「一國兩制」，政治關係較為緊密。為避免臺灣有受制於多數成員的顧慮，許多重大決策宜採用協商一致方式決定。但是，為提高工作效率，一些程序上的問題或不重要的問題，可以透過表決按照多數意見決定。

其三，符合WTO規則原則

兩岸四地都已是WTO成員方，WTO下，兩岸四地經濟一體化安排自然應遵守WTO的法律原則和有關規定。特別需要指出的是，作為WTO成員方和一體化組織成員方的兩岸四地，應嚴格遵守最惠國待遇原則和國民待遇原則。

在兩岸四地經濟一體化安排內強調最惠國待遇原則的重要性，是為了防範當前兩岸四地各方之間存在著的不同政治經濟關係，可能影響到一體化安排內的平等互利原則。一方面，當前中國大陸和香港、澳門處於「一國兩制」之下，它們之間的關係比它們與臺灣的關係更緊密，因此，在兩岸四地經濟一體化組織內，有必要強調各成員方必須遵循最惠國待遇原則，對包括臺灣在內的各方一視同仁；另一方面，由於當前臺灣當局與中國大陸政府之間政治分歧較大，臺灣對中國大陸的所謂「滲透」處處防範。而在建立兩岸四地經濟一體化組織後，臺灣必須給予中國大陸以最惠國待遇，不能再以防範中國大陸的影響為由而歧視中國大陸的公司和個人。

在兩岸四地經濟一體化安排內強調國民待遇原則也有其現實意義。當前，中國大陸、香港和澳門之間實行「一國兩制」，保證了香港和澳門的相對自治，但

是，中國大陸居民、公司與香港和澳門的居民、公司，在多方面不享有相同待遇，這種待遇的差別一定程度地影響到他們之間的經貿活動。中國大陸和臺灣之間更應當強調國民待遇。當前，中國大陸法律將臺灣居民視為居住於臺灣的中國公民，不但不禁止與臺灣公司、居民的貿易行為，而且歡迎臺灣公司和居民到中國大陸投資。但是，臺灣當局禁止與中國大陸進行直接貿易，並且對與中國大陸往來設立種種限制，從而造成對中國大陸公司和居民的歧視。按照平等互利原則，兩岸四地經濟一體化安排內，應當避免對來自不同成員的個人或公司實行非國民待遇的作法。

其四，超越WTO談判內容原則

為了實現一體化安排的目的，兩岸四地經濟一體化安排的內容，既要符合WTO的法律原則與有關規定，又要超越WTO框架談判的內容；不僅應包括商品與服務貿易自由化，還應包括相互投資自由化、經貿活動便利化、要素流動自由化，以及經濟技術合作開發等內容。當前關鍵，要在經貿自由化與便利化，以及市場准入方面有所突破。

就經貿自由化與便利化而言，從本質上來說，就是取消妨礙各經濟體間經貿互動開展與進行的所有障礙，包括法律、法規、政策和措施等，這應當成為兩岸四地制度性經濟一體化的基本原則之一。其具體內容可以由兩岸四地共同協商確定。概言之，在兩岸四地經濟一體化安排內，兩岸四地應當儘量消除和減少相互間的各種貿易和非貿易壁壘，實行經貿活動自由化與便利化措施。不論WTO有關協議所要求的義務如何，兩岸四地應當相互提供比WTO協議要求更優惠的條件，從而才能更好地整合利用兩岸四地各自優勢和特殊聯繫，加快各自經濟的發展，增強參與經濟全球化與多邊經貿體制的實力。

WTO市場准入原則，要求WTO成員按照有關協議，允許其他成員的貨物、服務和服務提供商進入其市場。對貨物的市場准入，一般受到某成員方按照GATT所承諾的減讓或取消關稅的幅度和時間表的限制。對服務貿易的市場准入程度和範圍，則受到某成員方按照GATS所作的市場准入承諾的限制。市場准入原則在兩岸四地經濟一體化組織內應有特定涵義。因為兩岸四地已經按有關WTO

協議承擔了相應的市場准入義務，即使沒有兩岸四地經濟一體化安排，它們也必須按照有關WTO協議規定的最低標準相互提供市場准入。兩岸四地經濟一體化安排下的市場准入原則，意味著兩岸四地之間相互應提供更大範圍或更加優惠的市場准入條件。這正是一體化安排的經濟意義所在。因此，兩岸四地必須協商它們所準備提供的市場准入優惠的內容和範圍。

最後，需要指出的是，兩岸四地制度性經濟一體化的目的之一，在於加快兩岸四地的經濟發展，所以，應透過友好協商方式來解決一體化組織內所發生的任何爭端。鑑於一體化組織成員相互負有超越WTO的特別約定義務，為保證這些特別義務的落實，一體化組織應設有自己的爭端解決機制。兩岸四地可參考WTO經驗建立專家審查制度，或參照歐盟經驗設立專門法院，也可參考北美自由貿易區經驗設立祕書處解決爭端。由於兩岸四地經濟一體化組織初期僅限於經濟上的合作，歐盟法院式的權力機構顯得與目的不符；而一體化組織內成員之間的特殊關係又使得WTO的爭端解決機構顯得有些繁瑣。因此，一個結構簡單並能確保中立的爭端解決機制，如附屬於祕書處的專家裁判庭，或直接受「部長會議」管轄的專家裁判庭，對兩岸四地經濟一體化組織較為理想。

國家圖書館出版品預行編目(CIP)資料

大陸對臺研究精粹. 經濟篇 / 鄧利娟 主編. -- 第一版.
-- 臺北市：崧博出版：崧燁文化發行，2019.02
　　面；　公分
POD版

ISBN 978-957-735-635-2(平裝)

1.臺灣經濟 2.經濟發展

552.33　　　　108001234

書　名：大陸對臺研究精粹：經濟篇
作　者：鄧利娟 主編
發行人：黃振庭
出版者：崧博出版事業有限公司
發行者：崧燁文化事業有限公司
E-mail：sonbookservice@gmail.com
粉絲頁　　　　　　網　址
地　址：台北市中正區重慶南路一段六十一號八樓815室
8F.-815, No.61, Sec. 1, Chongqing S. Rd., Zhongzheng
Dist., Taipei City 100, Taiwan (R.O.C.)
電　話：(02)2370-3310　傳　真：(02) 2370-3210
總經銷：紅螞蟻圖書有限公司
地　址：台北市內湖區舊宗路二段 121 巷 19 號
電　話：02-2795-3656　　傳真：02-2795-4100　網址：
印　刷：京峯彩色印刷有限公司（京峰數位）

　　本書版權為九州出版社所有授權崧博出版事業股份有限公司獨家發行電子書及繁體書繁體字版。若有其他相關權利及授權需求請與本公司聯繫。

定價：550 元

發行日期：2019 年 02 月第一版

◎ 本書以POD印製發行